# Shen Shu

Oráculo de moedas e livro de sabedoria da China antiga

# Shen Shu

## Oráculo de moedas e livro de sabedoria da China antiga

*por*

诸葛亮

*Zhuge Liang*

Organização e tradução alemã de Stefan Kappstein
Tradução brasileira de Flávio Quintiliano

EDITORA PENSAMENTO
São Paulo

Título do original: *Shen Shu: Münzorakel und Weisheitsbuch des alten China.*



O primeiro número à esquerda indica a edição, ou reedição, desta obra. A primeira dezena à direita indica o ano em que esta edição, ou reedição, foi publicada.

| Edição | Ano |
|---|---|
| 1-2-3-4-5-6-7-8-9-10 | 03-04-05-06-07-08-09-10 |

Direitos de tradução para a língua portuguesa
adquiridos com exclusividade pela
EDITORA PENSAMENTO-CULTRIX LTDA.
Rua Dr. Mário Vicente, 368 – 04270-000 – São Paulo, SP
Fone: 272-1399 – Fax: 272-4770
E-mail: pensamento@cultrix.com.br
http://www.pensamento-cultrix.com.br
que se reserva a propriedade literária desta tradução.

*Impresso em nossas oficinas gráficas.*

# Sumário

# Agradecimentos

À Anna Paula Alves de Jesus, de Macau, que me cedeu uma edição chinesa deste texto, e a Eva Luckenbach, de Freiburg, cujos conselhos me foram de grande valia.

# Shen Shu

## Formular as perguntas, compreender as respostas

"A resposta depende da pergunta, não o contrário", diz uma antiga canção de amor chinesa.

Formule suas perguntas da maneira mais exata possível. Eis alguns exemplos de perguntas:

"Quais são minhas perspectivas com relação a ...?" (Quando determinadas pessoas estiverem envolvidas, mencionar os nomes dessas pessoas ou das empresas, lugares, etc.)

"Qual é minha dificuldade com relação a ... ?"

"Qual é meu papel no relacionamento com ... ou referente a ...?" (Mencionar as pessoas e os assuntos envolvidos.)

"O que posso esperar do projeto ...?"

"O que se pode dizer da situação ...?"

"Quais são minhas perspectivas nesta fase da vida?"

"O que posso fazer com relação a ...?"

Perguntas que pressuponham respostas do tipo "SIM ou NÃO" devem ser evitadas, pois não condizem com a linguagem poética do Shen Shu.

Na verdade, a resposta está implícita na pergunta. O Shen Shu nada mais é do que um instrumento que torna a resposta visível.

O oráculo pode ser comparado a uma espécie de máquina fotográfica. Quanto mais exato for o foco da lente objetiva (isto é, a pergunta), mais nítida e precisa será a imagem obtida (isto é, a resposta).

Essa "imagem" refletida pelo oráculo é transmitida em linguagem figurada. Muitas vezes, o texto do oráculo é surpreendentemente direto e explícito, mas em determinadas situações é preciso interpretá-lo no sentido metafórico.

Por exemplo, se o consulente recebe uma resposta que menciona os "filhos" dele, essa expressão pode significar alguém que dependa do consulente ou esteja sob seus cuidados, ou ainda um projeto de trabalho. Um "parente" pode ser um colega de profissão, um "mestre" pode ser uma autoridade em determinado assunto, etc.

Procure fazer as perguntas de maneira intensa e concentrada, a partir das regiões mais profundas do ser. Faça perguntas realmente "íntimas". Pense por associações, procurando a correspondência entre as metáforas do Shen Shu e a situação concreta da pergunta. Com freqüência, as respostas do oráculo são bastante genéricas e dizem respeito à vida do consulente como um todo. O oráculo remete o consulente à sua situação de vida, pois somente ao tentar compreendê-la e modificá-la ele encontrará a solução do problema ou a resposta para sua pergunta.

Ocasionalmente, um dos textos do oráculo pode parecer incompreensível. Talvez a resposta seja dirigida às regiões mais profundas da alma do consulente. Nesse caso, ele deve perguntar a si mesmo: "O que esse texto está tentando me dizer?" Os temas ou imagens que surgem espontaneamente, ou a intuição de que a resposta pode estar relacionada com determinado assunto ou circunstância, proporcionam muitas vezes um caminho para interpretar corretamente os textos do oráculo.

Quando a resposta do oráculo parece absurda, o mais indicado é refletir sobre a pergunta. Ela foi formulada com exatidão e seriedade? Ela resulta de um envolvimento íntimo e verdadeiro? Perguntas fúteis, superficiais ou equivocadas podem gerar respostas incompreensíveis. "A resposta está implícita na pergunta."

## Como consultar os versos do oráculo

Dez moedas são utilizadas para consultar os versos do oráculo. Elas são assinaladas pelos algarismos 0, 1, 2, 3, 4, 5, 6, 7, 8 e 9. As moedas da China antiga, gravadas com o algarismo arábico correspondente, são as mais indicadas para consultar os textos. Porém, servem também dez moedas comuns de igual tamanho, assinaladas com os algarismos de 0 a 9. Para esse fim, utilize uma caneta hidrográfica ou pequenas etiquetas.

Enquanto você formula a pergunta dirigida ao Shen Shu, agite dez moedas nas mãos. De olhos fechados, retire uma moeda com a mão esquerda (os canhotos devem retirá-la com a mão direita). Depois de anotar o algarismo gravado nela, volte a segurar as dez moedas nas mãos. Repita o mesmo procedimento por três vezes.

No final, você terá uma combinação de três algarismos, por exemplo 0-1-6. Você deve consultar, portanto, o texto nº 16.

Quando a combinação de três algarismos for superior ao número total dos textos (384), será preciso subtrair 384 desse número até obter outro que seja igual ou inferior a 384. Por exemplo, se você tirar três vezes o algarismo 9 (9-9-9), subtraia 384 de 999 por duas vezes, o que dá 231. Portanto, deve consultar o verso nº 231.

Apenas num caso raro o Oráculo dos Números Sagrados se recusará a dar uma resposta — quando for tirado o algarismo 0 por três vezes (0-0-0). Nesse caso, será melhor evitar qualquer outra consulta ao Shen Shu durante uma semana do calendário lunar chinês (que equivale a dez dias do calendário romano).

## Shen Shu, o Oráculo dos Números Sagrados

Associado aos ciclos naturais, aos mitos e verdades imemoriais, o Shen Shu, ou Oráculo dos Números Sagrados, surgiu há quase dois mil anos. Até hoje é o livro de profecias mais popular na China e no sudeste da Ásia.

Zhuge Liang, cujo nome se pronuncia "Dchu Gue Liang", autor deste livro, tornou-se figura lendária na cultura chinesa por suas atividades como sábio, poeta, músico, estadista e general.

Os trechos assinalados em negrito correspondem à tradução do original chinês. Os acréscimos assinalados pelos colchetes [ **...** ] são necessários para a correta compreensão do texto original.

Os comentários do organizador e tradutor alemão, em parte baseados nos esclarecimentos de uma iniciada do Shen Shu residente em Macau, que o familiarizou com o texto e sua utilização, são apresentados em caracteres normais.

No final do livro, você encontrará um Glossário e um Apêndice que contêm explicações minuciosas sobre o livro e o autor chinês Zhuge Liang, inclusive trechos de um romance inspirado na vida dele.

**Nota sobre os termos incluídos no Glossário:**
As palavras do texto assinaladas com um asterisco são comentadas no Glossário incluído no final deste livro. A consulta do Glossário é importante para aprofundar a interpretação dos textos do oráculo.

**Nota sobre os termos entre aspas:**
Nos comentários aos textos do oráculo, os termos entre aspas nem sempre devem ser levados ao pé da letra, pois em geral são metáforas citadas no texto ou exemplos da linguagem poética do Shen Shu, na tentativa de interpretá-los com o máximo de clareza.

**Nota do tradutor brasileiro:**
Para efeito de simplificação, a pessoa que consulta os textos do oráculo é chamada genericamente de "consulente". O termo alemão (*der Fragenstellende*, isto é, aquele que faz uma pergunta ou consulta) pode se referir a pessoa do sexo masculino ou feminino. Assim, o uso da palavra "consulente" no masculino evidentemente não exclui as leitoras deste livro.

# Os Números Sagrados do Shen Shu

神數

壹 **No portão diante do Palácio Imperial foi pendurada uma lista [com os nomes] dos candidatos aprovados. [Eles estão] listados ali, tal como fora claramente prescrito. [Diante do portão] se reúnem pessoas e cavalos que relincham. A terra recende a ervas aromáticas e, no auge do outono, [tu] ouves o bramido dos veados.** 1

No período clássico e no início da Idade Média chinesa, promoviam-se concursos anuais para preenchimento de cargos no serviço público. Funcionários* públicos eram subordinados diretos ou representantes executivos do imperador, o que significa que deviam fazer vigorar as decisões dele em todo o território imperial, até nas províncias mais remotas. Em geral, os dias em que se divulgavam as listas dos candidatos aprovados coincidiam com os dias festivos do antigo calendário lunar* chinês. Os cidadãos acompanhavam com interesse as listas dos aprovados, pois estes se tornariam seus chefes ou superiores por muito tempo.

O consulente pode se dar por satisfeito: já passou pela "prova", já conseguiu resolver um problema difícil. No entanto, provavelmente ainda não se sente seguro do resultado, pois não o vê concretamente diante de si. Já que os veados* no cio estão bramindo ao findar o outono*, o consulente pode ter certeza de que, em breve, receberá boas notícias.

貳 **A terra tem um alento de forças verdadeiramente poderosas. Por isso [deves] obedecer ao príncipe para fortalecer o império e demonstrar respeito pelo soberano para proteger o povo.** 2

Aqui se percebe uma forte influência do confucionismo, uma vez que o sábio Confúcio*, quando se referia à condição social dos cidadãos na China antiga, costumava pregar obediência e sujeição à classe dos nobres como uma espécie de panacéia para todos os males de seu tempo.

Talvez o consulente se encontre numa situação que não consegue resolver sozinho. Ele tem de se conformar com algum tipo de imposição ou manifestação de um poder superior, embora provavelmente sinta uma resistência interior contra isso. Tem de analisar com clareza o que consegue realizar com as próprias forças e quais são seus limites. Se necessário, convém permitir que certas decisões sejam tomadas por outras pessoas e permanecer neutro diante delas, aceitando "cegamente" os resultados. Transposta para a esfera pessoal, essa atitude corresponderia exatamente à doutrina de Confúcio* quanto à obediência dos súditos diante dos príncipes e soberanos.

## 3 **Não há nada que se compare aos canteiros de flores de Chang'an. Um cavalo parte em rápido galope ao vento primaveril. Com uma chicotada violenta [tu] reúnes as cores da natureza.** 叁

Chang'an, situada cerca de 50 quilômetros a leste da cidade de Xian, que é hoje uma metrópole com vários milhões de habitantes, foi uma das principais cidades chinesas na Antigüidade e início da Idade Média. Era conhecida por seus magníficos parques e jardins e por sua atividade cultural e espiritual intensa.

A sorte está a favor do consulente, pois todos os chineses cultos daquela época alimentavam o desejo de visitar uma vez na vida a cidade de Chang'an, que se poderia comparar a uma Atenas da China antiga. Mas a sorte não é obra do acaso. O consulente mereceu sua própria felicidade. Ele se encontra em posição destacada e ativa, tomando as decisões necessárias.

Seja qual for a pergunta formulada pelo consulente, o fato é que ele pode atingir seus objetivos confiando nas próprias forças.

## 4. **As flores da primavera, que [nos] encantam e fascinam, não conseguem resistir às súbitas pancadas de chuva ou às fortes rajadas de vento. Por outro lado, os crisântemos perfumados do outono resistem à geada inclemente e à neve pesada.** 肆

Aqui, o consulente se vê diante de uma situação decisiva que tem relação com o fator tempo. Duas alternativas se oferecem. Uma delas tem o caráter ilusório das coisas passageiras, a outra tem a dimensão real das coisas perenes. Naturalmente, é mais fácil ceder às ilusões do momento, em vez de construir devagar algo firme e duradouro.

O consulente precisa ter em mente as duas alternativas. A pergunta concreta que ele formulou não tem muita importância neste contexto. Em ambos os casos, uma solução rápida para o problema está fora de cogitação.

Caso se trate de uma pergunta de importância vital, o mais indicado seria consultar o oráculo várias vezes a propósito de todos os detalhes relacionados com a solução do problema, até que se encontre um resultado.

伍 **O Dragão Adormecido desperta sob as trovoadas da primavera e sob o sol do verão, enquanto o Tigre Selvagem se retrai, intimidado. Quando o vento trouxer as nuvens, a chuva começará a cair, revitalizando a natureza.** 5

Zhuge Liang, autor desta obra, apresentava-se sob o nome esotérico de "Dragão Adormecido", que na verdade designa uma montanha perto da qual ele viveu vários anos na condição de eremita. "Tigre Selvagem" era o nome poético de seu inimigo político, com o qual ele teve muitas disputas (Sima Yi, marechal de campo na corte da dinastia Wei, que era sua inimiga). É natural que um felino como o tigre se apavore diante dos trovões e relâmpagos, diante da chuva e do vento, pois até mesmo os corajosos sentem medo.

O dragão* é um antigo símbolo chinês da primavera* e da fertilidade, pois ele vive a leste, de onde sopram as monções pacíficas que trazem o calor e a chuva para o interior do país.

Já o tigre* simboliza o outono* e a destruição, pois é nessa época do ano que os ventos frios e secos da Sibéria começam a soprar, trazendo o inverno.

O consulente se vê aprisionado numa situação de conflito, mas não sabe dizer se esse conflito é de natureza interior ou exterior. Ele se sente um joguete de forças maiores, que estão além de seu controle, e sofre com a impossibilidade de alterar o curso dos acontecimentos.

O mais indicado é manter a calma, afastar todas as angústias e aceitar o curso natural das coisas, pois somente assim os projetos do consulente se tornarão realidade.

陆 **Nem misterioso nem obscuro, nem superior nem inferior — esse é o enigma do Tao. Deves fazer tudo o que estiver a teu alcance para compreendê-lo.** 6

Muitos capítulos do *Tao Te King*, o "Livro do Caminho e da Virtude", devem-se ao filósofo Lao-tsé*, que viveu por volta de 500 a.C. — mais ou menos na mesma época de Buda* e

Confúcio*. Lao-tsé exprimiu sua concepção da verdade nos 81 textos de seu livro *Tao Te King*, que contém os ensinamentos do taoísmo.

A frase transcrita neste texto aparece em diferentes versos, sob diferentes formas. Essa insistência se explica pelo fato de que a frase exprime uma verdade profunda, segundo a qual a inferioridade corresponde à posição elevada que alguém alcançou e depois perdeu, e a elevação é a situação inferior a partir da qual a pessoa encontrou seu caminho para cima.

O consulente se encontra numa posição elevada ou inferior. Ele deve pensar calmamente sobre o caminho a seguir. Se não adotar princípios firmes, baseados na ética, o caminho não se revelará com clareza.

## 7 柒

**Rei! [Deverias] ser razoável, sem levantar muitas objeções. Há um caminho plano [diante de ti]. Não importa para onde conduzes os cavalos; segue o curso do tempo com suas mutações! [Então,] tudo terá um desfecho favorável.**

O consulente está diante de uma situação decisiva e se sente prisioneiro de dúvidas interiores. Isso o impede de encontrar um caminho ou saída. Ele deve procurar se desenvolver interiormente, tirar a venda dos olhos em sua perplexidade e tentar enxergar o mundo como realmente é.

O "rei" a que se refere o texto é o próprio consulente, de onde se conclui que ele tenha a situação sob controle, ainda que não esteja consciente disso. Porém, quando tomar consciência, os resultados serão positivos.

## 8 捌

**O tigre ama as montanhas mais altas e tem motivos para isso. A matéria bruta, hesitando ainda, cerra as pálpebras [diante de ti]. Porém, quando os gansos gritarem e as flores amarelas se abrirem, os ecos de tua fama chegarão até a corte imperial.**

O consulente está à procura da solidão que o tigre* encontra nas montanhas mais altas. Por isso, as pessoas ao redor não sabem como reagir e duvidam das qualidades do consulente. Aparentemente, a pergunta consiste em como lidar com essa situação.

O consulente tem um longo caminho pela frente. Porém, ao cabo desse caminho o problema estará resolvido, e ele será aceito pela sociedade e pelas pessoas que lhe são próximas.

玖 **A possibilidade de receber hóspedes notáveis deve se concretizar antes do que esperavas. A [ave fabulosa conhecida como] fênix pousou sobre a árvore seca do pátio. O melhor é conceberes planos de longo e curto prazo. Não dês ouvidos aos comentários insignificantes das pessoas ao teu redor.** 9

No contexto de sua pergunta, é provável que o consulente se sinta abandonado ou que tenha ficado muito tempo sozinho, por vontade própria ou por circunstâncias da vida que não pôde evitar. Porém, essa fase está chegando ao fim, já que em breve ele receberá "hóspedes notáveis". Também a ave mítica conhecida como fênix*, símbolo do Yang* e do sul*, simboliza uma mudança no âmbito do relacionamento pessoal.

O consulente deve construir seus relacionamentos sobre bases sólidas. Deve planejar com antecedência, com uma visão de longo alcance, mesmo quando as pessoas ao redor são de outra opinião.

Ele não deve esperar bons conselhos dos vizinhos, colegas de trabalho e talvez dos próprios familiares. Porém, os "hóspedes notáveis" podem ser consultados quando o consulente precisar de conselhos. Seja como for, a decisão final cabe somente a ele, que nesse momento estará sozinho, decidindo em seu foro íntimo. Decisões sensatas exigem tempo, por isso ele não deve se precipitar.

壹零 **Um cisne se debate e grita sozinho [no céu], depois de se afastar do bando. Com as penas voando para todo lado, ele foge da discórdia — infelizmente tão grande. Se [tu] caminhares para o norte, como se uma onda te levasse, em breve ouvirás uma linda música. Podes contar com isso, assim como as nuvens matinais se convertem fatalmente no aguaceiro da tarde.** 10

O conflito com que o consulente se depara é de natureza interior. Ele teve de se afastar das pessoas próximas, depois que surgiram desavenças e mal-entendidos. Porém, o conflito interior que se manifestou por fim promete ser ainda mais difícil.

Assim sendo, ele tem de caminhar sob a "chuva fria", uma vez que o norte*, representado pelo Guerreiro* Sombrio e Solitário, simboliza solidão, isolamento e a sensação de ter sido abandonado por todas as pessoas, diante das agruras da vida.

No entanto, se o consulente conseguir enfrentar essa viagem interior, pode esperar companhias agradáveis que aqui aparecem sob a forma de uma "linda música". De acordo com a antiga mitologia chinesa, baseada no taoísmo*, as ilhas dos Imortais, descritas como uma espécie de paraíso, estão situadas nos "mares do Norte". Quem conseguir chegar até elas estará livre de todas as aflições da vida.

## 11 Não encontras pista alguma, por menor que seja, até o horizonte, e não há sinal de água sobre a [terra] plana. Risos [fúteis] podem se converter posteriormente em lágrimas. 壹壹

O consulente procura algo que dificilmente conseguirá encontrar. É provável que sua pergunta não tenha sentido ou que não seja correta. Foi uma pergunta frívola, formulada sem seriedade? Outra pergunta não seria mais adequada para a situação de que se trata?

Se não quiser prejudicar a si mesmo, o consulente deve reconsiderar sua pergunta. A superficialidade terá conseqüências negativas.

## 12 Com o espírito sombrio e a alma repleta de melancolia, não mergulhes teu anzol na água e recolhe a linha de pesca! 壹貳

Numa situação em que predomine o estado de espírito depressivo, o consulente não deve tomar nenhuma atitude.

O mais indicado é se voltar para a problemática interior, pois no momento não há nada que o consulente possa "pescar".

## 13 Quando se concretizar o projeto, é tempo de procurar uma esposa. Se [tu] seguires adiante, ela surgirá diante de ti. Ao final [tu] verás fama e riqueza, com a mesma abundância da Lua cheia nos meses terceiro e quinto. 壹叁

Provavelmente, o consulente conseguiu resolver um problema importante para ele, num passado não muito distante, e se encontra agora à procura de um parceiro ou parceira com quem possa dividir os frutos alcançados.

A procura de um parceiro pode ser interpretada de diferentes maneiras: um relacionamento amoroso, contratos e acordos comerciais ou associações semelhantes — ou ainda a busca de uma harmonia interior, que reúna ou pacifique dois assuntos da vida espiritual que parecem inconciliáveis.

No antigo calendário* lunar chinês, a Lua cheia nos meses terceiro e quinto coincidia com dois festejos populares importantes: o dia de homenagem aos antepassados* e a festa do "bolo da Lua". O primeiro era consagrado às gerações falecidas e o segundo, às gerações vindouras.

Portanto, se quiser atingir seus objetivos, o consulente deve caminhar para diante com decisão e iniciativa, mas sem esquecer o passado coletivo.

## 壹肆 14

**As ondas se formam como bolhas de água quente num caldeirão. Um barco solitário tenta atravessar o rio. Planos engenhosos acabarão em erro, e assuntos de relacionamento se depararão com dificuldades.**

O mundo exterior não será uma imagem refletida numa bolha de sabão? E nosso narcisismo e egoísmo não nos levam a distorcer a realidade com todo tipo de ilusões?

Esse parece ser o cerne da questão formulada pelo consulente, provavelmente uma pessoa individualista que vive por conta própria, sem consultar os outros, e por isso tende a exagerar o próprio valor. Porém, faltam idéias que possam ser concretizadas. Os planos e ações do consulente não coincidem com a realidade, ou são ineficazes.

É óbvio que essa maneira de agir não pode trazer bons resultados. O texto descreve as conseqüências de maneira explícita.

## 壹伍 15

**[Teus] planos [se detêm] em meio aos pesadelos, [pois] ainda não recebeste notícias. Por isso, todas as pessoas [num raio de] mil milhas se sentem dilaceradas [em seu íntimo.**

**Uma mensagem do] Ganso Selvagem, desde os confins do céu, [deve] ensejar um sono tranqüilo, [e num] instante voltarão as cores primaveris das flores de ameixeira.**

O consulente tem sonhos agitados, que não lhe dão explicação sobre si mesmo e sua situação atual. Ele dorme mal ou não consegue dormir. Dessa maneira, não prejudica apenas a própria alma, mas também a dos entes queridos, que estão distantes. Seja qual for o motivo, ele dificilmente receberá notícias das pessoas queridas.

Porém, o consulente terá uma revelação de sua situação atual, talvez durante o sono ou como num sonho em estado de vigília. Então, voltará a dormir profundamente, com novas esperanças no coração.

## 16 壹陆

**Com sentimento de solidariedade, consciência do que é necessário à comunidade e uma atitude caridosa diante da porta de tua própria casa, [tu] podes trazer a bom termo todos os assuntos pendentes.**

Este texto alude ao pensamento e aos costumes chineses, no que diz respeito à questão social. É uma concepção que, exceto algumas modificações em cada um dos aspectos da cultura chinesa, permanece central em todas as correntes filosóficas. O confucionismo*, o taoísmo* e o budismo* sempre perseguiram o ideal de uma comunidade de pessoas animadas pelos mesmos sentimentos e pelas mesmas ações.

Mas quais deveriam ser os sentimentos e ideais comuns? E quais ações seriam louváveis?

O consulente deve dar mais atenção e deve ser mais prestativo com as pessoas ao seu redor. Essas pessoas podem ser familiares, amigos ou conhecidos, ou pessoas que o consulente nunca viu. Ele deve procurar uma aproximação e tentar definir regras claras para os problemas que afetam a todos — mesmo que, no início, tenha que dar um pouco mais do que pode receber, ou gostaria de receber.

## 17 壹柒

**Avançar para diante apenas para voltar [ao ponto de partida], e assim caminhar a esmo, é o mesmo que [tu]**

**desejares pérolas, embora tenhas uma pedra de jade, ou [desejares] estender por mil milhas as dimensões do teu próprio coração.**

Este texto se refere aos limites que afetam todas as pessoas, ainda que em proporções diferentes, pois a alma do gênio é infinita. Porém, a alma do simples mortal se caracteriza pela capacidade mais estreita de percepção e decisão.

Em várias ocasiões, o consulente se viu diante do mesmo problema, ou problemática semelhante, aqui representados pelos símbolos das pérolas* e do jade*. Ele sofreu a influência superficial de outra pessoa ou sonhou com a idéia de modificar radicalmente sua vida. Mas, ao perseguir essa ilusão, esqueceu que a vida que leva é suficientemente rica, ou pelo menos tão rica quanto a vida nova (ou pessoa nova) que ele desejava.

Cobiçar sempre coisas novas, ou coisas em excesso, é um hábito que não favorece a paz de espírito e a satisfação verdadeira, nas mais diferentes épocas e culturas.

## 壹捌 18

**Com energia débil e a boca trêmula, cada pensamento gera novas preocupações e, quando [tu] abres a boca, falas quase sem parar.**

O consulente se encontra em estado de esgotamento físico e mental. Já não consegue ter pensamentos claros e não demonstra mais coragem e autodomínio. Tudo isso afeta sua expressão verbal. Ele diz frases sem sentido, tanto em monólogos interiores quanto nos diálogos com outras pessoas. Não consegue formular um pensamento claramente até o fim. Quando ele fala, as pessoas se afastam.

Seu maior problema é que ninguém quer ser seu amigo.

Ele deve procurar uma pessoa de confiança e pedir-lhe que o ajude a resolver seus problemas.

## 壹玖 19

**Às vezes está perto, às vezes, distante. Às vezes parece simples, mas de súbito parece difícil. [Vamos] aguardar os acontecimentos, como se [nós] os estivéssemos contemplando do alto, em meio às nuvens.**

Aqui, o consulente parece sofrer com o fato de que não tem controle sobre os acontecimentos. Parece que as coisas lhe escapam das mãos. Aquilo que ele julgava próximo e acessível se transforma numa possibilidade remota, e o que parecia fácil só pode ser concretizado com muita dificuldade.

O conselho do oráculo é manter uma atitude de expectativa. A situação do consulente não é tão ruim quanto ele imagina ou quer acreditar. O tema da pergunta tende a se resolver "por si mesmo", talvez a partir de uma seqüência lógica de acontecimentos.

Pode ser também que o melhor seja assistir "de camarote", sem envolvimento pessoal, a uma situação complicada que afeta várias pessoas.

## 20 **Como pêssegos e ameixas murchos, como um vento oeste que retorna do leste, tal é o destino de uma família sem união nem concórdia: um barco que vagueia [sem rumo] sobre as ondas.** 貳零

Para os chineses, a família sempre foi, e ainda é, o cerne da existência. Quando a família se desintegra, ou quando alguma coisa causa sua destruição, todos os seus membros sofrem com isso.

Assim, o consulente deve levar em conta um perigo iminente. Ele não está consciente do alcance de suas ações e erros e despreza aquilo que os antigos chineses chamavam de "autoridade paterna". "Que o pai seja pai e o marido seja marido, que a mãe seja mãe e a esposa seja esposa, que os filhos mais velhos sejam os filhos mais velhos e o mesmo com os mais novos — então a família estará construída sobre suas bases naturais [...] e todas as circunstâncias da vida estarão resolvidas", diz o I Ching* (Hexagrama 37).

Portanto, o consulente deve seguir regras firmes em seus relacionamentos, começando pelo próprio exemplo. Deve praticar o desprendimento de si mesmo e não julgar o comportamento dos outros com severidade.

## 21 **Os rios deságuam em outros rios e as montanhas estão rodeadas por outras montanhas. Quando os rios estiverem quase secos e as montanhas não forem mais visíveis, não será muito difícil alcançar fama e riqueza.** 貳壹

Tudo parece seguir seu curso, e o consulente se sente talvez um pouco inseguro porque as coisas progridem sem empecilhos, como raramente acontece na vida. Sem que ele se esforce muito, os bons resultados lhe caem nas mãos. O consulente estava acostumado às dificuldades e embaraços, e de repente acontece justamente o contrário.

O problema se coloca, portanto, como um conflito interior: alguém se mostra desconfiado ou receoso diante da facilidade e rapidez com que consegue impor seus desejos e realizar seus objetivos.

Porém, o consulente pode ter certeza de que o mundo exterior não vai colocar obstáculos em seu caminho.

## 贰贰 22

**Se [vos] ajudardes um ao outro ao longo do caminho, evitareis os possíveis perigos, como se o vento e as vagas por um instante deixassem de existir.**

Em geral, não é fácil se precaver a tempo contra os perigos de um comportamento egoísta. As pessoas incapazes de um gesto de solidariedade, que ignoram o fato de que a "viagem" da vida só pode começar e terminar na companhia de outras pessoas, em função do intercâmbio de experiências espirituais e objetos materiais, acabam cedo ou tarde diante de dificuldades intransponíveis.

Se quiser atingir seus objetivos, o consulente deve tentar alianças com outras pessoas, evitando agir por conta própria ou em prejuízo de terceiros.

## 贰叁 23

**Ventura sem par! Os ventos da primavera fazem brotar pessegueiros e ameixeiras. A preocupação e o medo são inúteis, pois o luar deslumbrante [brilha também] para pessoas a mil milhas de distância.**

Na cultura chinesa, as flores de pessegueiro* e da ameixeira* representam os órgãos sexuais femininos, por causa do aroma e da cor rosada. Esse texto trata, portanto, de um homem apaixonado ou de uma mulher apaixonada.

Nos dois casos, o consulente pode contar com acontecimentos positivos num futuro próximo, pois a primavera* simboliza a fertilidade e o bem-estar geral.

Talvez o consulente não esteja consciente das próprias oportunidades. Ele teve sorte, ou terá sorte em breve. Preocupa-se com uma pessoa amada que está distante. Porém, o pensamento dessa pessoa também está voltado para o consulente.

## 24 **[És] incansável para conceber planos, mas não tens coragem no coração. Como medida de precaução, em tuas atividades precisas [apenas] de paz interior.** 貳肆

O consulente está sempre fazendo planos, mas não consegue realizar nenhum deles. Não é que lhe falte experiência. O problema é que ele não tem coragem suficiente. Sente que aquilo que deseja agarrar "se esvai por entre os dedos". Não consegue tomar uma decisão e separar as coisas claramente. Em algumas ocasiões, revelou seus planos aos amigos, e alguns desses amigos mostraram interesse. Tanto interesse, que agora o próprio consulente pode sofrer um prejuízo.

Por isso, como sugere o texto, ele deve pensar antes de tudo em sua paz interior. Só assim vai encontrar a coragem necessária para seus projetos e evitar os perigos. Se uma vez ou outra perder o rumo, como é típico dele, estará protegido contra si mesmo e contra as pessoas gananciosas.

## 25 **Quer vejas o perigo ou não, [tu] deves procurar proteção e amparo. Sejam quais forem, todos os acontecimentos terão um curso imperceptível.** 貳伍

O consulente se encontra numa situação de segurança aparente: tudo ao redor está em paz e não acontece nada que possa despertar preocupações. Porém, na maioria dos casos essa é uma aparência enganadora.

Por isso, o consulente deve se prevenir contra problemas que agora parecem remotos, mas que podem se manifestar a qualquer momento.

贰陆 **Os pessegueiros e as ameixeiras florescem na primavera. Porém, depois disso seu aroma e sua aparência não agradam a ninguém. Procura um lugar no bosque onde possas viver, onde haja água corrente e uma montanha para alegrar teu coração.** 26

Há algum tempo o consulente teve uma experiência gratificante, talvez no campo amoroso, já que as flores do pessegueiro* e da ameixeira* simbolizam os órgãos sexuais femininos. Foi uma experiência inesquecível. O consulente se apaixonou e foi correspondido, ou conseguiu concretizar um projeto longamente planejado com seus sócios e colegas. Mas tudo isso parece distante, o consulente já não se lembra do que aconteceu.

O oráculo sugere que o culpado por essa situação possa ser o "lugar" onde vive o consulente. Ele deve pensar numa mudança para uma região mais próxima da natureza, ou numa vizinhança mais agradável e tranqüila.

贰柒 **[Por favor], não leves em conta meus erros terríveis! [Minha] personalidade causa danos a si mesma. [Estou] longe de dominar meu estado de espírito, e certamente não sou um exemplo para ninguém.** 27

No fundo, o consulente já conhece seu problema: não tem autocontrole. Freqüentemente, suas reações emocionais o levam a tomar atitudes erradas.

Mas ele não deve desistir: se conseguir analisar friamente as próprias fraquezas, terá uma boa chance de vencê-las.

贰捌 **Galopando num corcel famoso, o descendente masculino se impõe. Quando [ele] principia [sua] viagem pela manhã, [seu] esplendor retorna, e daí em diante uma suprema alegria o alimenta.** 28

O consulente, seja homem ou mulher, sabe impor respeito com seu comportamento positivo. Ele "reage" com rapidez e facilidade, e provavelmente tem uma idéia na cabeça associada às "mudanças de lugar". Pôr essa idéia em prática pela manhã significa agir com a mente clara e equilibrada. Devaneios ou fantasias podem comprometer tudo.

Depois de uma fase de muita agitação, o consulente vai ter mais tranqüilidade. Finalmente, poderá ser mais feliz e aproveitar o lado agradável da vida.

## 29 **Depois de conquistar tudo aquilo que teu coração e tua mente almejavam, perceberás um nexo em três encarnações sucessivas. Cada uma delas fará desabrochar flores de osmanto ao longo de dez milhas, e assim [poderás] caminhar até os limites do céu.** 贰玖

O consulente que recebeu este texto como resposta à sua pergunta alcançou metas notáveis na vida. Não há motivo para qualquer espécie de preocupação. Porém, se alguma preocupação surgir, o consulente deve refletir sobre suas encarnações* anteriores. O termo "encarnações" pode ter várias interpretações neste contexto. Seja como for, é uma reflexão que só pode lhe trazer benefícios.

## 30 **O pavilhão é de um amarelo-esverdeado, mas os cabelos já estão grisalhos. Quem se beneficiou afinal de tudo aquilo que [tu] vislumbraste? O melhor é obedecer à atual clareza de espírito. [Experimenta] comprar essa energia tão límpida!** 叁零

Aparentemente, os "bens" ou "posses" que o consulente conquistou ainda estão intactos. Mas certos sinais de decadência já são visíveis. O consulente confia na experiência adquirida, sem fazer dela um uso concreto. Será que ele não ficou obcecado por si mesmo e por sua história pessoal, a ponto de esquecer o mundo exterior? Será que não exagera suas capacidades, que são indiscutíveis?

No momento em que formulou a pergunta, o consulente teve uma idéia revolucionária. Por isso, ele não deve se acomodar de novo na autocomplacência. Deve entender que seu futuro não pode ser "comprado" com dinheiro, e somente os princípios éticos vão garantir esse futuro para si mesmo e para as pessoas ao redor.

叁壹 **Ainda que as despedidas sejam dolorosas, [tu] não deves permanecer aqui. Afasta-te de teu amigo e parte em viagem nos primeiros albores da manhã, para evitar que [ele] fique desapontado.** 31

Aqui, o consulente se sente "entre a cruz e a espada". Um "amigo do peito" o aconselhou a participar de uma nova "atividade" ou "empreendimento", mas o consulente se sente dividido. Por enquanto, a tendência dele é se apegar às coisas conhecidas.

Apesar de todas as dúvidas, o consulente deve se decidir pela novidade. Raramente terá oportunidade de ouvir novamente um conselho tão sábio.

叁贰 **Depois de uma alegria [excessiva, tu] te sentes um pouco deprimido. [Os hexagramas] Sun e Tui revelam claramente a diferença entre felicidade e desengano. A incapacidade [dos homens] rebrilha sob a luz ofuscante. Depois, tudo escurece, pois o Sol se pôs por trás das colinas a oeste, deixando o resto na penumbra.** 32

Os textos clássicos da medicina tradicional chinesa dizem: "A disposição natural do coração é a alegria, [mas] o excesso de alegria prejudica o coração." O consulente abusou de suas reservas de energia e por isso se sente triste e abatido.

Os Hexagramas 57 e 58 do I Ching*, intitulados Sun e Tui, aconselham o consulente a procurar critérios firmes para suas ações, além do conselho de amigos sinceros e bem-intencionados. Ele está rodeado de pessoas "incapazes" ou "incompetentes", que não querem e não podem ajudá-lo.

O consulente deve refletir sobre seus problemas todas as noites, depois do "pôr-do-sol", mesmo que, no início, sinta aumentar ainda mais seu estado de confusão mental.

叁叁 **Depois de [três ou cinco] horas de árdua travessia marítima, quem poderia [dizer] se as ondas [se] acalmam ou se o vento cessa? [Para] esclarecer aquilo que já é claro por si mesmo, [tu] deves seguir o caminho das nuvens azuis, [a fim de] desvendar o segredo que os lábios pronunciam e não exaurir [tuas] energias.** 33

O consulente se encontra em situação muito desagradável. Sua vida atravessa uma dificuldade após a outra, como um navio num mar agitado. Ele está quase abandonando toda esperança.

Na terminologia taoísta*, seguir o "Caminho das Nuvens Azuis" significa penetrar nos mistérios da natureza interior e exterior. Isso só é possível por meio de palavras sagradas ou mantras, "segredos que os lábios pronunciam".

Um conselho básico para que o consulente encontre uma solução positiva é formular com cuidado as próprias palavras e não falar demais, mesmo quando sentir um desejo aparentemente irreprimível.

## 34. 叁肆

**A Lua cresce e ganha contornos arredondados. Da mesma forma, galhos secos podem florescer de novo. [Tu tens] um longo caminho diante de ti, rumo ao desconhecido. Basta ergueres os olhos para avistar o céu azul.**

O consulente se encontra numa situação em que precisa começar de novo. Ele gostaria de reviver uma experiência antiga, mas não sabe como. Porém, sente uma espécie de autoconfiança que lhe dá ânimo.

Um bom conselho seria relaxar e se descontrair, ou talvez contemplar todos os dias o "céu azul".

## 35 叁伍

**[Teu] caminho é difícil, muito difícil, e [só] hoje percebeste a extensão dessa dificuldade. Porém, como poderias infundir medo às gerações que seguem [atrás de ti? Se tu te] esforçares hoje, alcançarás a outra margem do rio.**

O consulente recebeu uma notícia. Se antes disso ele se sentia relativamente protegido, apesar das aparentes dificuldades, agora sua situação lhe parece crítica. Seu caminho ou Tao* se complica.

Ele sente um medo irracional dos acontecimentos futuros, mas não há motivo para preocupação. Uma vida nova sem maiores dificuldades o espera, contanto que ele mantenha o mesmo rumo que vinha seguindo. Porém, é importante que baseie seu futuro em tudo aquilo que já conquistou.

叁陆 **A primavera tem paisagens claras e cores frescas. Anseios primaveris despertam à beira d'água. Não há nada mais belo que o céu de primavera. [Nessa estação do ano], é muito agradável visitar despreocupadamente uma exposição de arte.** 36

Assim como na cultura ocidental, a primavera* simboliza o despertar da força criadora da natureza. É a mesma sensação que o consulente tem. Será que ele sente uma paixão renovada pelo antigo "parceiro" ou "parceira"? Seja como for, seus sentimentos estão à flor da pele. Porém, ele deve relaxar, evitando que os sentimentos o levem longe demais. Seria muito fácil se entregar, mas, com o passar do tempo, ele iria lamentar essa decisão.

O oráculo recomenda procurar "lugares" tranqüilos, talvez em companhia da pessoa que lhe inspira esses sentimentos: museus, exposições de arte, hortos florestais, jardins zoológicos. Tudo isso para manter a alma em equilíbrio, em melhores condições de enfrentar os desafios.

叁柒 **O soberano possui dez mil cavalos, e mil macacos seguem em fila para a caverna que lhe pertence. Tigres se estendem no chão [diante dele], e dragões vêm pousar sobre a terra. [Certamente, seu] Tao é poderoso, e grande é sua virtude.** 37

Aqui, a pessoa que consulta o oráculo não sabe lidar com o próprio sucesso. Aparentemente, realizou todos os seus desejos. Uma situação invejável, mas que às vezes pode ser incômoda!

O consulente é um "soberano" apesar de suas próprias convicções, isto é, contra a vontade. Recebeu muito mais do que esperava e agora já não consegue enxergar os próprios limites. No texto acima, essa situação é representada pelos quatro animais do zodíaco* chinês, que lhe mostram submissão e respeito.

Uma atitude mais cautelosa poderia poupar as energias do consulente. Quando uma pessoa encontra seu caminho ou Tao*, a vida se torna suave e pacífica.

## 38 叁捌

**Na floresta, melros-dourados anunciam o tom claro das cores primaveris. Faz estalar violentamente teu chicote, a fim de prosseguires [tua] cavalgada.**

O melro-dourado é uma ave das regiões centrais da China, do tamanho de uma gralha, de corpo preto, exceto o ventre e a garganta, cobertos de penas douradas. Seu canto simboliza o despertar da primavera*. No idioma chinês, também é chamado de "monge" ou "senhor do vale dourado".

O consulente tem intenções claras, mas ainda hesita em colocá-las em prática. Ele deve tomar uma decisão o mais rapidamente possível. Caso contrário, pode acabar seu "parceiro" ou "parceira" se afastando dele.

## 39 叁玖

**Divulgar por toda parte as Pílulas Sagradas, ainda que para isso [tu] tenhas que procurar pessoas a dez mil milhas de distância, [te fará] alcançar a margem almejada e atingir a imortalidade.**

Na China antiga, os taoístas* perseguiam um ideal espiritual. Na verdade, procuravam uma espécie de compensação ou equilíbrio: à mortalidade humana opunham um ideal de imortalidade, tanto no sentido físico como metafísico. Ainda hoje, os chineses veneram os Oito Imortais*, considerados divindades populares. E vários "homens das montanhas", encarnações da imortalidade em forma masculina, feminina, andrógina ou zoomórfica, povoam o céu da religião chinesa.

O consulente acredita que a receita que o levou ao sucesso deve ser útil para outras pessoas. Ele deu um grande passo no que concerne a suas forças espirituais, mas deve evitar toda estreiteza ou limitação a fim de consolidar esse passo, para seu próprio bem e em benefício das pessoas ao redor.

## 40 肆零

**Um rio — de cor verde-jade e águas cristalinas. [Teu] barco avança contra a corrente e a Lua se aproxima do zênite. Com firmeza [tu] alcanças o centro, mas apenas se deres ouvidos aos segredos ocultos. Se, ao contrário, [tu] cometeres ações indignas, poderás destruir [tua] vida facilmente.**

Embora o consulente se sinta seguro, acreditando enxergar com clareza as circunstâncias ao redor e controlar todas as situações da vida, ele se vê diante de uma decisão importante. Se seguir os critérios éticos e morais que sua alma lhe dita, pode alcançar resultados positivos. Porém, se optar por "soluções violentas", pode arruinar sua vida.

Nessa situação, deve contar consigo mesmo, sem esperar ajuda externa. Por isso, seria aconselhável buscar orientação na leitura dos livros sagrados da humanidade, reunindo forças morais para decisões inadiáveis.

## 肆壹 41

**Na claridade primaveril, as flores dos pessegueiros e das ameixeiras são especialmente belas. Nesta linda paisagem sob clima ameno, [tu] deves meditar sobre o Soberano. Segue [teu] coração para onde quer que ele [te] arraste e tudo acontecerá sem dificuldades. Evita a indecisão e a tagarelice.**

O consulente está "apaixonado" ou se sente amado por alguém, já que as flores dos pessegueiros* e das ameixeiras* simbolizam o amor. Ele deve se controlar, pois qualquer outro comportamento poderia lhe trazer prejuízos.

Nada impede que ele dê vazão a seus sentimentos, talvez até mesmo esquecendo por um instante seus princípios de vida, mas sem fazer barulho nem provocar agitação. A espontaneidade e a franqueza são bem-vindas, contanto que o consulente mantenha o controle e tente evitar palavras inúteis ou vazias.

## 肆贰 42

**Permanecer oculto na evidência e manifestar-se num detalhe ínfimo — são as possibilidades misteriosas [do Tao]. A tarefa de investigá-las minuciosamente [te] conduzirá escada acima, rumo à imortalidade.**

Este texto contém uma referência ao *Tao Te King*, o Livro do Caminho e da Virtude, escrito por Lao-tsé* em torno de 500 a.C. O consulente precisa enfrentar ao mesmo tempo problemas genéricos e questões mais específicas, algo relacionado com "política e economia" ou com seu comportamento diante de outras pessoas, ou ainda com assuntos do próprio lar.

Sobretudo, ele não deve confiar em acontecimentos fortuitos ou incertos. Se quiser que sua vida seja digna, deve examinar com cuidado as condições necessárias para isso, e com base nessa autoanálise deve tomar decisões de longo alcance. A decisão de pedir ajuda a alguém (por exemplo, algum tipo de terapeuta) fica a critério do consulente.

## 43 肆叁

**[Tu] não deves avançar cegamente e sim dirigir teu olhar [ao mesmo tempo] para diante e para trás, [se quiseres] atingir o conhecimento. Depois de fazer estalar o chicote, terás uma boa colheita. Normalmente, milhares de pegadas e dezenas de milhares de [outras] marcas são visíveis nas ruas. Procura tu mesmo a pista [correta].**

Neste texto, trata-se de uma pessoa que parece não enxergar claramente o próprio passado. Ela tem de compreender que uma vida humana transcorre num tempo contínuo, no qual passado, presente e futuro se unem e às vezes se interpenetram ou se misturam.

O consulente está à procura de uma verdade individual sobre sua vida, o significado ou falta de significado de tudo o que lhe acontece, a própria identidade e seu "lugar" no mundo. Porém, precisa tomar rapidamente a decisão correta. Será que tem condições para isso?

Deve procurar "pistas" ou indicações sobre o caminho a seguir. Certamente, não é uma tarefa fácil, mas provavelmente tampouco é difícil como parece neste momento.

## 44 肆肆

**Se [tu] voltares a cabeça para trás, não haverá bênção [para ti]. Porém, o caminho que conduz ao Poço do Pessegueiro parece livre. Se [te] purificares e [te] corrigires, poderás colher muitas frutas e levar vida tão longa quanto a de um pinheiro.**

O pinheiro* é a árvore representada com mais freqüência na pintura chinesa. Não é sensível às mudanças de temperatura e não perde suas folhas, apresenta várias subespécies em todas as regiões climáticas da China e é conhecido como uma árvore de vida longa e aspecto agradável e singelo.

O "Poço do Pessegueiro" é um símbolo do afastamento das coisas mundanas, que pode acontecer voluntariamente na vida de uma pessoa, por motivos espirituais ou em função da velhice e da aposentadoria.

O consulente parece disposto a se afastar da "vida ativa". Quando reflete sobre o passado, não encontra ali muitos aspectos positivos.

Porém, esses valores positivos podem ser encontrados numa dimensão espiritual. O consulente deve meditar com seriedade e dedicação, a fim de colher futuramente os frutos de sua vida.

## 肆伍 45

**[Tu] não [deves] ocupar-te em demasia, nem [deves deixar] que te confundam. De espontânea vontade podes demorar-te num lugar no qual ressoam tambores e guizos, e ali, diante do muro do portão, verás os Três Tesouros.**

Aqui, o consulente atravessa uma fase perigosa de *stress*. Não consegue moderar sua obsessão pelo trabalho e está sempre envolvido em alguma atividade.

Porém, na vida dele também existe espaço para atitudes espontâneas. No momento, ele se encontra num lugar ou numa situação em que outras instâncias determinam suas ações. Mas não deve desanimar por causa disso. Deve procurar uma harmonia interior para que sua vida tenha sentido.

Só assim poderá vislumbrar finalmente um dos eternos objetivos da humanidade: a trindade constituída de céu, Terra e homem, também chamada Três Tesouros. Quem alcança essa percepção está livre — dizem todos os antigos filósofos chineses.

## 肆陆 46

**[Tu] andaste a esmo a vida inteira, de maneira frívola e inconstante. [Deixa] de lado os inúmeros assuntos de teu dia-a-dia e parte amanhã cedo, bem depressa, tomando o caminho de volta.**

Aqui, é preciso prevenir o consulente de que ele corre o risco de prejudicar sua vida "profissional" ou seus "negócios" devido à frivolidade, inconstância ou incoerência.

Ele deve concentrar seus pensamentos o quanto antes em algo mais importante e essencial, e sobretudo deve evitar se perder em detalhes fúteis, desgastando assim sua reserva limitada de energias.

## 47 **As verdades genuínas não podem ser apreendidas pelos homens, pois são uma manifestação sutil do espírito. [Quando tu] regressares às origens antiqüíssimas de [tua] estirpe, estarás diante de [tua] força primitiva.** 肆柒

O culto aos antepassados* é uma das mais antigas manifestações religiosas, e sua origem remonta à Idade da Pedra. Na China, é até hoje o fundamento da religião popular. Sempre que as características de uma casa ou edifício assim o permitem, os altares de culto aos antepassados são colocados junto à parede do lado norte. Nesses altares se vêem muitas vezes as imagens ou esculturas dos "Três Velhos", que simbolizam as gerações anteriores, a geração atual e as futuras gerações.

O consulente nunca mais regressou à "região" onde "cresceu", ou onde transcorreram sua infância e juventude. A todo custo, deve tentar recuperar por algum tempo suas raízes, mesmo que isso lhe cause uma espécie de choque psíquico. Só assim ele se aproximará de seus verdadeiros objetivos espirituais.

## 48 **[Tu] caminhaste até o horizonte, sob grande fadiga e enfrentando vento e geada. Teria sido melhor o convívio com outras pessoas. Com a alma em paz, [deverias] voltar tua cabeça para os Três Céus, a fim de conservar a dimensão das coisas passadas.** 肆捌

O consulente acabou de atravessar uma fase desgastante ou cansativa. Não consegue avaliar as experiências que acumulou nesse período, ou tem delas uma visão incompleta. É bastante provável que tenha agido de maneira egocêntrica, que tenha ignorado as pessoas ao seu redor ou não tenha pedido o conselho delas.

Os Três Céus* simbolizam a dimensão espiritual do cosmos. O consulente deve se aprofundar nessa dimensão e, através da reflexão espiritual, tentar enxergar com mais clareza as circunstâncias reais de sua vida.

肆玖 **Se [tu] estiveres tão doente que nem consegues enxergar o centro do céu, [então basta que] ressoe um trovão dos portões do céu e o corpo [recuperará] sua saúde e leveza.** 49

Aqui se trata de uma "doença" ou "mal-estar" físico ou espiritual do consulente, ou de alguma pessoa que lhe é próxima. Um texto do século IV a.C. afirma o seguinte: "O céu é o pai e a mãe dos homens, por isso, todo aquele que sofre de doença ou esgotamento grave deve invocar a ajuda do céu, assim como todos procuram o apoio dos pais nos momentos de miséria e aflição." Segundo uma antiga concepção chinesa, o homem é causador de suas próprias doenças, por fatores como ignorar as regras de harmonia interior, nutrir maus pensamentos ou comportar-se de maneira egoísta com relação às outras pessoas.

Porém, quando o homem se conscientiza dos fatores que causaram a doença, o céu* se mostra complacente, e assim ele pode recuperar sua "saúde" de um momento para o outro.

伍零 **Aquele que, sem hesitar, consegue fazer uso de suas riquezas e de seus cavalos e mantém em dia os tributos pagos aos funcionários públicos, deixa que os porcos, cabras, bois e cachorros tomem suas próprias decisões.** 50

Aqui, o consulente se encontra numa situação em que dispõe das condições e recursos necessários para realizar seus planos. Tal constatação aparece na referência às "riquezas" e "cavalos", animais que simbolizam a liberdade e o espaço aberto. O consulente pode ter certeza de que suas chances de ascensão social ou profissional são favoráveis.

Porém, deve evitar seguir todos os conselhos das pessoas ao seu redor ou reagir a todas as decisões dessas pessoas. O melhor seria seguir o próprio caminho, sem levar os outros em conta.

**51** **Aquele que forjou sua felicidade a partir do nada e em meio a nada assemelha-se a um pêssego insípido, que só amadurece depois de mil anos. Ele não tem medo dos ventos, mesmo que sejam cinco ou mais.** 伍壹

Aqui trata-se de alguém de origem "modesta", talvez até "humilde", que conseguiu vencer as dificuldades. Suas ações se caracterizam pela dedicação e persistência, tal como está registrado neste texto através do símbolo do pêssego*, que leva mil anos ou mais para amadurecer e só pode ser encontrado na montanha Kunlun*.

Naturalmente, essa pessoa não tem medo dos "ventos", de onde quer que soprem. Sua felicidade assenta sobre bases tão firmes que nem furacões podem ameaçá-la.

**52** **Quando [tu] abandonares essa expressão tão preocupada, um rosto sorridente se abrirá [semelhante à] Lua no outono, que parece pender sobre um pagode alto. Num raio de mil milhas, as pessoas acorrem para ver[-te].** 伍贰

Talvez sem motivos concretos, o consulente se sente atormentado pelas preocupações, e isso é evidente à primeira vista. Ele deve se descontrair, afastar os aborrecimentos e mostrar uma expressão radiante às outras pessoas.

Se ele conseguir escalar o "pagode"* sem se perder em seu próprio labirinto interior, terá sucesso em todos os empreendimentos, pois cada vez mais pessoas desejarão vê-lo e admirá-lo.

**53** **Aquele que precisa conservar as energias não [deveria] empreender viagens muito longas. Pega uma vara comprida e joga o anzol em direção à toca da Tartaruga de Três Patas. [Dessa forma], vais penetrar no manto das nuvens e capturar uma enorme tartaruga-do-mar.** 伍叁

Aqui, o consulente está sendo forçado a empreender uma longa "viagem", ou uma tarefa longa e cansativa, mas sente que suas forças não são suficientes. Porém, seria errado faltar com as obrigações, por isso ele deve tentar a empresa, apesar de tudo.

O oráculo lhe propõe um caminho simbólico, que no entanto não é nada simples: o consulente deve roubar o elixir da vida da Tartaruga de Três Patas*, que vive no "Palácio das Tartarugas", no lado oculto da Lua*, e que se fortalece no período da Lua nova. Dessa forma, o consulente pode capturar uma tartaruga-do-mar*, animal cuja carne os chineses consideram até hoje revigorante e nutritiva.

Tudo isso significa que o consulente deve tratar de se fortalecer e repor as energias. Seria aconselhável procurar um especialista em medicina alternativa.

## 伍肆 54.

**Por toda parte não [se vê] nenhum sinal e, quanto mais [tu] caminhas, mais difícil se torna a busca. [Tentar] atravessar de barco um mar seco [significa] desperdiçar tolamente as energias.**

Aqui, o consulente procura desesperadamente um ponto de referência para resolver seus problemas, ou talvez esteja lutando pela "mudança de vida" de uma pessoa amada ou querida. Porém, ele não encontra nada, e por mais que procure só consegue aumentar suas dificuldades.

Dessa forma, acaba tendo todo tipo de idéias excêntricas ou absurdas, que nunca poderá realizar. Apenas uma análise realista de suas possibilidades pode ajudá-lo a superar essa situação que ele mesmo criou e que, no momento, parece-lhe sem saída.

## 伍伍 55

**A garoa e a névoa cerrada tornam intransitável o caminho à beira-rio. A estrada larga está longe demais para enviar notícias. [Tudo] depende agora da possibilidade de soprar um vento leste.**

Garoa e neblina fria caracterizam o clima da China continental quando o inverno está chegando ao fim. Os ventos quentes do leste sopram então no início da primavera.

O consulente se encontra na etapa intermediária de uma "viagem" ou empreendimento. Ele não será capaz de atingir o fim almejado tão depressa quanto pensava, e tampouco consegue receber "notícias que afetem seus assuntos".

Deve esperar tranqüilamente, sem tomar providências. Em poucas semanas, sua "previsão do tempo" será diferente.

## 56 **Um vento poeirento se ergue na planície, e depois de várias horas não se acalmou ainda. Procura um casamento feliz numa região mais elevada.** 伍陆

Aqui se trata de um acordo ou contrato comercial ou de negócios, ou então de uma ligação amorosa com perspectiva de casamento. Pode se tratar também de uma associação profissional com várias pessoas conhecidas.

Aparentemente, o consulente se acomodou nessa situação. Ele fica no mesmo lugar, embora o ambiente natural e humano em que se encontre não seja apropriado para a concretização de seus propósitos.

Se quiser travar relacionamentos duradouros e satisfatórios, deve procurar um objetivo mais elevado. Caso contrário, são grandes os riscos de fracasso.

## 57 **Preserva [tua] honradez, pois faltar com o respeito conduz à desgraça! Só assim [tu] podes obter vantagens e alcançar a fama. Da mesma forma, as flores [só] desabrocham depois de caírem as folhas dos botões.** 伍柒

Aqui, uma pessoa pensa secretamente em chegar ao sucesso, no âmbito profissional ou privado, por "caminhos escusos". Porém, ela deve seguir os bons princípios que aprendeu em sua infância e juventude. Para que esses princípios tragam resultados, o mais importante é manter a serenidade.

Se o consulente tiver paciência e não der ouvidos aos conselhos equivocados ou perigosos das pessoas ao redor, seus projetos desabrocharão mais cedo ou mais tarde.

**伍捌 Enquanto o Homem Superior segue seu caminho, o Homem Inferior tenta impedi-lo. Um ataque à mão armada [te] levará à dor da separação, [porém] mais adiante [tu] encontrarás pessoas felizes. Cavalos e carros de bois trazem notícias para os habitantes [da província de] Chu. Deves pensar em algo protegido, se quiseres manter a segurança.** 58

Vários hexagramas e versículos do I Ching* tratam da diferença entre o Homem Superior e o Inferior. Da mesma forma, o texto acima se refere ao contraste entre as pessoas que seguem e as que não seguem os bons costumes e princípios de sabedoria.

Assim, o consulente deve se orientar por critérios éticos a fim de resolver seu problema, afastando todos os planos e idéias condenáveis, sobretudo se estiverem associados com alguma "violência". Se agir assim, será acolhido como amigo pelas pessoas ao redor, qualquer que seja o problema que o aflija. Caso contrário, ficará longe das pessoas queridas ou das quais sente falta.

Se o consulente quer saber o que está acontecendo numa "região" distante, deve aguardar com paciência. As notícias chegarão até ele mais cedo ou mais tarde — trazidas por um "mensageiro a cavalo" ou um "carro de bois"*. Talvez a segunda alternativa seja a mais segura para receber as notícias que ele espera.

**伍玖 As confusões e desordens se sucedem. Soluçando e suspirando, [eu,] o solitário, fecho a porta de [minha] casa. Meu olhar pousa sobre [meu] companheiro, o fogo — e eu me sento na penumbra tingida pelo fulgor amarelo.** 59

Aqui, o consulente se encontra num estado de confusão interior que pode lhe trazer conseqüências fatais, se não tomar cuidado ou se as circunstâncias da vida não permitirem que faça isso. Talvez esteja esperando "alguém" em especial.

Esse texto é formulado na primeira pessoa, fato raro nos textos do Shen Shu, e por isso é de grande importância para o consulente que consulta o oráculo atormentado por alguma dificuldade.

A "porta de casa" designa a entrada e a saída, o ir e vir, ou ainda o destino de uma família ou pessoa. O consulente deve ficar em "casa" e meditar diante da "lareira". A doutrina dos cinco elementos* associa o fogo ao coração e à alegria. Assim, o consulente deve buscar uma vida espiritual cheia de alegria interior.

## 60 É linda a tez rosada de [seu] rosto. Mas deves desistir dessa moça. Há um homem no carro [dela], enquanto [teu] barco afundou no rio. 陆零

Aqui se trata com toda a probabilidade das perspectivas de uma "relação amorosa". A situação descrita tem a ver com a infidelidade.

No setor das relações pessoais, o consulente não pode confiar nessa pessoa que acredita amar ou que lhe prometeu amor. O mesmo vale (embora com menos probabilidade) para uma associação profissional ou de negócios com um amigo próximo.

## 61 Uma ponte rachada e estradas intransitáveis. [Tu] tentas avançar num barco a vela, mas a recepção que encontras é a surpresa de uma tempestade. 陆壹

Alguém está às voltas com todo tipo de dificuldades. Não consegue avançar por terra e tenta a sorte por barco, mas as dificuldades são as mesmas!

Segundo uma antiga crença chinesa, o consulente atraiu para si a "maldição dos antepassados"*, por um motivo que tem de analisar, pois pontes e estradas simbolizam o contato entre o mundo dos vivos e dos mortos.

O consulente deve interromper suas atividades e fazer uma pausa para reflexão. Um provérbio chinês diz: "O temporal dura alguns dias. É sábio quem procura uma gruta para se proteger."

## 62 Como [a imagem da] Lua refletida num lago, assim é o reflexo que oferece [teu] espelho: uma representação inútil de [tua própria] segurança. 陆贰

Aqui se trata de uma pessoa vaidosa, tão vaidosa que nem mesmo se dá conta disso. Ela se contenta em admirar a "imagem no espelho" ou a "Lua"*, sem procurar analisar sua verdadeira situação.

O consulente se julga em segurança, mas as aparências enganam. Na verdade, ele tem de lidar com sérios problemas.

Depois de alguns dias, o reflexo da Lua já não é mais visível num lago, e um espelho* pode se partir por descuido. Da mesma forma, o consulente está sujeito ao perigo das ilusões que ele criou dentro de si, ou que revelou em várias ocasiões às outras pessoas.

## 陆叁 **Os lagos e mares [inspiram] uma sensação de grande melancolia. Joga teu anzol [nas águas] da margem enevoada. Se [tu] encontrares um dragão e uma lebre juntos, [tua] fama e [tua] prosperidade serão consideráveis.** 63

Muitos chineses, especialmente os que nasceram no interior do país, sonham em conhecer os grandes lagos das regiões centrais da China, ou o oceano Pacífico. Vários deles gostariam também de visitar outros países.

No caso desse oráculo, no qual um dragão* e uma lebre* aparecem juntos, o consulente não deve hesitar em seu amor pela pessoa querida, apesar de todas as incertezas da relação amorosa.

Com isso, ele tem muito a ganhar e nada a perder.

## 陆肆 **Os objetos não são uma prisão para as pessoas. As avarias da ponte foram consertadas. O espírito se acalma e os sentimentos [vibram] em euforia.** 64

As duas grandes religiões originárias da China, o taoísmo* e o confucionismo*, ao contrário do budismo* indiano, não consideram que as coisas materiais sejam uma prisão para a alma humana. Tentam orientar seus adeptos a procurar no mundo material uma fonte de conhecimento, embora de duas maneiras diferentes: o taoísmo é uma doutrina alquímica e espiritual, enquanto o confucionismo enfatiza o engajamento social e a dimensão ética.

O consulente gostaria de reatar um relacionamento "interrompido" em época relativamente recente. Esse desejo foi satisfeito e o consulente sente grande alegria, embora talvez não saiba exatamente por quê.

Uma ponte serve para ligar duas margens, e por isso é plausível que o consulente tenha tentado "fazer contato" com uma pessoa "falecida", ou que esse "contato" tenha se dado espontaneamente.

## 65 **Entrar é fácil, sair é difícil. Embora estejam plenamente satisfeitos, os sentimentos criam mais idéias do que [tu] és capaz de suportar.** 陆伍

Aqui, o consulente enfrenta uma situação na qual entrou como por acaso, sem fazer esforço, mas da qual não consegue sair facilmente. Essa situação lhe trouxe vantagens por diversas vezes, mas também lhe inspira idéias e projeções fantásticas, que nada têm que ver com sua vida real.

Por enquanto, o consulente deve se limitar aos planos de curto prazo que possa de fato concretizar, deixando que os outros acontecimentos sigam seu curso. Seria aconselhável consultar o oráculo mais vezes, em intervalos regulares, sobretudo quando surgirem situações decisivas cujo alcance o consulente não tenha condições de avaliar.

## 66 **Os assuntos pendentes [se decidem] devagar, [mas] a vontade [gostaria de resolvê-los] depressa. E, então, tudo se repete mais uma vez! Por isso, [tu] deves esperar a estação fria, em que as flores já desabrocharam e as frutas estão maduras.** 陆陆

O consulente gostaria de resolver seus assuntos mais depressa do que permitem as condições objetivas. Dessa forma, sua mente está sujeita a um mecanismo de repetição no qual ele acredita ser capaz de resolver os problemas, mas só faz piorá-los.

Deve evitar o hábito de festejar o sucesso antes do tempo — da mesma forma como um agricultor só pode começar a colheita quando as frutas estão maduras.

## 67 **Monta a cavalo e parte a galope! Então, aquilo que [tu] procuras terá um final feliz. Se seguires o curso do tempo movido pela bondade e pela beleza, de novo a Lua minguante [se mostrará] clara [para ti].** 陆柒

O consulente deve se esforçar para realizar aquilo que planejou. Qualquer que seja o empreendimento, deve se dedicar a ele com entusiasmo e fé, pois um resultado feliz parece garantido.

Porém, há algo errado com a alma do consulente. Será que tem maus pensamentos? Será que se comporta de maneira mesquinha ou insegura? Seja como for, em seu estado de espírito está a solução do problema.

Ele não deve hesitar em consultar o oráculo várias vezes diante de situações difíceis da vida. Uma consulta ao I Ching*, com relação às pessoas que lhe são próximas e sua própria situação de vida, também é aconselhável.

## 陆捌 68

**Um barco está amarrado ao cais e a Lua surgiu por entre as nuvens. A pessoa que atravessou a curva do rio, perto de Tongguan, [consegue] enxergar bem [o caminho] e pode avançar sem dificuldade.**

O rio Huang-ho, também chamado rio Amarelo, alcança sua extremidade sul perto da cidadezinha de Tongguan, e dali segue em direção leste. Antigamente, essa curva do rio era um ponto estratégico na região central da China, pois dali a vista abarca regiões extensas do interior chinês em todas as direções* cardeais. Porém, atravessar o rio nesse local podia ser perigoso devido às correntes e redemoinhos imprevisíveis.

O consulente está diante de um "empreendimento" arriscado que o assusta um pouco, e com razão. Mas talvez exagere os perigos que a situação apresenta.

Ele pode ter certeza de que, ao final, terá uma noção muito mais clara de suas possibilidades futuras. Talvez conquiste até mesmo uma "posição de poder".

## 陆玖 69

**Ai! Não [estás] à altura desta situação! As dificuldades que se acumulam diante de ti deprimem o espírito — [assim como] um dique abandonado sob a chuva implacável. A Lua se assemelha a uma foice que dilacera [teu] sonho sobre a cidade de Hangdan, [de tal forma que] teu olhar ficou triste e como que turvado.**

Aqui, o consulente se encontra em situação praticamente sem saída. Sobrecarregado de problemas que o assaltam como uma tempestade, ele se vê à beira de um colapso mental.

A cidade de Hangdan, atualmente chamada Hang-tcheu, era uma espécie de "Veneza" da China antiga, conhecida por sua vida social alegre e descontraída, assim como pela arquitetura refinada, a música e a pintura. Um velho provérbio diz: "Existe um Paraíso no Céu, assim como existe Hang-tcheu na Terra."

Algo se rompeu (ou se dilacerou) nos sentimentos do consulente. Pode se tratar de um interesse espiritual ou artístico, ou talvez o amor por outra pessoa.

Ele deve se esforçar para superar as depressões e fantasias negativas. Talvez seja aconselhável uma espécie de psicoterapia, ou a leitura de livros sagrados. O consulente só encontrará novos caminhos praticando aquilo que os antigos chineses chamavam de "trabalho interior".

## 70 **A beleza tem decoro e o decoro é belo. O princípio contém o fim e o fim contém o princípio.** 柒零

Este texto se refere a uma situação na qual o consulente não tem motivos de queixa, nem vontade de se queixar. São mencionadas aqui duas verdades atemporais que não podem ser objeto de disputa, e que por assim dizer são válidas por si mesmas.

Talvez a pergunta formulada ao oráculo tenha sido muito genérica, ou talvez o consulente não tivesse nada importante para perguntar. Ele deve evitar consultas ao oráculo sem a devida seriedade ou numa disposição frívola. O resultado pode ser respostas sábias, mas que não oferecem ajuda concreta.

## 71 **Os lagos e mares se perdem na distância infinita. A proa solitária de um barco [atravessa] as altas ondas encrespadas. Antes que os passageiros [alcancem] a outra margem, a luz do Sol se apagará numa cordilheira.** 柒壹

O consulente tem um longo caminho pela frente. Precisa encontrar uma solução a fim de superar duas fases diferentes da vida e ninguém pode ajudá-lo nessa tarefa. Seu futuro lhe parece vago e incerto.

No entanto, ele pode ter certeza de que encontrará um caminho nessa situação confusa. Não deve interpretar o apagar da luz do Sol como um sinal negativo, pois quando se iniciar uma nova fase, o Sol* brilhará novamente.

柒貳 **72**

**Para ser segura, a porta de casa precisa ter uma tranca. Assim [tu] evitas que estranhos invadam [a tua casa]. Ninguém [pode] afirmar que haja exceções. Fatalmente, o desleixo traz conseqüências dolorosas.**

Aqui, uma pessoa está fazendo papel de ingênua. Pensa apenas no lado bom das pessoas ao seu redor e ignora o lado ruim. Porém, neste momento, a precaução deve ser uma prioridade.

Se o consulente acha que seu caso é uma exceção, no sentido de que nada de mau pode lhe ocorrer, está agindo com desleixo. Quando as coisas não saírem como ele espera, terá de se culpar a si mesmo.

柒叄 **73**

**Tranqüilos, realmente tranqüilos são os lagos e rios. Na margem enevoada do rio [tu deves] mergulhar teu anzol. [Se conseguires] capturar seis tartarugas, [podes] cantar alegremente no meio da enxurrada.**

A medicina popular chinesa utiliza a carne de tartaruga* como fortificante, e na culinária chinesa ela também tem lugar de destaque. Por isso, até hoje pode-se encontrá-la nas feiras e mercados, ou em restaurantes de cozinha típica.

Talvez o consulente tenha problemas de saúde ou sensação de fadiga. Praticar regularmente exercícios físicos e levar uma vida mais saudável devem melhorar esse quadro.

Apesar de tudo, ele desfruta de paz e tranqüilidade. Embora seus objetivos não estejam claros e os resultados finais ainda não sejam visíveis, suas chances são positivas.

**74** **Se [tu] tentares [obter] muitas coisas sem [possuir] quase nada, e se insistires com teimosia nesse caminho, [teu] ânimo será instável como uma carroça com duas partes dianteiras.** 柒肆

Aqui, o consulente está avaliando mal sua situação de vida e isso pode trazer conseqüências graves. Suas "condições financeiras" são instáveis, mas ele insiste em cometer "extravagâncias". Tenta obter algum resultado com ações inúteis, mas no fundo não enxerga com clareza os próprios objetivos.

Seu problema é essa indecisão, esse caminhar a esmo e uma fragilidade interior que se torna evidente para as outras pessoas.

**75** **Um resultado positivo [inspira] novas reflexões. Um retrocesso [provoca] um [novo] avanço. A rua conduz à estrada principal, e [tua] alma pode respirar em segurança.** 柒伍

Apesar de todas as suas dúvidas, o consulente pode contar com o sucesso num assunto que lhe interessa. Teve que fazer concessões numa situação sem importância, mas naquilo que realmente importa será bem-sucedido, talvez até mesmo sem esforço.

Ele pode ficar tranqüilo: não surgirão obstáculos no caminho. Seu objetivo é tão claro e concreto quanto a solução que encontrará para atingi-lo.

**76** **Ah! Tudo se torna tão difícil, tão difícil! De repente, ondas se levantam na terra plana! — Ah! Tudo é tão fácil, tão fácil! Enquanto [tu] conversas sorrindo, compreendes finalmente [aquilo que] procuravas há muito tempo.** 柒陆

Aqui, o consulente está enganado a respeito da situação em que se encontra. Considera suas experiências "incríveis" e não consegue compreendê-las. Talvez se sinta também aborrecido por causa de determinados acontecimentos que não consegue avaliar corretamente quanto ao seu significado e suas conseqüências.

Entretanto, em breve estará em condições de relaxar e respirar aliviado, como não fazia há muito tempo. A pergunta que o atormenta se resolverá quase sem esforço.

柒柒 **O ânimo está exaltado, mas [tuas] forças são escassas. [Aquele que se] deixa levar pelo vento da primavera transforma toda queixa numa canção.** 77

As perguntas transbordam na mente do consulente, como a bebida num copo que ele não consegue segurar com mãos firmes. Será que não está alimentando expectativas exageradas sobre fatos antigos e acontecimentos já encerrados?

Se esses fatos antigos voltam à tona, ou se alguém procura revivê-los, o mais indicado é tentar arejar as idéias. Talvez o consulente deva aguardar também a chegada da próxima "primavera"*, época na qual "a monção sopra sobre a China, trazendo umidade e calor".

柒捌 **A alma está agitada, muito agitada! Procura agir duas ou três vezes movido pela paz [interior, então] o curso dos acontecimentos [te] dará motivos de alegria.** 78

Aqui, o consulente se encontra numa situação que não poderia ser mais difícil: o medo atormenta sua alma e ele se sente dilacerado no íntimo. Tem um projeto qualquer, mas o medo o impede de enxergar claramente as condições objetivas que poderiam levar à realização desses planos.

A paz interior é a solução para o impasse. Mas onde encontrála e de que maneira? Só há um jeito: o consulente tem de procurar a paz em seu íntimo e recuperar a alegria de viver.

O conselho do oráculo consiste justamente em buscar o recolhimento e a meditação. Só na paz interior o consulente encontrará soluções de longo prazo para seus problemas.

柒玖 **[Tu] paraste de agir, [embora teu] objetivo ainda não tenha sido alcançado! As pessoas estão satisfeitas, [embora] a finalidade [de tuas ações] não tenha sido atingida! [Se tu] conhecesses [exatamente] os símbolos do Princípio e do Fim, o Sol se mostraria [a ti] do alto, [luminoso como] corais brancos.** 79

Os corais brancos ou de cor clara têm na China o mesmo valor de uma pedra preciosa como o jade*. Antigamente, eram usados como adorno ou ainda como remédio poderoso para limpeza e purificação dos órgãos internos e das "linhas de energia".

No meio das complicações da vida, o consulente se acostumou a uma espécie de apatia dos sentimentos. Simplesmente perdeu o interesse. Por isso, deve se purificar de todos os pensamentos passivos ou impuros e deve procurar a clareza na vida espiritual, a fim de concluir a tempo aquilo que tinha começado. Se não agir assim, a confiança das pessoas ao redor ou daquelas envolvidas em determinado projeto poderá se deteriorar facilmente.

## 80 捌零

**As árvores brotam no início da primavera, porém [suas] raízes permanecem ocultas no interior dos Três Yin. Os lenhadores nada sabem sobre isso e saem carregando seus machados para recolher a lenha.**

O consulente não sabe o que está fazendo. Aceita sem nenhum critério tudo aquilo que se oferece. Age como se soubesse muito, mas na verdade ignora quase tudo, por exemplo os Três Yin*, que significam Terra, Escuridão e Frio.

Se ele quiser uma resposta para sua pergunta, deve investigar aquilo que está oculto, ou seja, as causas e os antecedentes de seus problemas. Se tentar apenas "cortar a lenha", ou seja, tirar proveito dos fatos sem procurar entendê-los, não vai alcançar resultados duradouros.

## 81 捌壹

**A Lua está minguando [e um] espelho desapareceu. Não vai haver nenhum tipo de associação ou aliança — e nada mais se pode dizer.**

O consulente é vítima de desleixo ou ingenuidade. Como foi que o "espelho*" desapareceu? Quem o roubou ou deu sumiço nele? O consulente se acomodou na própria ingenuidade e assim, de certa forma, foi enganado por si mesmo. Seu "aliado" era na verdade um ladrão.

A pergunta gira em torno do dilema da confiança cega. O consulente esperava demais de alguém que não tinha nada a lhe oferecer. É claro que ele se enganou, e agora sente uma decepção amarga.

O oráculo afirma que não há mais nada a dizer. Cabe ao consulente se conformar com isso.

捌贰 **As carroças e cavalos se aproximam. Ao longe, já se conseguem avistar pavilhões e estandartes. A luz derrama sua claridade por toda parte. Na expedição punitiva [chefiada por ti], a suspensão da pena foi prometida se houver capitulação. [Se] marchares adiante, [hás de] realizar feitos grandiosos e inesquecíveis.** 82

O consulente está metido em determinados "negócios" que foram tramados por outra pessoa. Mas ele é generoso: prometeu o perdão se o "inimigo se render" a ele. Independentemente disso, tem de enfrentar uma luta de vida ou morte. Será que tem forças para isso? Saberá vencer sua própria fantasia, seus devaneios e sua dispersão?

Ele tem tempo para meditar sobre seu problema, mas desde já pode ter certeza de que só há uma maneira de resolvê-lo, conforme aquela regra sábia que diz: o ataque é a melhor defesa.

O consulente será bem-sucedido, mas apenas se desejar realmente o sucesso e optar por chances concretas a fim de evitar a derrota. Além disso, não deve agir com timidez ou sensibilidade exageradas. Deve partir para o ataque com todas as forças, pois os inimigos são muitos.

捌叁 **Onde posso pernoitar? Em que lugar, em que parte? No lago a leste e no rio ao norte, já estão prontas as listas [dos candidatos aprovados nos concursos públicos. Assim, só me resta] tomar o céu inteiro de assalto, como um raio de luz espiritual.** 83

O consulente acredita que suas chances foram por água abaixo. Os "cargos" já foram preenchidos. O consulente nunca se apresentou como candidato, ou estava "excluído" de antemão. Porém, sente uma grande força moral que o sustenta e o ampara.

Ele deve se conformar com a falta de "reconhecimento público", talvez até mesmo de "casa" e "família", pois tem absoluta certeza de que tomará o próprio céu* de assalto.

**84** **Aquele que tem ouro de lei nas mãos deve segurá-lo com firmeza e evitar que se perca. [Quando ele] conversar sobre isso [com as pessoas próximas], deve medir muito bem as palavras ou se calar totalmente.** 捌肆

Aqui, o consulente tem algo nas mãos que literalmente vale ouro*, quer se trate de um objeto de valor ou de um projeto para o futuro. Porém, ele fala demais, em ocasiões impróprias.

As pessoas ao redor com certeza vão bombardeá-lo com perguntas. Talvez não entendam essa tranqüilidade repentina, essa segurança que o consulente irradia.

O conselho do oráculo a esse respeito não poderia ser mais claro: é melhor guardar segredo do que se expor sem necessidade!

**85** **Uma taça [de vinho] foi derramada e o semblante fica carregado numa expressão de tristeza. [Somente aquele que] reúne [em si mesmo] os princípios celestes e terrenos saberá ter bons pensamentos.** 捌伍

Desde tempos imemoriais, o vinho era considerado pelos chineses não apenas uma bebida estimulante, mas também uma das oferendas indispensáveis para antepassados* e deuses. Derramar vinho inutilmente é encarado até hoje como mau presságio.

Depois de cometer uma "ação equivocada", o consulente se sente triste e abatido. É como se tivesse perdido o fio da meada. Sente-se inseguro, oscilando entre a euforia e a depressão.

Ele deve procurar uma espécie de "caminho do meio"*, evitando cair periodicamente nos dois extremos. Só assim lhe ocorrerão idéias para sair dessa situação difícil, da qual ele é a principal vítima.

**86** **Um demônio selvagem aponta o arco contra o capitão [do exército de demônios], e este é ferido pela flecha na penumbra, para assombro dos [outros] demônios. — Nesse momento, o Sol rubro afunda na foz do rio. É difícil combater fenômenos em meio ao nada, [pois] não são [claramente] identificáveis.** 捌陆

Aqui, o consulente viveu uma experiência interior no mundo dos sonhos ou talvez em seu inconsciente. Sente que chegou ao fim de uma fase, pois o rio da vida, iluminado por um esplêndido pôr-do-sol, veio desembocar no oceano de seu futuro.

Porém, ele se irrita com o fato de não conseguir entender ou interpretar as imagens ou visões que teve. O oráculo o aconselha justamente a deixar essas visões de lado.

É aconselhável esperar alguns dias para consultar o oráculo de novo com perguntas específicas.

## 捌柒 87

**Uma estrela afortunada brilha e uma constelação [astrológica] favorável se aproxima. O Sol resplandece no céu azul [para que tu] compreendas a verdadeira essência do céu. Um dragão que leva algum tipo de fardo desce [do céu] e atravessa o Pórtico da Luz.**

Na China, assim como no Ocidente, a astrologia* sempre foi e ainda é muito popular. Seus conhecimentos são parte integrante do culto religioso, das técnicas de agricultura e medicina tradicional. — O Pórtico da Luz era um templo ritual no interior do Palácio Imperial, administrado por sacerdotes* versados em astronomia e astrologia*.

No momento, a vida e os atos do consulente gozam uma influência benéfica. Porém, ele deve analisar a situação claramente, sob a luz do dia e o "céu azul". A lucidez a respeito de todos os fatores que o afetam é condição necessária para que ele consiga atrair os "favores celestes" no momento apropriado.

## 捌捌 88

**[Tu] te pões a pescar sozinho na margem do regato gelado. [Sentes] cansaço e desânimo, pois os peixes não mordem a isca na água fria. Por fim, voltas [para casa] de mãos vazias, sob o luar ofuscante.**

O consulente se encontra entre pessoas que não o aceitam. Essa situação consome suas energias, mas ele não se dá conta disso. Tenta superar as circunstâncias de todas as maneiras, porém sem resultado.

Se ele não abandonar o quanto antes a situação em que se encontra, continuará acumulando frustrações. O melhor é esperar o momento certo para procurar novos relacionamentos. Quando o consulente sentir que esse momento se aproxima, deve consultar o oráculo novamente.

## 89

**Não confies [apenas] num [fator] isolado! Emprega todas as [tuas] forças espirituais! [Tens] a [teu] lado uma pessoa valiosa, disposta a somar forças [contigo].**

捌玖

Aqui, o consulente se encontra num beco sem saída do qual dificilmente escapará sem ajuda. No momento, recorre apenas a algumas idéias ou promessas vagas, mas não lhe passa pela cabeça que um amigo íntimo poderia lhe dar apoio e orientação, caso o consulente se abrisse com ele a respeito de suas dificuldades.

Em vez de confiar em idéias confusas e imaturas, seria melhor pedir ajuda e conselho a essa pessoa especial.

## 90

**As nuvens [se] afastaram e a Lua brilha no alto do céu. Seu fulgor se espalha por toda a região. A estrada vai dar num riacho, e uma viagem de mil milhas transcorre tão depressa quanto o vento.**

玖零

O consulente conseguiu superar uma situação difícil e por isso sente alívio. Seu estado de espírito se ilumina aos poucos. Novos caminhos e objetivos se tornam visíveis.

Ele deve conservar a calma e planejar cada um dos próximos passos com clareza e lucidez. Assim, os assuntos que atualmente o preocupam serão solucionados de maneira rápida e definitiva.

## 91

**Na encosta da montanha, espadas de dois gumes e alabardas em forma de tridentes se dão a ver de forma ameaçadora. Devem ser salteadores que [se] aproximam para saquear. [Aquele que] conseguir derrotá-los e**

玖壹

**prendê-los deixará de herança para seus filhos e netos o título de nobreza de um duque.**

Aqui, alguém se defronta com um perigo que ameaça não somente essa pessoa, mas também as pessoas ao redor. Porém, ela é a "única responsável", enquanto as outras aguardam suas "instruções".

Na China antiga, títulos de nobreza eram concedidos de forma provisória, por assim dizer, pois valiam somente até a geração dos netos. Porém, quando alguém era agraciado com um grau de nobreza, podia contar com uma vida tranqüila e protegida.

O consulente deve lutar para afastar o perigo de seu círculo de relações, de uma vez por todas. Tal esforço não será esquecido por muito tempo. Porém, se ele fracassar nessa tentativa, sua própria vida correrá perigo. Seja como for, ele tem agora a oportunidade de construir um futuro para si mesmo e para sua família. Se conseguir, pode esperar resultados positivos.

## 玖贰 92

**A margem do rio é ampla e as águas são profundas, [de modo que] fica fácil levar o bote até a água. [Porém], o caminho é longo, as montanhas são perigosas e sua travessia é difícil. A liberdade de movimentos de uma cobra depende de [quão profundamente] o alento do sol a penetrou. Do alto do céu vazio, a Lua irradia sua luz clara.**

Aqui, uma pessoa se encontra numa situação onde tudo parece correr de acordo com seus desejos e expectativas. Porém, ela se meteu num empreendimento que pode acarretar perigos e que, além disso, pode demorar muito.

O oráculo afirma que essa pessoa deve procurar orientação na imagem da cobra*. A cobra, sexto signo do zodíaco chinês, apresenta qualidades como inteligência, esperteza, malícia e capacidade de adaptação. Como é um animal de sangue frio, necessita do calor do sol para viver.

Assim, o consulente deve empregar toda a sua argúcia e o máximo de frieza e imparcialidade para analisar a situação que se apresenta neste momento, inclusive um projeto que poderá conter muitas armadilhas. Em determinadas circunstâncias, ele não deve hesitar em recorrer a métodos que podem lhe parecer incomuns ou mesmo odiosos, como por exemplo "espionar discretamente um bom amigo". Da mesma forma, é possível que tenha de afastar um “adversário” de forma discreta, ainda que se trate de um “amigo de muitos anos”. Somente assim poderá superar as dificuldades que se apresentam, recuperando o equilíbrio interior.

93 **[Tu] gostarias de modificar [alguma coisa], mas é inútil tentar. Estarás garantido [contra qualquer eventualidade] se te aliares [aos habitantes] de uma aldeia feliz. De início bastaria [mandar] prender os chefes dos obscurantistas, [pois] com essa mudança [dos acontecimentos], o Dragão emergirá do turbilhão profundo.** 玖叁

Certamente o consulente é pessoa de boa vontade, mas ele se defronta com obstáculos cujas proporções não consegue avaliar com clareza. Assim, procura a companhia de “pessoas equilibradas” que lhe tragam influências positivas.

Porém, em seu círculo de relações permanecem “vultos suspeitos” que seria aconselhável afastar, sobretudo o “líder” deles. O Dragão* Celestial que emerge das águas significa que o consulente só receberá ajuda concreta quando tiver solucionado o problema em questão.

94 **Uma pessoa se vai, outra retorna, [como se] a brisa clara e o luar brilhante competissem um com o outro, enciumados. Aquele que capturou o Unicórnio Dourado pode abdicar sem medo de sua condição elevada.** 玖伍

O unicórnio* tem caráter masculino e feminino, e é portanto um ser andrógino. Representa a prosperidade e a fertilidade.

Recentemente, o consulente enfrentou graves problemas “financeiros” e conseguiu superá-los. No momento está em constante atividade, visitando pessoas ou sendo requisitado por elas.

Ele deve diminuir o ritmo e permanecer no “lugar” que escolheu como moradia ou local de trabalho. Não adianta tentar progredir, pois não conseguirá mais do que aquilo que já possui.

玖伍 **Embora a alegria não falte [inteiramente], é preciso enfrentar adversidades. As rajadas de vento se misturam à chuva que despenca sobre as árvores velhas. Todos afirmam [que tu] não poderás viajar sob [condições] tão extremas.** 95

O consulente se encontra em trânsito. Pode ser que esteja viajando de fato ou que tenha planejado alguma viagem. Pode ser também que haja mudanças em seu círculo de relações. Ele está disposto a aproveitar esses momentos agradáveis, mas sabe muito bem que nem todas as dificuldades foram superadas.

O que o impede de superá-las? Seus atos muito impulsivos e enérgicos se chocam contra preconceitos antigos e estruturas sociais estabelecidas, quer seja no ambiente doméstico ou no trabalho. Interiormente, ele se sente acima dessas barreiras, mas no mundo exterior é preciso vencê-las.

O consulente não deve dar ouvidos aos conselhos e opiniões de algumas pessoas próximas, rabugentas e pessimistas, que nunca tiveram coragem de experimentar novos caminhos na vida.

玖陆 **[A ele] foi confiado um feudo com extensão de cem milhas e um arco de seis côvados de comprimento para carregar. Se quiseres encontrá-lo no momento oportuno, [tu] não deves hesitar: uma grande alegria [vai] irromper e todos os habitantes da aldeia [vão] viver com satisfação e saúde.** 96

O consulente ouviu notícias ou comentários por parte de uma pessoa de grande responsabilidade. Esses comentários causaram preocupação a propósito de "terras" ou "imóveis", ou uma "arma secreta" que pode significar problemas com a justiça. Porém, por um motivo qualquer o consulente ainda não procurou a pessoa em questão.

Ele deve tomar essa iniciativa imediatamente, mesmo que se sinta um pouco amedrontado ou apreensivo, pois o oráculo se exprime de maneira positiva sobre a possibilidade de um encontro.

玖柒 **No topo das árvores se vêem as cores frescas e claras da primavera. Faz estalar depressa teu chicote e prossegue tua viagem a cavalo!** 97

Árvores verdes com flores que desabrocham — a pergunta não poderia ter resposta mais favorável. Os problemas do consulente caminham para uma solução, pois ele está diante de um recomeço.

Deve aproveitar a oportunidade valiosa para realizar seus planos com o máximo de empenho.

## 98 **Os ratos deslizam para dentro dos buracos, pois ali estão seguros. De dia ninguém consegue vê-los, mas no silêncio da noite eles andam por toda parte.** 玖捌

No horóscopo chinês, o rato* tem uma dimensão simbólica especial. Segundo a crença, ele não teria sido convidado para o ilustre círculo dos doze animais do zodíaco. Assim, escondeu-se sobre o dorso de um boi*, pulou lá de cima e se esgueirou para dentro do zodíaco*, onde chegou em primeiro lugar, sem que os guardiães do céu notassem sua presença. Desde então, ele preside o zodíaco na condição de primeiro signo. Isso comprova sua coragem, esperteza e malícia. Por causa dessas qualidades, a figura do rato inspira uma admiração ambígua na cultura popular chinesa.

De certa forma, a mesma coisa se passa com o consulente. Ele se encontra em posição de destaque, mas as pessoas ao redor o encaram também com um pouco de desconfiança e má vontade. Algumas delas acham que ele esconde ou disfarça seus pensamentos, outras têm medo de serem afastadas ou prejudicadas por ele.

Se o consulente for do signo do rato, no horóscopo chinês, o mais recomendável seria agir totalmente de acordo com as qualidades desse animal. Caso contrário, o consulente deve tentar assimilar algumas das qualidades do rato que poderiam ser úteis nesse contexto, ainda que isso lhe pareça difícil.

## 99 **Deixa irromper em harmonia [teus] desejos e impulsos vitais. [Seria] aconselhável partir em viagem em direção sudoeste. Com a grande quantia de dinheiro que [trazes] amarrada nas costas, chegarás depressa à região do [rio] Yang-tsé, como se fosses transportado [nas asas de] um grou.** 玖玖

Depois da pacificação completa da região sudoeste da China com uma expedição militar que durou quase três anos, comandada pessoalmente por Zhuge Liang —, o autor deste livro —, os chineses da dinastia Han passaram a considerar as regiões próximas ao curso central do rio Yang-tsé como uma espécie de Terra Prometida. Um grande número deles se estabeleceu ali.

Sem dúvida alguma, o consulente tem muitas energias, mas até agora não conseguiu concatená-las ou dirigi-las para um fim específico. Ele conquistou ou herdou uma fortuna, no sentido material ou no plano das idéias, mas não sabe exatamente o que fazer com ela.

Partir em viagem em direção sudoeste significa penetrar em regiões férteis e cheias de riquezas, mas não totalmente desprovidas de perigos. Se o consulente se decidir de uma vez para sempre, alcançará em breve seus objetivos com base na própria experiência.

## 壹零零 **Que alegria, oh, que alegria! Depois de tudo foi possível reverter o mal! A pérola que tinhas recolhido sob o queixo do Dragão Negro, e que de repente se perdera, ainda [pode ser vista] na água do rio.** 100

Na China antiga, o dragão* tinha conotação extremamente positiva, pois era considerado um "animal do leste". Na primavera, as monções sopram a partir do leste, do oceano Pacífico para o continente, trazendo umidade, calor e fertilidade. Por isso, o dragão era o animal heráldico e o símbolo das dinastias imperiais chinesas.

O Dragão Negro tem um significado muito diferente. É um ser mitológico que reside ao norte, trazendo a neve e os ventos gelados nos meses de inverno*. Acredita-se que castigue as pessoas, empenhado em destruir os frutos de seu trabalho.

Recentemente, o consulente deu provas de coragem e iniciativa, mas agora deve ter cautela, esforçando-se para não agir com negligência em relação aos frutos de seu trabalho, pois se arriscaria a perdê-los. Nesse caso específico, os frutos do trabalho podem ser salvos, mas isso se deve a um acaso feliz, não ao comportamento do consulente.

## 壹零壹 **Existem no império verdadeiros sábios, [no entanto,] faltam funcionários instruídos na Sala do Trono Imperial.** 101

**Aquele que não recorre às mil variedades de armas poderá gozar a verdadeira paz por longo tempo.**

Aqui se trata de uma pessoa envolvida em situações confusas que sente falta de um conselheiro ou de alguém disposto a ajudá-la. Existem pessoas sábias nas proximidades, mas o consulente não sabe como travar contato com elas.

Acima de tudo, o consulente deve evitar qualquer tipo de violência para realizar seus planos. Somente com uma atuação pacífica e sensata poderá atingir seus objetivos e encontrar a tranqüilidade.

## 102 壹零貳

**A bem-aventurança se aproxima quando a desgraça tiver alcançado seu auge. [Tu saberás] enfrentar todos os problemas com ânimo descuidado, porém tens de cultivar a felicidade primitiva, [da qual resultam] todas as boas coisas. Deves conduzir [tua] vida para a caridade e a beneficência, [pois só assim poderás] provar do elixir da vida.**

O consulente acabou de enfrentar uma situação que poucas pessoas teriam suportado: um "acidente", a "morte trágica" de alguém que lhe era próximo, uma "doença grave" ou ainda, embora seja menos provável, uma ameaça de "ruína financeira".

No simbolismo chinês, "provar do elixir da vida" significa envelhecer ou conquistar a imortalidade*. Para realizar essa aspiração, a pessoa deve praticar ações caridosas ou solidárias em benefício dos menos afortunados. Só assim terá condições de recuperar a felicidade descuidada e quase infantil que não encontrava mais em seu íntimo, depois de todas as dificuldades que enfrentou.

## 103 壹零叁

**O povo cuida de seus afazeres com alegria e os funcionários agem obedecendo a [instruções] claras. Um mundo cheio de fulgor e harmonia se apresenta [para ti] todos os dias! [Deves] comunicar às outras pessoas que o futuro dos cisnes [que emigram] ao longo de milhares de outonos depende de um líder magnífico, cuja imagem paira [sobre nós].**

Este texto do oráculo reproduz o ideal confucionista de harmonia social: as pessoas devem cumprir suas tarefas com alegria, tentando imitar a conduta dos funcionários* públicos zelosos e honrados.

O consulente se encontra numa situação que exige todo o seu poder de persuasão. Precisa convencer as pessoas que lhe são próximas de que existe alguém com qualidades extraordinárias capaz de resolver os problemas atuais. Talvez o consulente tenha de convencer a si mesmo desse fato, "mergulhando" em sua problemática pessoal, por assim dizer.

Diga-se de passagem que a harmonia social defendida pelo confucionismo* não é uma concepção fatalista. Esperar passivamente por uma felicidade indefinida não é típico do confucionismo. Justamente em tempos difíceis, cabe ao consulente agir com energia e sem hesitação, principalmente se tiver de assumir uma função de responsabilidade.

## 壹零肆 **Tranqüilo como a montanha Taishan e firme como uma pedra sonora, deves cavalgar adiante de ânimo alegre. [Faz com que] o interior se torne permeável e o exterior demonstre retidão!** 104

A montanha Taishan, na província de Chan-Tong, é considerada até hoje a mais importante das cinco Montanhas Sagradas e ponto central do taoísmo*, pois ali se construiu o famoso Mosteiro Shaolin. As "pedras sonoras" eram instrumentos musicais antigos. Eram feitas de jade*, em forma de cunha ou machado e de diferentes tamanhos, penduradas dentro de uma moldura de acordo com o som que emitiam. As pedras eram golpeadas em ocasiões rituais, produzindo música como uma espécie de xilofone.

O consulente deve orientar seu comportamento com base nessas duas imagens, ou metáforas. Em seu íntimo, deve tentar ser receptivo e flexível. Em seus atos exteriores, deve mostrar clareza e decisão. Se atingir essas duas metas, poderá encarar o futuro "de ânimo alegre".

## 壹零伍 **Na superfície da Lua há uma árvore de osmanto. Em última análise, ninguém consegue ser dono de si mesmo. Porém, se uma escada em direção às nuvens crescer sob [teus] pés, a oportunidade será propícia para subir [por ela].** 105

Até hoje os chineses consideram o osmanto* uma árvore mágica. Segundo livros antigos sobre ervas medicinais, o aroma de suas flores é especialmente forte em noites de Lua cheia. Talvez por esse motivo, acredita-se que haja uma árvore de osmanto florida na superfície da Lua* cujas flores propiciariam curas milagrosas.

As nuvens simbolizam boa sorte e felicidade. Quem "vive no mundo das nuvens" é pessoa de sorte. Quem se depara com uma "escada em direção às nuvens" tem boas chances de ascensão social ou profissional.

O consulente ficou surpreso com o resultado positivo de seus esforços. Nunca sonhou que poderia chegar tão longe. Porém, sua autoconfiança não corresponde à evolução dos acontecimentos e ele não consegue disfarçar um sentimento de insegurança.

Deve aproveitar a oportunidade sem hesitação e manter a situação sob controle, praticando o autodomínio e tentando superar o medo e a sensação de "vertigem".

## 106 **Bem no alto do céu, um ganso selvagem se queixa por estar separado do bando. [Deverias] perguntar a um homem sábio e ilustre quantas pessoas existem hoje [na mesma situação].** 壹零陆

Na China, a família e o contexto social eram considerados o cerne e a essência da vida humana. O indivíduo em si, ou o "ego" de cada um, tinha menos importância. O ganso* selvagem, em sua condição de ave migratória que vive em bando, sempre foi um símbolo dos vínculos familiares.

Devido a circunstâncias externas ou ações equivocadas, o consulente foi afastado dos relacionamentos a que estava acostumado. Sente-se solitário, triste e incompreendido.

O oráculo sugere que é inútil resgatar um velho círculo de relacionamentos. O mais indicado é fazer novos contatos com pessoas que se encontrem em situação parecida. Só essas pessoas poderão proporcionar conforto e ajuda.

## 107 **A folhagem rubra perdeu a cor e uma noite de vento bastou para acabar com ela. Ao ouvir o primeiro canto do galo, a vizinhança desperta de seus sonhos matinais. Os desejos de [teu] coração não levarão a nada.** 壹零柒

Tal como no Ocidente, o vermelho* é a cor do coração e dos sentimentos. A pergunta do consulente se refere a um "problema amoroso". Em ocasião recente, houve uma ruptura cujas feridas ainda não cicatrizaram completamente.

O consulente deve se conformar com a impossibilidade de reatar sua relação amorosa, pois seu círculo de relacionamentos se opõe a isso ou impede a reconciliação. Ele sofre com a espionagem constante das pessoas próximas, aquele tipo de gente que "já sabe de manhã o que vai acontecer à noite". Retirar-se no momento oportuno é a opção mais acertada, apesar dos sentimentos de tristeza e dor.

## 壹零捌 108

**[Teus] assuntos [estão emaranhados] como fios de cânhamo e [teus] planos contêm muitos erros. O Sol se oculta por trás das nuvens. [Se] adiares [os assuntos em questão], saberás finalmente resolvê-los.**

O cânhamo é uma das plantas mais antigas cultivadas no Oriente Médio e na Ásia. Com seus fios se fabricam cordas, solas de sapatos, vestimentas e lona para barcos a vela. A resina das flores de cânhamo, ministrada em grandes quantidades, provavelmente servia também para realizar operações cirúrgicas.

O consulente não sabe como se safar da embrulhada de problemas em que se meteu. Ele cometeu erros e está consciente disso. Porém, uma sensação de impaciência o incomoda, pois ele não enxerga uma luz que possa iluminar seu caminho.

O conselho do oráculo é claro: esperar. Ações irrefletidas ou precipitadas podem arruinar todos os seus planos.

## 壹零玖 109

**Não tentes trilhar os velhos caminhos. Em vez disso, atrela [teus] cavalos numa carroça nova. [Então, vais] percorrer a estrada da ventura em todas as direções dos pontos cardeais.**

O consulente se encontra diante de uma decisão difícil. Deve se limitar àquilo que é familiar e conhecido? Ou deve arriscar experiências novas?

O oráculo não recomenda apegar-se demais aos hábitos antigos. O consulente deve concentrar todas as suas energias a fim de encontrar novos caminhos. Se a questão se referir a uma mudança na vida profissional, o consulente não deve desperdiçar as chances que se apresentam.

## 110 De noite, sonhei que um rato [me] despertava e assustei[-me]. Levantei[-me] da cama, mas não vi ninguém. Pelo resto da noite até o amanhecer, fiquei deitado sem poder dormir. 壹壹零

Graças à sua coragem e malícia, o rato conquistou o primeiro lugar no zodíaco* chinês. Segundo a crença popular chinesa, quem sonha com um rato se sente logrado ou enganado por uma pessoa próxima.

Já que o hábito de se esconder dos olhares humanos é próprio dos ratos, o consulente não sabe qual de seus "amigos" lhe prepara uma cilada. Pensa sobre isso dia e noite, mas não consegue chegar a uma conclusão.

O mais aconselhável é manter a calma. Quando tiver uma suspeita concreta, o consulente deve consultar o oráculo novamente. Uma consulta genérica ao I Ching* também seria aconselhável.

## 111 As geadas de outono foram severas, mas agora faz calor de novo. Novas flores desabrocharam em todo o seu frescor, [porém] as antigas murcharam. Várias gerações [de pessoas] sentiram o frio e o calor no próprio corpo. Se experimentares [algo assim], não será necessária nenhuma explicação. 壹壹壹

O outono* é a estação do declínio e da dissolução. O consulente acaba de superar uma fase de sua vida cheia de obstáculos e dificuldades. Agora, sente um novo fluxo de energias interiores, assim como de forças externas que convergem sobre ele.

O oráculo aconselha a aceitar estoicamente o ciclo natural das coisas. Alternadamente, o frio e o calor, ou seja, as circunstâncias penosas e agradáveis sempre nos acompanham ao longo da vida.

## 壹壹贰 **112**

**[Tua] vontade indomável ainda não se afirmou plenamente, [mas não conheces] descanso nem poupas esforços. [Tal como te] revelaram as profecias, [alcançarás] um dos primeiros lugares nos concursos públicos da região noroeste.**

Concursos públicos para seleção de funcionários já eram realizados na China há três mil anos. Ser aprovado nesses concursos representava o mais alto grau de reconhecimento social.

Até agora, o consulente não teve bons resultados agindo por intuição ou com base em motivações inconscientes. Se quiser que seus planos tenham sucesso, deve orientar sua maneira de pensar e agir com simplicidade e objetividade, tal como sugere a direção noroeste — região da China onde se encontram estepes e desertos gelados.

Porém, não é a primeira vez que o consulente consulta um oráculo. Em tempos recentes foi feita uma profecia de bom agouro sobre sua vida. Agora, cabe a ele examinar e delimitar claramente a floresta de seus sentimentos e desejos, a fim de agir livremente quando chegar a ocasião propícia.

## 壹壹叁 **113**

**É grave, muito grave a doença que contraíste, e à noite jazes inconsciente na cama. [Porém], um trovão do Portal da Tempestade torna [teu] corpo forte e leve de novo.**

Aqui, uma pessoa está gravemente doente. Essa doença pode ser de natureza física ou moral, ou ainda resultar de relacionamentos frustrados com outras pessoas. O mal teve efeitos tão profundos que o doente já não consegue compreender a gravidade de sua situação.

Porém, um acontecimento drástico libertou essa pessoa. Na China antiga, tempestades eram consideradas fenômenos naturais que traziam boa sorte. “Quando rugem os trovões e os raios atravessam o céu, os dragões* lutam entre si”, diz um antigo provérbio chinês. Ao findar a tempestade, um dos dragões tinha vencido o outro. Se o céu ficasse avermelhado, era por causa do sangue de um dos dragões.

Se o consulente se sentir liberto de suas dificuldades de um momento para o outro, sem explicação, deve acreditar que sua vida encontrou um curso positivo. Então, em breve se sentirá aliviado e fortalecido, tanto no sentido físico como espiritual.

## 114 O fácil não é fácil, e o difícil não é difícil. De repente, ondas se levantam sobre a terra. [Hás de] experimentar alegria e excitação por duas ou três vezes. 壹壹肆

Apegar-se às ilusões nunca foi uma atitude proveitosa para ninguém. O consulente não deveria encarar com leviandade aquilo que parece fácil, nem exagerar a complexidade daquilo que parece difícil.

Seja como for, o curso dos acontecimentos deve lhe trazer surpresas agradáveis, e isso por várias vezes consecutivas. "Não tenha medo da alegria!", é o que parece dizer o texto do oráculo.

## 115 A estrada ficou intransitável e nas portas das casas puseram trancas pesadas. [Deves armar-te] de verdadeira cautela [quando] as nuvens que envolvem a Lua ficarem escuras. 壹壹伍

O consulente se encontra num beco sem saída existencial. Sentimentos sombrios entorpecem sua consciência. Pesadelos o perseguem noite e dia. E uma vez que ele se fechou em si mesmo, também enxerga o mundo fechado em si mesmo.

No momento, não parece haver saída dessa situação angustiante, na qual o consulente penetrou por vontade própria ou que apenas criou em sua imaginação. Se necessário, deve consultar o oráculo com novas perguntas, mas sem esquecer cautela e ponderação.

## 116 O lucro [foi pequeno como] as antenas de um caramujo ou a cabeça de uma mosca. Porém, hoje aconteceu uma reviravolta. Pessoas estúpidas riem de ti, [o que faz supor um] final feliz [apesar do] início tão penoso. 壹壹陆

O consulente acredita que seus atos tiveram pouco resultado. Não compreende que, no caso em questão, um "pouco" pode valer mais do que um "muito" vago ou indefinido. Muitas vezes, ele se sente chocado com as "risadas de escárnio" e a incompreensão das pessoas ao redor.

Mas isso não deve desencorajá-lo. Pequenos progressos vão se somando até formar um grande progresso. O momento e a situação não são apropriados para dar um grande passo de uma vez.

O oráculo aconselha o consulente a levar em conta cada pequeno detalhe. Só assim terá condições de concluir seus projetos.

壹壹柒 **117**

**No mercado, [tua] tenda exibe pérolas e jade*, [embora teus] campos e jardins não sejam ricos. Não [deves] tagarelar sobre [teus] projetos antes que sejam coroados de êxito. [Só assim] saberás afastar as dificuldades.**

Aqui se trata de alguém que vive "além de suas possibilidades". Essa pessoa está "vendendo" algo que na verdade ainda não possui. Ignora assim a regra elementar segundo a qual a oferta tem de corresponder a uma garantia de "propriedade". Agindo dessa forma, ela apenas desperta nos outros a suspeita de que as preciosidades oferecidas não lhe pertencem de fato, ou são falsificadas.

O consulente conseguiu obter algum tipo de apoio ou recurso, financeiro ou moral. Porém, quanto mais fala sobre esse assunto, menos as pessoas acreditam nele. Deveria manter silêncio e evitar que uma tagarelice precipitada comprometa os frutos de seu trabalho.

壹壹捌 **118**

**A Lua espalha um fulgor claro e as flores desabrocharam plenamente. [Podes também] conciliar agora os assuntos que [deram tanto motivo de] aflição.**

Aqui se alude a uma situação que se repetiu várias vezes de uma maneira ou de outra. Essa situação só trouxe aborrecimentos ao consulente.

Ele pode ter certeza de que ela não se repetirá. Com o esforço interior e exterior do consulente, o equilíbrio e a harmonia substituirão aos poucos a divergência e a discórdia.

壹壹玖 **119**

**Ao amanhecer, a Lua de outono ilumina o portão de cor púrpura [de um templo]. Lá longe, no bosque, ouve-se por longo tempo o gorjeio dos pássaros. Somente pessoas honradas comparecem para fazer uma visita ao sacerdote**

**do templo. Quem será que murmura assim essas conversas sábias, que soam como o canto suave dos melros-dourados?**

Aqui se descreve uma situação idílica vivida pelo consulente. Talvez ele tenha visitado uma pessoa cuja sabedoria parece muito superior, ou talvez tenha planejado essa visita.

Se a pergunta do consulente se refere a uma situação problemática e suas possíveis soluções, ele pode ter certeza de que o resultado será positivo.

## 120 **Assuntos por resolver trazem inquietação ao espírito. Até que se instaure a tranqüilidade, suspeitas e preocupações vão perdurar por muito tempo.** 壹贰零

Aqui, o consulente desperdiçou algumas oportunidades ou deixou assuntos importantes por resolver. Por esse motivo, as pessoas ao seu redor ou seus colegas de trabalho não confiam mais nele.

Ele deve se preparar para um período relativamente longo no qual as preocupações materiais vão predominar. Seria aconselhável consultar o oráculo regularmente a fim de esclarecer esta situação a cada passo.

## 121 **Por longo tempo mergulhado na fama vazia e nas funções [sem sentido], deves agora lutar por uma [nova] carreira pública, [embora] ainda não [possas] enxergá-la claramente. Ao findar o outono surgirão nuvens coloridas e a paisagem do ano que termina se renovará mais uma vez.** 壹贰壹

Por muito tempo, o consulente assumiu funções de responsabilidade, mas não conseguiu realizar seus ideais. Devido a isso, sente-se frustrado e no momento procura um novo campo de atividades, mas não sabe onde encontrá-lo.

Ele deveria ter um pouco mais de paciência. A metáfora do final de outono* sugere que a decadência e a destruição têm de alcançar um auge para que se abram novos horizontes. Só então o consulente poderá se decidir por novas tarefas ou um novo trabalho.

壹贰贰 **Pára! Pára de uma vez! [Ali onde] existe um fim, também existe um começo. A mesma coisa se passa com o [ciclo da] Lua ou das flores, [que desabrocham e fenecem]. Conserva para o futuro [aquilo que] realizaste [hoje].** 122

Este texto sugere ao consulente uma "pausa para pensar", uma fase de meditação e questionamento. Ele deve orientar sua vida pelos ciclos naturais de crescimento e decadência, ou expansão e contração, como é o caso do ciclo da Lua*, para compreender e dominar sua situação.

O oráculo acrescenta um conselho importante: o consulente deve preservar com mais cuidado os resultados de suas atividades, tendo em vista seu próprio futuro.

壹贰叁 **A Lua cheia surgiu no céu. Uma alegria exuberante toma conta [de nós]. O vento e as nuvens caminham juntos: união harmoniosa até o final dos tempos!** 123

O consulente fez (ou está fazendo agora) um acordo importante, que pode ser também uma sociedade comercial ou contrato, ou ainda uma "proposta de casamento". Isso o deixa muito satisfeito.

O oráculo prevê bons resultados. O consulente deve prosseguir nesse caminho, pois a Lua* cheia é bom presságio.

壹贰肆 **Um espelho singular mostra a imagem de duas pessoas unidas pelo coração e pelos sentimentos.** 124

Desde a Antigüidade chinesa, o espelho* era considerado um instrumento mágico que simbolizava a relação estreita entre marido e mulher. Quando um dos esposos partia em viagem por muito tempo, quebrava-se um espelho para que cada um conservasse um fragmento, como amuleto ou objeto mágico.

Se a pergunta se referir a uma relação amorosa, a resposta está formulada no texto original de maneira clara. Se o assunto em questão for um acordo ou sociedade comercial, cabe ao consulente agir com cautela, pois o reflexo que ele enxerga no espelho pode ser enganoso.

## 125 **[Quando os] subordinados não respeitam seus superiores, [então] um clima de discórdia toma conta facilmente das pessoas. E quando se perde finalmente a essência das relações [sociais], todos os projetos [se convertem] em cinzas.** 壹贰伍

Este texto se refere mais uma vez aos ideais confucionistas de harmonia social. Nesse caso, o perigo consiste na desobediência dos subordinados, que não respeitam os superiores e ignoram suas instruções. Se essa situação não mudar, o texto prevê um final desastroso.

O consulente está vivenciando problemas em seu emprego ou profissão. Ele cria obstáculos para alguma coisa que na verdade pode lhe trazer benefícios. Com isso, corre o risco de ver fracassar seus planos secretos.

## 126 **Depois de uma longa fase de imoralidade [mundana], que sabedoria conquistaste em [teu] recolhimento melancólico? Se [te] encontrares com uma pessoa de alta categoria que possa introduzir[-te em determinados círculos], ficarás rico e alcançarás toda a fama que desejavas.** 壹贰陆

Passar de um extremo ao outro, de uma vida excessivamente mundana para uma solidão voluntária e melancólica — é a situação descrita pelo texto acima. Porém, o que o consulente ganhou com isso?

Ele não deveria confiar em seus impulsos contraditórios. Seria aconselhável procurar uma pessoa que possa ajudá-lo no âmbito social ou profissional. Se ele tomar a iniciativa no momento apropriado, as vantagens não devem demorar.

## 壹贰柒 127

**Um tigre se deita no meio da estrada. Andarilhos, não [vos] deixeis enganar! Esperai atentamente à beira da estrada para que não [vos] aconteça um infortúnio súbito.**

O consulente se encontra numa situação cheia de riscos ou perigos, pois o tigre* é um animal temível que simboliza o oeste*, o outono* e a destruição de todas as formas de vida.

Porém, o consulente deve manter a calma. Mesmo em situações críticas da vida, é aconselhável permanecer atento e aguardar com cautela os acontecimentos. Se ele seguir esse conselho e dominar seus receios, compreensíveis nesta situação, nada de mau pode lhe acontecer.

## 壹贰捌 128

**Paz e discórdia, união e desavença. As nuvens e a chuva se alternam e por fim se convertem em vácuo. Avançar e recuar, ou aguardar em posição de defesa, [tudo isso] não vai trazer proveito.**

O consulente está vivendo relacionamentos instáveis com outras pessoas, nos quais amor e ódio, paz e discórdia se alternam, talvez várias vezes por dia. Num certo momento, ele ama sua parceira (ou parceiro), mas no momento seguinte tem sentimentos negativos que podem ser causados por uma única palavra.

No final, acaba numa situação sem saída na qual o relacionamento não é mais possível. Faz todos os esforços e tenta todas as manobras para tomar uma decisão quanto a isso, mas sem resultado.

O consulente deve se recolher em si mesmo e analisar de cabeça fria cada nova situação que surgir.

## 壹贰玖 129

**Os negócios devem ser conduzidos a leste e os lucros devem ser obtidos a oeste. A paisagem [mergulhou] no fulgor esplêndido da Lua. Ouve-se o som de uma flauta no alto da torre [de um pagode].**

O leste* é uma região associada à fertilidade e ao bem-estar, pois é dessa direção que sopram as monções do Pacífico. O oeste* sugere o clima seco e as paisagens desoladas das estepes.

O consulente tem ótimos "negócios" em vista: fabricar no leste aquilo que está faltando no oeste. Se ele se esforçar, pode alcançar bons resultados. Também no setor amoroso pode ser bem-sucedido, pois no leste da Ásia a flauta é um antigo símbolo do amor.

**130** **Os assuntos se reverteram [e assim] caminham para uma solução. As criaturas estão em trânsito o tempo todo: enquanto uma chega, a outra se vai, num ritmo regular [sob] o céu azul.** 壹叁零

O consulente foi surpreendido pelos acontecimentos e não consegue interpretá-los direito. Todo dia se modifica algum elemento essencial em sua vida. As coisas se precipitam.

Ele deve aceitar essas turbulências e praticar o recolhimento para tentar entendê-las. Então, o oráculo lhe promete uma solução positiva.

**131** **[Como se] ondas de um lago raso se jogassem [contra ti, ou como se] espinheiros cobrissem [tuas] terras planas, [da mesma forma podem surgir] contradições quando falas com cuidado e circunspecção, sugerindo que [tu] sentes um receio infundado.** 壹叁壹

O consulente não consegue enxergar sua situação como ela é. Imagina perigos e dificuldades onde não existem e assim vai se enredando em contradições, uma após a outra.

Seu medo não tem razão de ser, pois os assuntos que o afetam estão tendo evolução positiva. De qualquer forma, é aconselhável consultar o oráculo outras vezes com perguntas específicas, caso as dúvidas ou receios se manifestem novamente.

**132** **As nuvens se abriram. A Lua de outono aparece. Um vento sul perfumado [se segue à] estação das chuvas. Se [tu] encontrares um velho conhecido da cidade de Chu, no sudoeste, deves convidá[-lo] para que descanse em [tua] casa por algum tempo. Não precisas ter dúvida quanto a isso.** 壹叁贰

Finalmente, o tempo da incerteza acabou. O consulente enxerga as coisas claramente. Sua situação é favorável e tudo aquilo que ele empreender será coroado de êxito.

Em breve vai rever um "conhecido" de muitos anos atrás. Se convidá-lo para ir à sua casa, as conversas entre eles serão proveitosas para ambos.

壹叁叁 **Se o ânimo está firme, por que [deverias] preocupar-te? [Se] pescares um peixe dourado, podes esperar uma coleção inteira de provas de [teu] reconhecimento e [tua] fama.** 133

O peixe é um antigo símbolo chinês de abundância e riqueza. Quando se trata então de um peixe dourado, isso significa que o consulente deve comprar um novo cofre, pois o velho ficará cheio até a borda.

Ele deve afastar todos os receios e encarar o mundo com a mesma atitude positiva que o mundo manifesta em relação a ele.

壹叁肆 **Os planos acabam no caminho errado, mas [tu] mesmo continuas na direção certa. [Tuas] atividades são muito vastas, mas [teu] coração não é. Desejar conhecer a verdade sobre as causas [dos acontecimentos] é o mesmo que [tentar atravessar] o abismo entre duas cordilheiras.** 134

Apesar de vários fracassos seguidos, o consulente continua cheio de segurança e convicção. Negócios que não acabam nunca e uma tendência para a teimosia estão presentes na situação que ele vive.

Ele está diante de um problema insolúvel: só consegue enxergar as conseqüências de seus atos, mas não analisa os motivos, como se as duas coisas pertencessem a mundos diferentes.

壹叁伍 **O sorriso que cresce em [teu] íntimo não é suficiente, [pois] só consegues enxergar tristeza e preocupações, tanto fora como dentro. As nuvens se dispersam e a Lua [surge]** 135

**em pleno brilho. Quem [conseguir] reverter o infortúnio terá condições de forjar a própria felicidade.**

O estado de espírito do consulente não condiz com as situações concretas que ele vive no mundo exterior. Trata-se de um verdadeiro dilema.

No entanto, as perspectivas para o futuro são positivas: sua vida emocional está sendo estimulada por fatores externos, talvez até em excesso, no limite da vaidade ou da arrogância. O consulente deve se concentrar naquilo que realmente interessa, ou seja, uma reviravolta ou "volta por cima" em sua vida. Só assim terá condições de alcançar a felicidade.

## 136 壹叁陆

**As gralhas passam voando sobre as saliências do telhado, de um lado para o outro, em algazarra. Uma alegria [interior] afasta todos os pensamentos temerosos como por magia. Uma pessoa chegou em [tua] casa e outra foi embora. Depois de tudo, laços de amor [te] envolverão profundamente.**

As gralhas, que no Ocidente são consideradas aves com o hábito de roubar, são tidas na China como mensageiras da alegria. No caso deste texto, as gralhas que voam para lá e para cá sobre o telhado simbolizam um "pedido de casamento", que pode ter ocorrido ou ainda vai ocorrer.

Assim, o consulente deve se tranqüilizar. Seus assuntos pendentes, de caráter sentimental ou profissional, vão ter solução favorável. Ele tem de parar de fazer perguntas e confiar nos favores da sorte.

## 137 壹叁柒

**Moitas de espinheiros crescem [diante de ti] na terra plana. Ondas selvagens se jogam [contra ti] das quatro direções dos pontos cardeais. [Tu te] apóias num parapeito e contemplas [o mundo] com desânimo. Não tens nada a dizer ao sol ofuscante.**

"Moitas de espinheiros" que aparecem por toda parte, "ondas altas" que se abatem de todas as direções — aparentemente, o consulente está em maus lençóis. Sofreu uma grande decepção e não encontra um meio de superar as experiências e sentimentos negativos.

Não é de admirar que seu olhar esteja turvo e seu espírito afunde na melancolia, pois mesmo que surgisse um raio de esperança, ele teria tendência para reagir negativamente. Dessa forma, as dificuldades só fazem aumentar. O consulente deve tentar enfrentá-las com a mente clara.

壹叁捌 **Os planos já foram concebidos, por que deverias ter algum receio? A Lua brilhante surgiu por trás da torre alta [de um pagode]. Envolta em nuvens, ela acena [para ti] em sinal de aprovação.** 138

Embora todos os projetos tenham sido traçados de maneira clara e sensata, o consulente não se sente à vontade. Acaba de superar uma situação difícil e não confia plenamente na paz que se apresenta agora.

Deve ter mais confiança em seus sentimentos atuais e tentar esquecer o passado. Como diz o provérbio: "O que passou, passou." Então, o consulente receberá assistência e auxílio de várias pessoas.

壹叁玖 **Ah! Que estranho! Que estranho! A situação tão propícia [de tuas] terras — e agora esse mau tempo! Depois de tudo, as flores queimadas nos ensinam uma lição: [deves] tentar aproximar o movimento e o repouso [até que] um se harmonize com o outro.** 139

Aqui, uma pessoa sofreu um acidente ou alguma forma de violência inevitável. Ela contava com um lucro ou proveito garantidos, mas de repente percebe que tem as mãos vazias.

O oráculo aconselha ao consulente um pouco de equilíbrio. Ele não deve se movimentar sem descanso, mas procurar também momentos de meditação. Só se conseguir conciliar repouso e atividade terá condições de analisar melhor o futuro e tirar mais partido das possibilidades que ele oferece.

## 140 Será que [tu] vais encontrá-lo, ou não? A Lua despencou no fundo do mar. Os sonhos das pessoas nascem nas regiões mais profundas da alma. 壹肆零

O consulente sente interesse ou desejo de encontrar uma pessoa "conhecida". Ele aguarda esse encontro com grande expectativa, mas não sabe ao certo quando e onde deve ocorrer.

Talvez seu desejo seja ilusório, como sugere o texto do oráculo. Ou talvez o consulente exagere os possíveis resultados do encontro.

Seja como for, o texto do oráculo não inspira segurança. O consulente deve fazer novas consultas para esclarecer o assunto.

## 141 O retumbar dos trovões se faz ouvir na escuridão [das nuvens]. As suposições são sombrias e insustentáveis. Quando [tu] desvias o olhar, vês uma formação de nuvens negras. 壹肆壹

O consulente tem algumas "manchas negras" em seu passado pessoal que tenta esconder de um jeito ou de outro. Porém, essas manchas sempre voltam a incomodá-lo, mesmo quando algumas acusações levantadas contra ele não são justificadas.

Ele deve se abrir sobre seus problemas — talvez contá-los para um advogado ou terapeuta, talvez para um amigo, contanto que sejam pessoas de confiança. Se continuar se escondendo por trás de um muro de silêncio, vai sofrer fatalmente a desconfiança crescente das pessoas ao redor.

## 142 Para reforçar a segurança [do império], organizaste sozinho uma expedição militar [para o exterior] e mandaste prender funcionários corruptos na corte imperial. Com a "pílula da imortalidade" no bico, uma fênix anuncia o decreto de tua renúncia honrosa. O resultado é que desfrutas de uma reputação excelente que rebrilha [como] os Quatro Oceanos. 壹肆贰

Aqui se descreve uma pessoa que fez tudo o que estava ao seu alcance para pôr em prática os ideais confucionistas* de um Estado harmonioso. Essa pessoa afastou o perigo interno e externo. Por isso, a ave conhecida como fênix* lhe traz de presente a pílula da imortalidade*.

Sem dúvida, o consulente goza de boa reputação em seu círculo de relações. Desempenha uma função importante que envolve responsabilidade e não gostaria de abrir mão dela. Porém, por motivos que não conhece em detalhes nem gostaria de conhecer, outras pessoas ao redor o aconselham a uma renúncia ou afastamento voluntários.

O melhor conselho seria optar por algum tipo de afastamento, mesmo que aparente ou superficial, para satisfazer às pessoas ao redor. Com isso, a reputação do consulente só teria a ganhar.

壹肆叁 **Oh, céus! Lá fora o sofrimento [reina] por toda parte. Oh, céus! Os cidadãos se reúnem ao redor do portão municipal! O fio condutor de [teu] plano se emaranhou completamente. Ânimo e espírito estão abalados.** 143

O consulente se encontra numa situação social sem saída, que no entanto o afeta somente até certo ponto. Ele exerce uma função que envolve responsabilidade, mas seus planos para o futuro se mostraram complicados demais, ou impraticáveis.

Algo semelhante se passa com sua alma: ele se sente desorientado. Deve consultar regularmente o oráculo com perguntas específicas. Recomenda-se também uma consulta ao I Ching*.

壹肆肆 **Depois de um rio extenso, [segue-se] uma cordilheira imponente. Apesar do vento e das ondas, [podes] ficar tranqüilo e descuidado, pois nas ruelas do palácio uma visão celestial se oferece aos [teus] olhos.** 144

Aqui, alguém concebeu projetos grandiosos. Essa pessoa tem de enfrentar muitas adversidades para finalmente atingir seus objetivos. Mas não deve perder a coragem diante das dificuldades. Ao contrário: as dificuldades podem fortalecê-la ainda mais.

Se o consulente superar todos os obstáculos e aborrecimentos que o esperam, uma recompensa especial lhe será proporcionada.

**145** **[Quando tu] encontras um perigo, não tens de sofrer necessariamente. [Quando estiveres] diante de ondas açoitadas pelo vento, como poderias contentar[-te] em ficar assustado? Se [tu] encontrares uma pessoa simples, [estarás] muito próximo de [te] recolheres numa vida de eremita.** 壹肆伍

Este texto tenta transmitir coragem ao consulente, aconselhando-o a não se refugiar em seu próprio medo de maneira masoquista. Isso iria prejudicá-lo.

O consulente deve agir também com humildade, sem "empinar o nariz". "Ouvirás do soldado aquilo que o oficial não te revelou", diz um antigo provérbio chinês. O consulente deve procurar contato com "pessoas simples", superando seu receio paranóico de um possível declínio social. Entre essas pessoas ele encontrará a paz interior, talvez até alguém que lhe sirva de guia.

**146** **[Teu] barco afunda rapidamente no rio caudaloso, mas na primavera as flores desabrocham novamente. Os assuntos pendentes se acalmam, mas [tu] continuas inquieto, [e assim] muitas dúvidas surgem em [teu] espírito excitado.** 壹肆陆

Aqui, uma pessoa se deparou com uma catástrofe. Mas uma pergunta paira no ar: a situação é tão grave quanto parece? Será que essa pessoa não está exagerando um pouco a fim de atrair a atenção dos outros?

O consulente está passando por um conflito interior. Ele percebe que a vida segue seu curso com base numa lógica particular, mas sente-se impotente porque as dúvidas o perseguem constantemente e impedem uma ação concreta.

O oráculo sugere que o consulente esclareça os próprios sentimentos. Quando se livrar da camisa-de-força de sua própria perplexidade, poderá enxergar as coisas tal como são e agir com inteligência e sabedoria.

**147** **[Tu] deves conservar com cuidado os pires de jade e os colares de pérolas. [Quando] tiveres uma quantidade suficiente, [podes] ir ao encontro do futuro com sentimentos elevados.** 壹肆柒

Este texto recomenda que o consulente guarde economias ou crie suas próprias reservas. As pérolas* e o jade* sugerem algo nobre e durável. As reservas podem ser objetos materiais, como estão descritos no texto, ou ainda valores espirituais.

Porém, o consulente não deve agir com mesquinhez ou excesso de cobiça. O oráculo sugere uma postura de equilíbrio — para mais ou para menos. Só assim o consulente pode conquistar autonomia para gozar a vida.

## 壹肆捌 148

**De manhã cedo, um rapaz corre até a repartição para se informar sobre o regulamento com um funcionário. Um nobre chega para ajudar [o rapaz. E assim] as sementes de flores que estavam secas germinam de novo.**

O consulente se sente transportado de volta à infância. Aparentemente, esqueceu tudo o que sabia sobre "leis" e "convenções sociais" e tem que aprendê-las de novo. Esse comportamento infantil não será pura encenação?

Mas ele tem sorte. Em seu caminho surge alguém que pode e quer ajudá-lo. Por isso, é provável que alguns planos que o consulente já tinha cancelado se tornem viáveis novamente.

## 壹肆玖 149

**Pensas em dois assuntos ao mesmo tempo e encaras cada um deles com a alma dividida. Apesar disso, [esperas] que novas flores desabrochem naquela árvore seca. Com certeza [deves] aguardar o equinócio da primavera.**

Aqui, uma pessoa se encontra praticamente em estado de esquizofrenia. Ela tem dois planos distintos e várias opiniões contraditórias sobre a maneira de realizá-los e os resultados que podem proporcionar.

O oráculo sugere que ambos os planos já estão "falidos" e devem ser abandonados. O consulente deve esperar uma nova oportunidade que provavelmente surgirá em futuro próximo.

Recomenda-se ao consulente que consulte o oráculo outras vezes e recorra também ao I Ching*.

## 150 Num assunto importante, [tu] temes a dificuldade de levar a cabo [tuas] intenções. [Porém, não te esqueças] que flores murchas nunca serão viçosas de novo. 壹伍零

Aqui, uma pessoa não sabe ao certo se é possível realizar um de seus projetos. Ela se sente intimidada diante das dificuldades, sem coragem de enfrentá-las.

Principalmente quando está em situação difícil, o consulente tem uma tendência para idealizar o próprio passado. Ele se lembra obsessivamente de uma fase da vida em que era feliz, pelo menos em imaginação.

Mas o consulente deve se conformar com o fato de que essa fase acabou. O oráculo lhe recomenda que se dedique às novas tarefas com o máximo de energia.

## 151 No caminho espiritual [chamado Tao], não [há] nenhuma ação isenta de erros. Nele, muitas coisas se movimentam ou entram em conflito. Faltam [as frutas de Longyan conhecidas como] "olhos de dragão". Um brilho cintilante só pode ser obtido depois de muito lapidar e polir. 壹伍壹

Na China antiga, a busca do conhecimento era representada pelo conceito de Tao* ou Caminho. Os taoístas associavam esse conceito a toda realidade apreendida individualmente ou a todas as mudanças espontâneas experimentadas por um ser vivo. Já os confucionistas* o interpretavam como o caminho da bondade e da justiça, para dirigir e governar a sociedade e o Estado, tendo em vista o bem-estar geral. Evidentemente, podem surgir falhas ou erros em ambos os níveis, o individual e o social.

Se analisar uma ação errada que cometeu em passado recente, o consulente terá condições de entender o que se passou em seu íntimo. Na medicina tradicional chinesa, a fruta da família da lichia conhecida como "olhos de dragão", mencionada no texto, era considerada um remédio eficaz para problemas de vista. O consulente deve se preocupar com sua visão — ou, se não tiver problemas de vista, deve analisar seu modo de encarar essa ação errada.

Ele pode ter certeza de que nada lhe será dado de graça. Os sucessos terão de ser conquistados com o próprio esforço.

## 壹伍贰 152

**Não te queixes de adiamentos nos negócios. Pára de dizer o tempo todo [que] não chegaste ao fim. Depois de tudo terás um longo caniço de bambu em [tuas] mãos, e o anzol que puxas para fora da água será dourado.**

Aqui, uma pessoa se lamenta do seu destino sem ter motivos concretos de queixa. Ela tenta tapar os olhos com a ilusão de uma vida perfeita, e assim não consegue ter uma noção real de sua situação de vida.

Apesar dessa percepção limitada, o consulente tem boas perspectivas de futuro. De imediato, a "pescaria" não promete bons resultados, mas o "anzol" é dourado. Com isso, o oráculo prevê uma mudança para melhor no estado de espírito do consulente ou em suas condições materiais.

## 壹伍叁 153

**Antes de [começar] um empreendimento, normalmente surge algum receio. [Aquele que] não tem medo acaba tropeçando. Se quiseres avançar, faze-o com muita, muita cautela. Senão, terás de recorrer à ajuda de outras pessoas.**

O medo faz parte da natureza humana, como todas as expressões da vida espiritual. Aquele que não tem consciência do próprio medo facilmente se torna vítima dele.

O oráculo recomenda ao consulente que analise em profundidade seus problemas psicológicos. Ele está escondendo alguma coisa que até agora permaneceu invisível para todas as pessoas ao redor. Porém, assim só conseguiu despertar a desconfiança dessas pessoas quanto ao seu verdadeiro caráter.

O leitor deve ter o máximo de cuidado e diplomacia para enfrentar as tarefas que se apresentam. Sobretudo, deve se conscientizar das próprias fraquezas para poder agir com mais independência.

## 壹伍肆 154

**A pé ou de carro, [a viagem] é cheia de sobressaltos. [Se tentares] resolver dois assuntos ao mesmo tempo, o resultado será a alegria, em vez do sofrimento previsto.**

O consulente é pessimista demais. Sente-se angustiado porque está metido em dois "assuntos" ou duas "histórias" que no fundo não entende direito. Mas não deve esquecer que entrou voluntariamente nessa situação. Queria ser o ponto central, e isso aconteceu de fato.

Mas o consulente não deve ter ilusões. É preciso tomar uma providência. Não adianta contar com a ajuda de terceiros.

O conselho do oráculo é encarar a situação de frente e procurar a melhor solução possível. Se o consulente conseguir resolver os dois problemas juntos, os resultados serão favoráveis.

## 155 **Um dos pés de um tripé de bronze entortou e um dos eixos de uma carroça está solto. Existe uma pessoa nobre que [pode] consertar [o tripé] e encaixar [o eixo de novo].** 壹伍伍

Tripés* de argila já eram fabricados no vale do Huang-ho no período neolítico (cultura Loyang). Por volta do ano 2000 a.C., a mesma forma foi adotada como suporte de vasos de bronze sem modificações notáveis. Até o final do império chinês, os tripés eram considerados símbolo de riqueza. Eixos de carroças já eram fabricados segundo um determinado padrão no séc. III a.C.

Um pé torto ou um eixo de carroça solto sempre foram considerados avisos ou advertências para os nobres e seus súditos. Assim, o oráculo faz supor que algo vai de mal a pior na vida do consulente. Sozinho, ele não tem condições de corrigir os problemas da situação presente.

Ele deve procurar a ajuda de uma pessoa competente e de boa vontade, pois a situação é grave.

## 156 **Participar de um debate [animado], como ondas que se erguem bem alto ou bolhas de água fervente — com isso [teus] assuntos não serão prejudicados em nada, [mesmo que] gastes [teu] tempo inutilmente.** 壹伍陆

Aparentemente, o consulente está perdendo seu tempo com decisões inúteis, verdadeiras "bolhas de sabão". Procura aproximação e diálogo com outras pessoas. Isso não lhe traz vantagem alguma, mas tampouco o prejudica ou atrapalha seus projetos.

Ele deve se esforçar para aproveitar sensatamente suas possibilidades. O oráculo sugere menos falatório e mais ação.

## 壹伍柒 **Os hóspedes distintos se respeitam mutuamente, e isso confere dignidade e fama. Aquele que se enriquece [com isso] deve se esforçar para alcançar a virtude e observar atentamente o nascer do Sol.** 157

Aqui, o consulente se encontra numa fase da vida em que os relacionamentos são satisfatórios e equilibrados. Ele está rodeado de "amigos" e "pessoas prestativas". Graças a um empenho comum, todas as tarefas são cumpridas e todos os projetos são realizados sem perda de tempo e energia.

Se dessa forma o consulente conquistar uma "fortuna", evidentemente ficará satisfeito, mas nem por isso deve "cruzar os braços". Ele tem de se esforçar diariamente para realizar seus projetos, sem descuidar de nenhum detalhe.

## 壹伍捌 **Na superfície plana se levantam ondas altas, por isso o assunto que [te] ocupa diariamente [deve causar] dificuldades. Quem perde seu tempo com falatório e risos abafados acaba às voltas com o medo. Se procurares uma comunhão sincera, esse assunto [te] dará motivos de alegria.** 158

Por causa de acontecimentos inesperados que despencaram sobre o consulente de repente, ele se sente de tal forma paralisado que já não sabe mais lidar com seus compromissos. Mas deve evitar a todo custo uma atitude leviana e displicente ou um senso de humor inadequado, mesmo se a situação apresentar detalhes grotescos ou absurdos. Esses detalhes, como sugere o oráculo, podem se transformar em perigos reais.

O consulente deve procurar o conselho e a ajuda de amigos e conhecidos, ou das pessoas diretamente envolvidas. É o caminho certo para superar todas as dificuldades e levar os projetos a bom termo, de maneira que todos fiquem satisfeitos.

## 壹伍玖 **Sopra um vento insensato que traz nuvens negras, [mas] elas não devem encobrir a Lua no céu. Se [tu] ficares [muito** 159

**tempo] sem atividade, os [diversos] assuntos não terão mais relação uns com os outros e por fim se tornarão insolúveis.**

Aqui, uma pessoa se tornou vítima do conformismo e da passividade, pois acredita que já realizou o suficiente e não percebe que cada uma de suas diversas atividades exige ainda muito esforço e atenção.

O consulente deve tentar se envolver mais profundamente. Deve mergulhar dentro de si para esclarecer e desbloquear seus sentimentos. Só assim terá condições de resolver os problemas que se apresentam.

## 160 **Abalado pelas muitas preocupações, [tu] recostas o corpo num muro. Se avançares com cuidado, [teu] projeto não [te dará] aborrecimentos, pelo menos no começo.** 壹陆零

O consulente se vê diante de um novo campo de atividades, mas não se sente à vontade e está desnorteado. Procura apoio em alguma coisa sólida, quando na verdade deveria se esforçar para seguir em frente em vez de ficar parado. Provavelmente, está bem consciente disso.

Ele deve enfrentar o problema "por partes", analisando cada um de seus detalhes. Além disso, é aconselhável consultar o oráculo novamente com perguntas específicas.

## 161 **Aquecidos pelo sol de primavera, os ramos secos se renovam. Planos [concebidos] com vontade e determinação levam a um acordo. [Deves] evitar que [teu] ânimo se disperse.** 壹陆壹

O consulente está tentando um recomeço, uma retomada de seus projetos, ou existem indícios de que esse recomeço está próximo.

Ele se vê confrontado com o problema da dispersão, que em chinês antigo se designava com a expressão "dois ou três corações". Ele deve evitar assumir ao mesmo tempo vários compromissos. Se cair nesse erro, não pode esperar acordo ou ajuda por parte das pessoas próximas.

壹陸贰 **A estrada fica longe daqui e um dos portões do palácio está trancado. Ah, que bom seria se a neblina cerrada se afastasse [para] enxergares o Sol por entre as nuvens claras!** 162

O consulente procurou um "conhecido", mas não conseguiu encontrá-lo. Sua excursão foi inútil e com razão ele está aborrecido.

Ele deve mobilizar sua força interior para encontrar uma saída nessa situação e refletir mais profundamente sobre seu tumulto interior a fim de esclarecê-lo. Só assim pode alcançar a clareza espiritual necessária.

壹陸叁 **O peixe foi fisgado no anzol, [mas] a linha de pesca é muito fraca. É difícil tirá[-lo] para fora d'água, [por isso deves] poupar [tuas] energias.** 163

Aqui, uma pessoa "pescou" alguma coisa valiosa, mas não tem força suficiente ou recursos adequados para tirar proveito da "pescaria".

Ela não deve se precipitar para resolver os problemas que a preocupam. Caso contrário, nunca alcançará o resultado almejado. Deve, principalmente, praticar exercícios físicos para se fortalecer e evitar a todo custo um desperdício de energia.

壹陸肆 **Uma atração mútua leva a um envolvimento. As risadas surgem espontaneamente. Dádivas caridosas [te proporcionam] um sucesso notável, e assim um assunto penoso será resolvido.** 164

Aqui, o consulente está passando por um "envolvimento amoroso", mas isso não compromete todos os aspectos de sua vida, pois há um bom tempo ele tem "negócios" em andamento que não pode abandonar da noite para o dia.

Ele deve aceitar de uma vez por todas o fato de que se encontra em posição privilegiada. Deve usar sua influência para oferecer "presentes" às pessoas envolvidas em seus "negócios", ou para prestar ajuda concreta às pessoas que não têm culpa pelas dificuldades por que estão passando ou pela "pobreza" em que vivem.

Essa atividade beneficente pode conduzir o consulente ao sucesso em seus projetos e à auto-realização.

## 165 Ah, que estranho! Primeiro a euforia, depois o pesar! Não há ninguém que possa varrer esse monte de folhas secas do chão. [Tu] estás sozinho, voltado para o vento oeste, e a decepção [está] estampada em [teu] rosto. 壹陆伍

O consulente atravessa uma fase de desequilíbrio emocional, oscilando o tempo todo entre a alegria e a depressão. A questão é que ele nunca foi capaz de "varrer" o "lixo" de suas ações de maneira prática e eficaz.

Assim, ele tem que decidir o que fazer com os "resíduos" ou conseqüências de ações impulsivas. Sente-se amargurado porque os resultados são nulos e sua vida parece destruída.

O oráculo sugere um ajuste de contas com o passado para poder construir uma vida nova.

## 166 Os superiores e os subordinados não convivem em harmonia. Eles trabalham juntos, mas não conseguem nada. [Se tu] caminhares até o portão e desceres a rua, um [bom] começo e um [bom] fim estarão garantidos. 壹陆陆

Aqui se trata de uma situação de desarmonia social, na qual já não existem regras claras e cada um tem que se arranjar por conta própria. O consulente procurou uma aliança com outras pessoas para um projeto baseado num esforço conjunto, que nunca poderia realizar sozinho.

Mas essa tentativa fracassou. Talvez o consulente nunca tenha se sentido tão solitário. Por isso, seguindo o conselho do oráculo, ele deve abandonar sua "casa", talvez também sua "família" ou rotina de vida, para procurar um novo "campo de ação" mais eficaz, confiando na própria iniciativa e em seu senso de responsabilidade.

## 壹陆柒 167

**Um assunto importante pode chegar a bom termo. Ele se mostra vantajoso [para ti], embora não estivesses envolvido desde o início. No alto das nuvens [está] uma pessoa com um chicote na mão. [Receberás] a recompensa quando passar a terceira parte do outono.**

Aqui, o consulente está prestes a conquistar um sucesso que todos consideravam improvável. Ele conseguiu colocar as coisas nos eixos, mas sua participação foi apenas ocasional.

Recebeu ajuda de um "parente", de uma organização ou de um colega de trabalho. Quem está por trás de tudo é com certeza uma pessoa influente, que compreende e apóia o consulente.

Porém, ele não confia nessa situação e no resultado de seus esforços. Deve se conformar com o fato de que a realização de seus planos ainda vai demorar alguns meses. Então, o consulente receberá a recompensa merecida.

## 壹陆捌 168

**Amoreiras e olmos projetam sombras ao pôr-do-sol. A Lua está minguando e certamente não ficará cheia [tão cedo]. Se [tu] encontrares uma pessoa estranha cheia de vigor e iniciativa, [teus] planos e [teu] saber [te] darão motivo de alegria.**

Aqui se descreve uma pessoa que sabe muitas coisas mas não consegue transformar suas idéias e percepções em realidade. Por isso, está sujeita à depressão e ao pessimismo.

Porém, em breve ela deve conhecer alguém que nunca faz parte da sua vida, cujas capacidades e contatos vão ajudá-la na realização de seus projetos.

## 壹陆玖 169

**Rodeado de livros que contam histórias transcorridas há muito tempo, [teus] movimentos estão bloqueados por toda sorte de dificuldades. Se aproveitares a oportunidade de uma carreira pública, poderás viajar até uma montanha distante num barco de pequeno calado.**

O consulente se perde constantemente em divagações sobre seu passado, por isso tem dificuldade para compreender e dominar o presente.

Porém, apresenta-se uma oportunidade única que pode melhorar consideravelmente a situação do consulente. Nos antigos textos chineses da tradição confucionista*, esse tipo de oportunidade era geralmente a carreira* pública, considerada o objetivo mais importante que se podia alcançar na vida.

Mesmo que o consulente se sinta fraco e suas idéias ainda não estejam amadurecidas, ele deve se agarrar a elas. Deve traçar planos concretos e consultar regularmente o oráculo, talvez também o I Ching*.

## 170 **Não lamentes as flores que murcharam, [pois novas flores] desabrocham num tronco morto. [Sobre] a cumeeira do telhado [reina] um ânimo primaveril. E por toda parte [ouves] conversas e risos alegres.** 壹柒零

Aqui se descreve a situação de alguém que lamenta os tempos passados, embora os desafios do presente sejam mais do que suficientes para ocupar toda a sua atenção.

O consulente pode ter certeza de que seus projetos, sejam quais forem, estão próximos de um recomeço. Se ele aproveitar a oportunidade com disposição e energia, o sucesso está garantido.

## 171 **Um empreendimento não deu certo, mas outro [te] enche de felicidade. Se encontrares uma pessoa que conheces intimamente, podes confiar [nela] sem hesitar.** 壹柒壹

O fracasso e o sucesso se sucedem aqui quase sem esforço, mas o consulente encara com desconfiança o curso dos acontecimentos.

Ele deve abandonar a desconfiança sem hesitar, pois, se abrir seu coração para uma pessoa próxima, ela estará ao seu lado para ajudá-lo.

## 172 **Se [tu] quiseres conquistar a lebre da Lua, deves ser delicado como os pêssegos e as ameixas. [Quando] chegares ao alto** 壹柒贰

**da montanha, haverá uma recepção [para ti] e uma felicidade redobrada brilhará nos olhos dos dois.**

Segundo crenças antigas, a lebre* da Lua simboliza o parceiro numa relação amorosa, e os pêssegos* e ameixas* representam os sentimentos de carinho entre dois amantes.

Assim, este texto trata de um envolvimento emocional com o qual o consulente se depara. Ele deseja e precisa resolvê-lo, mas isso acarreta determinados riscos. Porém, a situação não é tão arriscada quanto parece à primeira vista. Se o consulente superar essa prova, o oráculo promete satisfação e felicidade na relação com o "parceiro" tão querido.

## 壹柒叁 173

**Os assuntos progridem sem que [tu precises] ficar inquieto. A felicidade [brota] do vento primaveril sem esforço. Se afundares [teu] anzol na água mais três côvados, a pesca será compensadora [para ti].**

Aqui, o consulente se encontra em situação invejável, na qual todos os projetos parecem dar bom resultado sem esforço. Apesar disso, ele não se sente à vontade porque tudo parece fácil demais, e começa a ficar inquieto.

Ele deve procurar conselhos e ajuda de uma pessoa sábia e bem-informada. Assim, poderá consolidar seus sucessos.

## 壹柒肆 174

**[A Lua], que fica cheia, depois minguante e por fim cheia de novo, tem muitas camadas profundas e guarda muitos segredos. [Deves] tentar uma reviravolta. [Vai] chegar o tempo em que verás [teu] ingresso numa carreira pública.**

Aqui, uma pessoa vive "enclausurada" em seu mundo interior, situação que às vezes lhe parece agradável, às vezes incômoda e penosa. Mas, pelo menos em parte, ela tem consciência dessa instabilidade de pensamentos e emoções.

O consulente deve procurar um equilíbrio interior saudável e sensato. Por isso, o oráculo o aconselha a travar relações diretas e sem rodeios com as pessoas próximas. Ele tem compromissos importantes em vista, simbolizados pela carreira* pública, mas não estará preparado para eles se continuar enfronhado em si mesmo, sem ouvir as outras pessoas.

## 175 [Se] tentares subir uma ladeira montado num cavalo doente, [deves] tomar cuidado para não cair, evitando assim uma perda de tempo. 壹柒伍

Aqui, o consulente se encontra numa situação de perigo que ele acredita não ter causado. No contexto descrito, o cavalo* doente simboliza um problema grave de saúde.

Ele deve tomar medidas de precaução o mais rápido possível para combater o mal pela raiz, caso ainda seja possível. Aconselha-se consultar o oráculo regularmente.

## 176 Dois acontecimentos se combinaram harmoniosamente. Um barco leve se afasta ao vento favorável. [Porém, embora] o destino da viagem não seja claro, uma pessoa se orgulha de cantar em voz alta no meio do rio. 壹柒陆

Aqui, o consulente se sente muito feliz por conviver com pessoas com as quais tem afinidade. Por outro lado, sente-se um pouco inquieto. Suas atitudes, planejadas de maneira leviana, talvez não estejam trazendo os resultados que ele esperava.

O consulente se sente desorientado, sem saber o que fazer, mas no fundo não se importa com isso. Deve enfrentar os problemas com decisão e energia, em vez de se distrair numa alegria superficial.

## 177 O jade branco está coberto de poeira e o ouro está enterrado. [Embora seu] brilho radiante dure uma eternidade, eles estão sujeitos ao uso que as pessoas fazem deles. 壹柒柒

Aqui se trata de uma pessoa que não consegue tirar partido dos "tesouros" que herdou ou conquistou. Ela deixa suas pedras de jade* cobertas de pó e enterra seu ouro*.

O oráculo aconselha a fazer uso de todos os recursos disponíveis. Caso contrário, outra pessoa vai fazer uso deles, talvez numa próxima geração, sem que o consulente tenha consciência disso ou possa tirar qualquer proveito.

## 壹柒捌 178

**A parte de cima não tem firmeza, a parte de baixo não tem consistência — eis aqui [uma imagem de] confusão e desordem, [como se te assaltassem] o vento e as ondas na superfície plana.**

Aqui se caracteriza uma pessoa aparentemente incapaz de demonstrar coerência interior. Para falar em linguagem figurada, a cabeça e o coração dessa pessoa estão em conflito, sem que uma consiga se sobrepor à outra.

O oráculo aconselha ao consulente que não fique obcecado apenas consigo mesmo e tente dirigir suas energias para o mundo exterior. Senão, corre o perigo de afundar numa espécie de ilusionismo psicológico.

Consultas regulares ao oráculo também são aconselháveis.

## 壹柒玖 179

**Por trás [de ti], ouves risadas alegres e descontraídas. É extremamente aconselhável trilhar o caminho do meio, [para que] avistes finalmente a aldeia que procuravas. [Então], não [vai] haver mais motivo para franzir o cenho numa expressão irritada.**

Aqui, o consulente se encontra em situação favorável. Finalmente conseguiu se livrar de um peso ou circunstância que o oprimia, e assim recuperou a liberdade de movimentos.

Mas ele não deve agir com arrogância. O caminho* do meio é uma busca da sintonia perene entre a vida interior e o mundo exterior. Se ele optar por esse caminho, todos os seus projetos serão coroados de êxito.

## 180 壹捌零

**Se [tu] passas mal, ninguém pergunta [por ti]. Ouves [o chamado do] cuco lá dentro do bosque. Numa colina [banhada] pelo luar [ecoa] o som de uma flauta. [Porém], lágrimas sem fim são derramadas num raio de mil milhas.**

Aqui se trata de uma situação muito conhecida na vida social. As pessoas que estão bem de vida têm muitos amigos, mas as que passam por dificuldades acabam sozinhas. Por isso, em caso de necessidade o consulente deve procurar os verdadeiros amigos para lhes pedir ajuda.

O cuco era considerado uma ave sagrada no oeste da China e no Tibete. Como na Europa, seu canto anuncia o próximo ciclo de cultivo da terra. "Ele nos atormenta para lavrarmos os campos", diz o calendário rural chinês.

O consulente está atravessando uma fase excelente. Mas em seu círculo de relações se passam "tragédias" humanas de todo tipo que por algum motivo não o afetam. Seria aconselhável dar um pouco de atenção ao sofrimento dos outros.

## 181 壹捌壹

**Com aroma de nozes e da flor de lótus, os favores mais profundos estão reservados [para ti], e na época em que secam as frutas Longyan ou "olhos de dragão", [teu selo imperial] recebe novo cordão honorífico. Com tais homenagens, [teu] nome [se tornará] poderoso como aquele dos lugares sagrados e [teu] fulgor brilhará na alta categoria de um funcionário imperial.**

Aqui, o consulente se encontra em situação invejável. Como diz a expressão, "ele tem o mundo a seus pés". Além disso, ele recebe um "cordão honorífico", que é uma espécie de condecoração.

Apesar disso, deve tomar cuidado para não agir com egoísmo. "Quanto maior o salto, maior a queda", diz um provérbio conhecido no mundo inteiro.

## 182 壹捌貳

**[Como] folhas que caem ao findar a primavera, [o mesmo se passa] com viajantes que [se detêm] no meio do caminho. Uma vez que [eles] não conduziram seus negócios até o fim, cordas e grilhões [os esperam] pelos próximos vinte ou trinta dias.**

Provavelmente se trata aqui de um grupo de pessoas que tenta desesperadamente se divertir com a consulta ao oráculo. Mas o consulente com certeza terá uma sensação de mal-estar depois da leitura do texto acima.

Se a consulta foi feita por uma única pessoa, ela precisa se conscientizar de que suas atitudes restringem as oportunidades que lhe cabem, por isso deve contar com todo tipo de obstáculos.

## 壹捌叁 183

**Queres partir em viagem, mas ficas no mesmo lugar; assim [teus] dias transcorrem a esmo. Levado de lá para cá, [em breve tuas] forças chegam ao fim. Se fizeres uma parada, deves tentar descansar.**

Aqui se descreve uma pessoa que se sente um joguete do destino. O oráculo descreve uma situação na qual as energias vitais do consulente vão ficando cada vez mais comprometidas.

Ele deve fazer uma pausa e procurar a paz interior. Além disso, são aconselháveis consultas regulares ao oráculo e ao I Ching*, com perguntas sinceras e formuladas com clareza.

## 壹捌肆 184

**Em [teu] coração, sentes que [teus] negócios estão seguros, [embora] não haja harmonia na relação com outras pessoas. Se [tu] encontrares um dragão, será um sinal de boa sorte, e [o destino de tua] vida será eterno como a Lua cheia.**

Aqui, uma pessoa se sente absolutamente segura de si mesma, embora uma auto-análise sincera possa revelar exatamente o contrário. Nem tudo caminha tão bem quanto essa pessoa imagina.

Na China, o dragão* simboliza a fertilidade e também, num leque variado de interpretações, costuma ser associado à boa sorte. Se o consulente encontrar um dragão, não terá dificuldades na vida. Mas, e se esse encontro não ocorrer?

Ele não deve confiar apenas na intuição de que tudo vai se dar como ele espera. Uma auto-análise constante e a consulta regular ao oráculo são aconselháveis.

## 185 Em pleno sonho, [tu] falas sobre o desfiladeiro de Guansha, [mas] em [águas] turvas e profundas [tens] dificuldade para mergulhar [teu] anzol. No final vais gozar fama e riqueza, [embora] no momento [teu] semblante ainda esteja sombrio. 壹捌伍

O desfiladeiro mencionado neste texto fica na atual província de Chan-Si. Ele tem uma altitude de cerca de 2 mil metros e sua travessia é especialmente difícil no inverno. Nesse local, o filósofo Lao-tsé, fundador do taoísmo*, teria entregado a um funcionário* da alfândega uma cópia de seu livro *Tao Te King* por volta do ano 500 a.C.

O consulente gostaria de superar seus limites, mas ainda se encontra numa "zona turbulenta" da vida, especulando com algum tipo de "lucro" ou vantagem indefinida. Apesar de todas as contradições em seu modo de pensar e agir, o oráculo lhe promete bons resultados. Porém, ele também recomenda ao consulente que mantenha os olhos abertos e examine com cuidado cada detalhe de seus projetos, mesmo os que pareçam insignificantes.

## 186 Com três flechas [tu] abriste caminho para a carreira pública e [teus] esforços [serão] coroados de êxito em futuro breve. Todo o palavreado [de tua] boca [normalmente] calada se converterá em canções alegres e ardentes. 壹捌陆

Aqui, uma pessoa encontrou o caminho capaz de conduzi-la ao êxito social que desejava, pois na China antiga a carreira* pública era considerada o objetivo mais ousado da vida.

O consulente deve tomar cuidado para não comprometer seus projetos com palavras inúteis. Se conseguir esse objetivo, pode celebrar uma grande "festa" em futuro próximo.

## 187 Esquece as saudades de casa e continua [teu] caminho. Se no final [tu] provocares confusão, [terás de] deixar os portões da corte imperial. 壹捌柒

Este texto descreve uma pessoa que exerce "função de responsabilidade" mas sente falta da "vida simples" que levava na infância e adolescência.

Ela deve tomar cuidado para que esse desequilíbrio emocional não afete as pessoas ao redor. O único resultado que vai obter com isso é ser afastada da companhia dos amigos e conhecidos.

壹捌捌 **[Num raio de] mil milhas, as ondas e vagas se acalmaram e o vento [que soprou] o dia inteiro deixou a Lua descoberta. [Assim], não [haverá para ti] nenhum obstáculo insuperável no caminho da fama e da riqueza. Se seguires adiante, [poderás] atravessar o desfiladeiro.** 188

Finalmente o consulente conseguiu superar as turbulências da vida e criou um ambiente tranqüilo e satisfatório para suas atividades. No momento, ele tem condições de conquistar tudo aquilo que desejava e pretendia.

Porém, essa situação lhe parece apenas provisória, pois no fundo o consulente queria voar mais alto. O oráculo lhe diz que isso é possível, mas aconselha-o a não descuidar da própria segurança.

壹捌玖 **[Aquele que] imagina ameixas [quando] sente sede, ou pensa num bolo quando está com fome, prejudica seu ânimo como se [tentasse] agarrar uma sombra. Se [tu] encontrares tigres ou dragões, podes submeter [teus] planos a um exame.** 189

Aqui, o consulente é prisioneiro das ilusões criadas por seus desejos, que o afastam cada vez mais da realidade. Diz um antigo provérbio chinês: "Só o corpo projeta uma sombra, mas não a alma nem o espírito."

O consulente deve tentar cultivar virtudes humanas como a coragem, simbolizada pelo tigre*, e a caridade, representada pelo dragão*. Se ele se esforçar, terá equilíbrio espiritual e autodomínio.

壹玖零 **Os assuntos em questão parecem confusos [à primeira vista, mas] o ânimo não está abalado. Depois, os assuntos caminham tranqüilamente, [mas] o ânimo está inquieto. Em determinado local encontrarás companhia agradável, e não vai demorar muito para que atravesses o desfiladeiro.** 190

Aqui se caracteriza uma pessoa que consegue enfrentar situações difíceis, mas os incidentes normais do dia-a-dia parecem suficientes para desequilibrá-la.

O oráculo sugere que o consulente procure um lugar onde sentirá paz interior e exterior e no qual terá condições de realizar suas aspirações em futuro breve.

## 191 **À meia-noite [tu] já não encontras uma balsa [para atravessar o rio] e ondas terríveis se erguem em direção ao céu. Quando a Lua declinar no horizonte, as nuvens estarão tranqüilas em seu lugar e uma pessoa [te] transmitirá uma mensagem.** 壹玖壹

Aqui se descreve uma situação na qual o consulente não consegue atingir o objetivo que desejava. Pode ser que seus planos fossem equivocados, ou talvez as circunstâncias exteriores sejam desfavoráveis, atrapalhando seu caminho.

Porém, ele pode ter certeza de que os tempos difíceis acabarão em breve. Seu estado de espírito vai recuperar a harmonia e ele receberá finalmente uma notícia longamente esperada.

## 192 **Quando [seus] projetos são prejudicados pelas dificuldades, a pessoa [afetada por elas] não mostra o rosto. A liberdade de movimentos foi totalmente bloqueada. [Essa pessoa] deve meditar sobre o ser e o não-ser.** 壹玖貳

O texto acima caracteriza uma pessoa que se isola do mundo exterior dentro de uma redoma, especialmente quando as coisas não se passam como ela desejava ou previa. Ela acaba chegando a uma espécie de bloqueio psicológico do qual não encontra saída.

"Meditar sobre o ser e o não-ser" é o conselho do oráculo, ou em tradução literal: "meditar sobre o ter e o não-ter". Essa oposição conceitual pode ser encontrada em vários textos filosóficos chineses, sobretudo da escola taoísta*.

Tal como na filosofia e na prosa ocidentais, são conceitos que convidam a meditar sobre questões existenciais e os fundamentos da vida humana. O consulente deve se dedicar seriamente à meditação para retomar sua vida com mais clareza interior e mais energia.

## 壹玖叁 193

**A dez mil milhas de distância da costa, [deves] mudar a direção das velas. As ondas estão calmas e a ressaca não causa receio. [Tua] viagem vai prosseguir sem maiores obstáculos.**

Aqui, uma pessoa se afastou radicalmente de seu círculo habitual de relacionamentos, sem com isso ficar sujeita a alguma situação de perigo. Mas o oráculo a aconselha a mudar de rumo.

O consulente só pode contar consigo mesmo para resolver seus problemas e não deve esperar ajuda externa, já que se afastou dos amigos no sentido figurado ou talvez literal. Porém, terá condições de alcançar seus objetivos.

São aconselháveis consultas regulares ao oráculo com perguntas formuladas com clareza. Também pode ser útil uma consulta ao I Ching*.

## 壹玖肆 194

**[Uma vez que tu] sofreste na pele terríveis tempestades marítimas, [vai te parecer] especialmente agradável o vento leste [úmido e quente]. O afastamento da vida social para [te] recolheres em suprema paz [interior] seria neste momento uma decisão prematura.**

O consulente passou por todo tipo de "tormentos" para chegar finalmente a uma situação aceitável, na qual se sente bem. Por isso, pensa em permanecer ali para sempre, renunciando de certa forma ao convívio com outras pessoas.

O oráculo sugere que tal decisão está além das possibilidades do consulente. Ele não deve sucumbir às ilusões, e sim tentar reconstruir a vida com base numa atitude mais realista e dinâmica.

São aconselháveis consultas regulares ao oráculo sobre cada problema específico que se manifeste nessa conjuntura da vida.

## 壹玖伍 195

**Um grou surge do interior de uma nuvem e uma pessoa retorna da Lua. Novas amizades [deixam teu] rosto radiante, e [assim] as caretas não são necessárias.**

Na China antiga, o grou* era um dos muitos símbolos da longevidade e da imortalidade*. O consulente conseguiu superar obstáculos em sua vida sentimental e por isso está retornando da "Lua" para a "Terra".

Talvez ainda não se sinta à vontade na nova situação. Não acredita na paz que se apresenta e acha que deve continuar agindo com desconfiança e cinismo. Mas isso não é necessário no atual contexto, e talvez seja até prejudicial.

## 196 **Em águas profundas [demais] nenhum peixe morde a isca, mas num bosque escuro [tu] podes caçar pássaros em redes. Perseverança e paciência, mas não suspeita e dúvida, revelam-se úteis.** 壹玖陆

Aqui, o consulente tenta obter resultados rápidos por meios impossíveis, quando poderia consegui-los mais facilmente usando um pouco de "malícia", embora talvez não esteja acostumado a isso.

Ele deve fazer planos de longo prazo e abandonar sua desconfiança tão persistente com relação às outras pessoas, pois com seu comportamento vai acabar prejudicando a si mesmo.

Seria útil consultar regularmente o oráculo com perguntas concretas.

## 197 **Quando seguir adiante não é seguro e voltar atrás é impossível, a fidelidade dos subordinados a seus superiores vale tanto quanto uma pérola cintilante.** 壹玖柒

Aqui, uma pessoa ou grupo de pessoas se encontra em situação de dificuldades interiores e exteriores. Por isso, o consulente ou grupo de consulentes deve tentar agir com espírito de solidariedade.

A pérola* é uma metáfora da clareza e pureza naturais, e é com base nesses objetivos que o consulente ou grupo de consulentes deve orientar seu comportamento.

壹玖捌 **Consulta o oráculo em detalhes a propósito de acontecimentos passados, pois seu Caminho do Meio é traçado claramente. No momento as idéias não se coadunam. Assim, livra[-te de conceitos como] "agora ou nunca".** 198

Aqui se descreve uma situação que o consulente não consegue entender ou interpretar satisfatoriamente. Ele deve mergulhar em si mesmo e consultar o oráculo, talvez também o I Ching*, a propósito de uma cadeia de acontecimentos que acabou provocando a situação atual.

O mais importante é evitar qualquer tipo de "solução drástica" até que se esclareçam inteiramente as causas e efeitos, pois no caso em questão apelar para a violência teria conseqüências negativas.

壹玖玖 **Pardais que gorjeiam estão pousados num galho alto. Um viajante [está esperando] num antigo embarcadouro. No meio de sua viagem, ele ainda não compreendeu o assunto [que o fez viajar]. Ao pôr-do-sol [ele se] sente tomado de tristeza.** 199

Aqui se caracteriza uma pessoa que já tem os nervos à flor da pele e fica ainda mais irritada ao ouvir o canto de um pássaro. Cheia de ilusões, ela assumiu uma "empresa arriscada", talvez investindo também uma parte de sua "fortuna", mas sente que empacou no meio do caminho. Por isso, é natural que seja vítima de depressões.

O consulente, porém, pode ter certeza de que não ficará eternamente no mesmo lugar. Já que o texto acima trata de um antigo "embarcadouro", mais cedo ou mais tarde um barco vai atracar para levar o consulente até a outra margem que ele tanto deseja.

Ele deve aproveitar ao máximo esse "compasso de espera", talvez com uma consulta ampla ao I Ching* ou com a leitura de livros sagrados. Assim, terá condições de entender os antecedentes de seu destino como um todo ou do assunto em questão.

貳零零 **[Podes] achar pedras de jade se escavares os penhascos, e [podes] encontrar pérolas se passares areia do mar por uma peneira. [Diante disso] que no momento tens diante dos olhos, de que adianta [tua] indecisão?** 200

Na China, o jade* e as pérolas* representam pureza natural, constância, beleza e durabilidade. São qualidades que deveriam orientar o consulente, segundo o conselho do oráculo.

Porém, ele se encontra num estado psicológico que o leva a praticar todos os dias exatamente o contrário: duvida de si mesmo e do mundo a ponto de sufocar a própria alma, de modo que já não consegue enxergar as coisas ao redor com clareza.

No caso em questão, é aconselhável consultar regularmente o oráculo, eventualmente também o I Ching*, com perguntas claramente formuladas. Talvez algum tipo de psicoterapia também pudesse ajudar o consulente.

## 201

**Sem que ninguém percebesse, rajadas de vento e pancadas de chuva afugentaram a primavera e fizeram cair as flores dos ramos de pessegueiros e ameixeiras. Por entre os pessegueiros se encontram pessoas que cantam e riem. Elas sabem que os assuntos que ocupam o coração do soberano estão emaranhados como [fios de] cânhamo.**

贰零壹

O consulente, que se sentia protegido numa situação agradável, foi surpreendido por uma cadeia de acontecimentos cujas causas ignora. De um momento para o outro, seus projetos de trabalho parecem vir abaixo como se um tufão se abatesse sobre eles.

Mas ele não deve ceder ao pessimismo, afastando-se de tudo e de todos. Em vez disso, deve procurar as pessoas de coração afetuoso e aberto em seu círculo de relações. Provavelmente, elas compreendem seus problemas melhor do que o próprio consulente e podem lhe mostrar o caminho para que ele consiga desemaranhar os fios de sua vida.

## 202

**No parque [reina] a primavera por algum tempo, e diante do portão do palácio [encontras] flores de salgueiro recém-desabrochadas. O anúncio em alto e bom som de notícias favoráveis [te] tranqüiliza. Ervas e arbustos [parecem] em estado de êxtase.**

贰零贰

O consulente recuperou a esperança, pois os tempos difíceis acabaram e as circunstâncias atuais são mais amenas e agradáveis. Tudo parece andar bem também em seu "lar". Boas notícias lhe chegam aos ouvidos e ele parece viver em harmonia com a natureza.

Nessa situação, o melhor seria conceber planos e preparar novos empreendimentos. O consulente não deve desperdiçar os ventos favoráveis com uma atitude passiva.

贰零叁 **[Teus] negócios além da porta de casa [estão] em situação difícil, [pois] muitos obscurantistas se reúnem [ali]. Apesar da ajuda hábil de uma mulher digna, o resultado [de teus negócios] é absolutamente incerto, e é difícil [chegar a] bom termo.** 203

Aqui se caracteriza uma pessoa que se meteu com "gente de caráter e reputação duvidosos" e agora não consegue mais se livrar da rede que se armou.

Neste texto ocorre um fato muito raro no Oráculo dos Números Sagrados: a referência explícita a uma "mulher", que está disposta a ajudar o consulente e tem condições para isso. Essa referência deve ser levada a sério.

Apesar disso, o consulente não deve passar por cima das dificuldades que se apresentam, que em grande parte já conhece, e sim tentar analisá-las caso a caso e detalhe por detalhe. A consulta regular ao oráculo com perguntas claramente formuladas também é aconselhável, assim como uma consulta geral ao I Ching*.

贰零肆 **Quando tens sorte em [teus] negócios, [teu] rosto rebrilha. [Se] planejares [tudo] minuciosamente do início ao fim, [terás] Sol e Lua por muito tempo em tua caldeira de sacrifícios.** 204

Aqui se caracteriza uma pessoa que dirige todas as suas energias para a vida exterior e pode se orgulhar dos sucessos que alcançou. Porém, por muito tempo ela descuidou da vida interior, confiando demais em sua "boa estrela", por assim dizer.

O oráculo sugere que o consulente deveria mergulhar em si mesmo para pôr sua vida espiritual em ordem e a partir daí planejar as decisões para o futuro da maneira mais minuciosa possível, com base em novos alicerces espirituais.

Se superar essa prova que certamente não é fácil, terá condições de conciliar as duas forças naturais predominantes e opostas, o Sol* e a Lua*.

## 205 [Quando] a escuridão se afasta, a claridade chega. [Apesar de tua] disposição melancólica, podes levar [teus] assuntos a bom termo. Ao final, deves conduzi[-los] ao êxito com boas risadas. No momento não [há motivo para] dúvidas ou suspeitas. 貳零伍

Aqui, o consulente conseguiu se libertar de uma depressão de longo termo, causada talvez pelo mau andamento ou maus resultados de seus projetos. Justamente no momento em que o pior parecia ter ficado para trás, ele tem que se esforçar para resolver problemas antigos, caso contrário esses problemas iriam incomodá-lo por muito tempo como uma "espinha na garganta".

No momento, ele pode encarar o futuro imediato com otimismo, mas apesar de toda a euforia não deve esquecer que é preciso construir a longo prazo, aproveitando a fase de felicidade relativa.

## 206 Em [teu] espelho valioso não [se vê] nenhum grão de poeira, e finalmente [teu] casaco dourado de zibelina está limpo. Isso significa [que] foste ao encontro da essência harmoniosa do plano celeste. Ao final, não [estarás] mais sujo de pó. 貳零陆

Finalmente o consulente conseguiu se livrar dos assuntos pendentes e assim recuperou a clareza espiritual e a "situação social" de épocas passadas. O oráculo sugere que o consulente conseguiu inserir sua vida no plano das leis cósmicas, comparáveis aos fios entrelaçados de uma filigrana.

Assim, o consulente pode encarar o futuro com ânimo e coragem. A mesma situação penosa de algum tempo atrás, quando ele sofreu um retrocesso espiritual e social, não deve acontecer novamente. Mas a condição para isso é seguir rigorosamente os princípios éticos na relação com outras pessoas.

Se ele sentir insegurança ou dúvida em determinadas situações, deve consultar o oráculo novamente com perguntas claramente formuladas.

## 贰零柒 **Assuntos resolvidos de forma harmoniosa convidam à descontração e às conversas alegres. Com notícias satisfatórias a meio do caminho, [podes] ingressar na carreira pública de ânimo firme.** 207

Aqui, o consulente conseguiu introduzir regras firmes em sua vida sentimental, ou também no âmbito profissional. O resultado é que seu estado de espírito recuperou o equilíbrio e a alegria.

Na China antiga, o objetivo mais ousado que alguém podia alcançar era a carreira de funcionário* público, de acordo com os ideais confucionistas*. Hoje em dia, em nosso contexto social, essa carreira pode ser comparada a uma profissão que envolva reconhecimento público e o desempenho de funções de responsabilidade.

O consulente tem as melhores condições para realizar objetivos desse tipo. Pode contar com novidades a esse respeito em futuro próximo.

## 贰零捌 **As flores [estão] secas e a Lua [fica] minguante. [Teu] espelho rachou e a presilha para prender [teus] cabelos se partiu. Desiste de caminhar eternamente a esmo! Quando começarem [teus] negócios, deves conservar o máximo de serenidade.** 208

Aqui se caracteriza uma pessoa que sofreu algum tropeço ao começar um novo projeto. Suas próprias emoções, simbolizadas pela Lua*, conduziram-na a uma situação enganosa. Agora, ela se vê diante de um monte de escombros.

O consulente deve tentar manter a calma e, por assim dizer, deve "assentar", no sentido literal e também figurado da palavra. Ficar caminhando a esmo, para lá e para cá, só vai aumentar suas dificuldades, pois ele tem de enfrentar cada novo desafio com a mente clara e tranqüila.

Deve se concentrar em cada um dos aspectos de sua situação, e se houver questões que não consegue resolver sozinho deve consultar novamente o oráculo ou ainda o I Ching*.

**209** **Do lado de fora de [tua] casa chegam boas notícias e as perspectivas de uma vida amena são promissoras. [Porém], fama e riqueza não [são] grandezas constantes, [pois] às vezes gansos selvagens [também] podem [se] perder da revoada.** 贰零玖

Aqui, o consulente vive na ilusão de que tudo vai continuar de forma tão agradável quanto neste momento. Com efeito, nada faz supor que alguma coisa pudesse se alterar decisivamente em suas circunstâncias de vida.

Porém, o oráculo sugere que, mesmo numa situação tão amena e tranqüila a possibilidade de uma reviravolta repentina não está excluída. Na China antiga, o ganso* selvagem simbolizava as relações de sociedade ou parceria. Se tudo o mais andar às mil maravilhas, pode haver problemas nesse setor.

Se a pergunta do consulente se referir a isso, seria melhor ter uma conversa franca e aberta com seu sócio ou parceiro para evitar novas complicações.

**210** **Numa distância de dez mil milhas, [tu] vês lindos rios e montanhas. As tempestades de areia cessaram e o sol brilha [novamente. O peixe] já engoliu o anzol junto com a isca. [Portanto], que sentido [haveria em] viajar até o lago devastado?** 贰壹零

Aqui, uma pessoa é dominada pela necessidade incontrolável de se meter em "aventuras" arriscadas. Se ela analisasse sua situação de maneira realista, veria que as vantagens assim obtidas geralmente não compensam. Depois de suas últimas tentativas, um novo "peixe" — símbolo de riqueza — mordeu a isca, e colher os frutos desse esforço é apenas uma questão de tempo.

O consulente deve se questionar sobre sua vida interior, pois geralmente o jogador que ganha mais é aquele que aposta menos. É aconselhável um pouco de cautela e modéstia.

**211** **Duas andorinhas dançam [pelos ares], levando bilhetes no bico. Vão se encontrar em breve. [Foste] um hóspede tranqüilo por longo tempo, mas [agora] tens de descer do local de pesca elevado.** 贰壹壹

Aqui, a andorinha representa um mensageiro do amor. Talvez se trate de uma notícia sobre assuntos amorosos dirigida ao próprio consulente, ou uma mensagem enviada por sua família ou amigos.

Esperando por essa notícia, o consulente permaneceu muito tempo num lugar desconhecido ou inacessível para as pessoas que lhe são próximas. Esse "local" pode ser interpretado literalmente ou como uma espécie de isolamento espiritual.

Já que o consulente conseguiu aquilo que desejava, deve retomar agora o convívio com outras pessoas.

貳壹貳 **Contemplando atentamente as formações rochosas, [tu] segues adiante em [teu] caminho. Só aos poucos consegues dominar as altitudes e abismos. Levanta [tua] cabeça e olha para o céu: uma Lua brilhante se ergue por sobre os homens.** 212

Aqui, uma pessoa se movimenta em terreno acidentado, cheio de altos e baixos. Muitos "perigos" espreitam todos os dias, por isso ela não deve se precipitar e, sempre que possível, deve tentar agir com prudência.

A Lua* era encarada pelos antigos chineses como fonte e origem da vida emocional. Em meio a todas as aventuras que está enfrentando, o consulente parece ter esquecido que não existem apenas os apelos exteriores. A vida espiritual também exige dedicação, e mais cedo ou mais tarde esse deve ser o objetivo do consulente.

貳壹叁 **[Se] alguém precisar [de ti], trata de partir. [Se tiveres de] fazer uma parada, trata de esconder[-te]. Com uma jornada a cavalo [poderás] atravessar o desfiladeiro, [de onde] uma música alegre [chega a teus ouvidos] por alguns instantes.** 213

Aqui se descreve uma pessoa que recebe um pedido insistente de ajuda. Assim, ela se põe a caminho. Mas o "empreendimento" em questão envolve alguns perigos, por isso ela deve procurar "lugares" seguros para se refazer do cansaço e recuperar as energias.

O oráculo sugere que o consulente levará o empreendimento a bom termo com o uso da força. Como seria de esperar, se tiver sucesso pode contar com o carinho e a amizade das pessoas ao redor.

**214** **Acumulando virtudes e praticando ações caridosas, [poderás te] orgulhar de uma prole numerosa. [Se] abateres um boi e o sacrificares aos deuses [para satisfazer] os bárbaros do Ocidente, no mesmo dia te serão outorgadas distinções oficiais de [apenas] dois ideogramas. Se voltares o rosto para trás, [verás que] se renovam dez mil criaturas nas montanhas e nos vales.** 貳壹肆

Aqui se caracteriza uma situação de vida que parece bastante complicada. Talvez o consulente ainda não tenha "filhos" e sinta falta deles. Nesse caso, deve agir com espírito de caridade e princípios éticos com relação às pessoas ao seu redor, talvez tendo em vista uma "adoção".

Na antiga China, diferentes povos e raças podiam ser os "bárbaros do Ocidente" mencionados no texto: hunos, prototibetanos, tártaros, turcos, etc. Todos esses povos tinham má reputação: eram acusados de selvageria, sacrifícios humanos, falta de regras e leis civilizadas. Esse tipo de conflito cultural se dá normalmente quando povos "civilizados" são conquistados por "primitivos".

Mas o texto parece se referir ao próprio consulente, sugerindo-lhe que tente se dominar, ou talvez se instruir, para conquistar as "distinções oficiais" que deseja. O alto grau dessas distinções está evidenciado pelo fato de que consistem em apenas dois ideogramas chineses. O cargo de altos funcionários* era caracterizado com apenas dois ideogramas, enquanto os cargos de médio e baixo escalão eram representados com vários.

Se ele voltar o olhar para trás, em direção ao passado, perceberá que muita coisa que ele deixou inacabada, ou abandonou sem ter feito, está em vias de se renovar substancialmente. Se tiver outras perguntas concretas a respeito dos assuntos abordados neste texto tão enredado e complexo, o consulente deve consultar o oráculo novamente.

**215** **A rua está quieta e nela não se vêem assaltantes. Em meio às nuvens voa um ganso selvagem. [Porém], pancadas súbitas de chuva se abateram sobre as flores dos pessegueiros, e uma mulher chora lamentavelmente à beira do rio.** 貳壹伍

Aqui, uma pessoa segue um caminho aparentemente seguro. Em breve ela receberá uma "notícia", pois na China antiga o ganso* selvagem representava mensagens celestes ou notícias enviadas de longe.

O consulente deve se preparar para o fato de que as notícias que ele espera podem não ser tão boas — da mesma forma como o excesso de chuva prejudica as flores. Talvez ele não obtenha nenhuma vantagem justamente quando isso parecia mais provável. Talvez tenha ocorrido um caso de doença ou morte em sua família ou círculo de amizades, que o afetou psicologicamente ou talvez fisicamente.

É aconselhável uma nova consulta ao oráculo com perguntas formuladas com clareza. Uma consulta genérica ao I Ching* também poderia ser proveitosa.

## 贰壹陆 216

**No interior dos portões se erguem mil lanças,**
**[pois] dois [parentes] em conflito continuam inimigos.**
**O Sol e a Lua fazem reverências um ao outro, em roupas guarnecidas de plaquetas de jade. [Este deve] ser um recomeço cheio de risadas efusivas!**

Aqui se caracteriza uma pessoa em "pé de guerra" com alguém que lhe é próximo. O pior desse conflito é que ambos tentam envolver pessoas, que nada têm a ver com a situação. Uma vez que são mencionados o Sol* e a Lua*, que simbolizam o princípio masculino e feminino, pode se tratar de um conflito entre dois sócios ou parceiros ou uma violenta briga de casal. Além disso, as roupas guarnecidas de jade* sugerem que o conflito envolve bens ou riquezas, tanto interiores como exteriores.

O oráculo aconselha o consulente a acabar de vez com as intrigas e pendências contra outras pessoas e procurar a reconciliação junto àquelas que considera "inimigos". Essa atitude vai evitar uma escalada de violência, além de propiciar uma nova etapa da vida emocional.

## 贰壹柒 217

**Existe um homem que capturou um veado.**
**Ele tem aliança estreita com os filhos, [enquanto o veado] está amarrado lá fora, na porta de casa.**

Aqui, uma pessoa conseguiu alcançar "fama" ou "riqueza", ou ambas as coisas, até hoje representadas pelo veado* nas crenças populares chinesas.

O consulente se preocupa mais com o destino de seus entes próximos do que com sucessos ou honrarias em público. Mas deve tomar cuidado para não se concentrar demais nas pessoas próximas, esquecendo que existem "elementos imorais" no mundo exterior, esperando o momento para anular seus esforços na vida.

## 218 Continuar é inútil! As flores desabrocham e já vai começar o outono. O orvalho gelado cai sobre os animais domésticos e os pastos. Toma o caminho de volta e não percas tempo ali [onde] estavas. 贰壹捌

Aqui se caracteriza uma pessoa que embarcou num projeto sem refletir muito a respeito, apesar de provavelmente ter recebido vários avisos. Agora, tudo aquilo que ela considerava certo e durável se revela ilusão.

Ela deve voltar imediatamente para o lugar em que estava, seja no plano físico ou ideal. Se ela voltar tarde demais, pode acontecer que tenha de começar de novo, pois tudo mudou em relação ao que ela tinha vivido.

## 219 A Lua nova lembra um anzol e rajadas de ventos são a linha de pesca. [Só quando tu] trouxeres a rede para a margem enevoada reconhecerás facilmente a claridade da Lua e sua textura. 贰壹玖

Aqui, uma pessoa acabou se acostumando a uma atitude passiva, ficar "olhando para as nuvens" e acumulando ilusões que nunca será capaz de realizar.

O consulente deve tentar analisar criticamente e com o máximo de clareza seu círculo de relacionamentos. Já fez isso em grande parte, mas por algum motivo não consegue ir até o fim.

Ele deve consultar o oráculo regularmente com perguntas formuladas com clareza. Nesse contexto, uma consulta ao I Ching* também pode ser proveitosa.

## 貳貳零 220

**Fecha primeiro a porta do castelo e fica muito atento.**
**[Se] em pequenas ocasiões não [enxergares] uma advertência,**
**estarás criando [para ti] um grande prejuízo.**

Aqui se caracteriza uma pessoa que confia inocentemente na boa vontade dos amigos ou dos parceiros de negócios. Antes que seja tarde, ela deveria impor um limite aos planos ou projetos dessas pessoas, que podem ser ruins ou malconcebidos.

O consulente pode se basear em pequenos detalhes, aparentemente sem importância, para avaliar a seriedade de seus parceiros. Se ele percebeu esses detalhes mas não os levou a sério, ninguém poderá ajudá-lo, nem sequer ele mesmo.

O consulente deve consultar o oráculo novamente a propósito de cada um dos acontecimentos que julgar importantes nessa situação.

## 貳貳壹 221

**Os pardais gorjeiam e os melros-dourados cantam.**
**No [teu] pátio, as flores desabrocham em todo o esplendor.**
**Recostado no balcão, [adormeces] num sono de**
**primavera, sem esconder [teu] rosto descuidado.**

Aqui se caracteriza uma pessoa que parece afogada no meio de muitas preocupações, embora o ambiente em que se encontra seja pacífico e cheio de alegria de viver. Talvez ela esteja enxergando um perigo concreto. Talvez simplesmente tenha medo de sua própria felicidade.

Os pardais e melros-dourados representam a descontração, a alegria de viver e a esperança. Porém, o consulente não quer realmente acreditar nas novas mensagens que ouve por toda parte.

Tendo em vista que as circunstâncias de vida melhoraram há pouco tempo, ele deve evitar cair num pessimismo ou negativismo sem sentido. Seria melhor abrir bem os olhos e alegrar-se com as imagens positivas que se mostram a ele.

**222** **Um ânimo exausto enfraquece as energias. [Mas mesmo] esgotado terás sucesso. Um vento claro [te] dá forças. [Teus] futuros empreendimentos serão [coroados] de suprema alegria.** 贰贰贰

Aqui se caracteriza uma pessoa em estado de esgotamento, o que a leva a ter muitas dúvidas. Ela teve sucesso, mas não estava plenamente consciente das conseqüências de seus atos.

Porém, o oráculo sugere que o consulente vai recuperar as energias em breve. Sem perda de tempo, ele deve seguir com empenho o caminho que tinha traçado e os objetivos que havia estabelecido. Então, seus esforços serão coroados de êxito.

**223** **Há muito tempo avanças indeciso, e [tuas] queixas e gemidos lembram o vento da primavera soprando nos olmos prateados. Na margem do rio, caminhas com ar cansado, [como] um estranho. Tendo a areia da margem por travesseiro, estarás profundamente preocupado.** 贰贰叁

Aqui se caracteriza uma pessoa que há muito tempo habituou-se a se queixar aos quatro cantos sobre sua sorte. Isso provoca, até certo ponto, um esgotamento físico e mental. Quanto mais ela segue esse caminho masoquista, mais difícil fica a volta para uma convivência normal com outras pessoas.

O consulente deve se conscientizar de que as lamentações e acusações não vão ajudá-lo a encontrar uma saída para sua situação difícil. Talvez o remédio mais apropriado para seu estado atual seja algum tipo de psicoterapia.

**224** **Mesmo as pedras de jade [mais claro] acabam se turvando. Porém, quantos pequenos aborrecimentos [consegues] suportar [realmente]? [Se] ao final [estiveres] livre de erros, [podes] rir alegremente.** 贰贰肆

Aqui se caracteriza uma pessoa dotada de clareza e constância, qualidades simbolizadas pelo jade*. Porém, ela deveria perguntar honestamente se suas qualidades, sem dúvida notáveis, são suficientes para superar sem qualquer ajuda externa todos os pequenos aborrecimentos e obstáculos que surgem em seu caminho a cada dia.

O oráculo sugere ao consulente uma análise exata de cada aspecto de seus atos. Nesse sentido, também é recomendável a consulta regular ao oráculo com relação aos assuntos mais intrincados ou duvidosos.

## 貳貳伍 225

**Com cuidado [te] esforças para alcançar o vasto horizonte, embora tudo seja difícil depois de [tua] fuga. Se encontrares uma direção que favoreça [teus] planos, a primavera abundante voltará aos jardins.**

Aqui, por uma razão qualquer, o consulente tem de deixar seu antigo "ramo de atividades". Ele tem idéias e planos ambiciosos, mas ainda não encontrou um novo "lugar" e diariamente se vê confrontado com dificuldades.

Porém, em futuro breve, o consulente vai conhecer pessoas dispostas a acolhê-lo e apoiá-lo, apesar de todas as suas dificuldades e idéias um pouco esquisitas. Se isso acontecer e o consulente se adaptar sem problemas, uma nova primavera* terá início em sua vida.

## 貳貳陆 226

**Quando a boa notícia chegar, [teu] rosto se abrirá num sorriso. Quando partires a galope numa investida aérea, por assim dizer, as nuvens no alto do céu se abrirão.**

Dentro de poucos dias, o consulente receberá notícias que vão arrancá-lo de um certo torpor psicológico. Talvez ele já esteja esperando por elas.

Quando chegar a "notícia" em questão, o consulente não deve hesitar, lançando-se com todas as energias num "projeto" acalentado há muito tempo. Perceberá então que seu pessimismo temporário não tinha razão de ser.

## 貳貳柒 227

**Por muito tempo [tiveste] que conservar vazio o veludo de cor verde-azulada. Ventos que se levantam [põem em risco**

**teu] ninho nos galhos altos da árvore. Nunca poderás construir tua felicidade de uma só vez. Não tenhas dúvidas quanto ao infortúnio que foi profetizado!**

Aqui se caracteriza uma pessoa que há muito tempo vem esperando por uma "herança" ou coisa parecida, tal como sugere a referência ao "veludo" no texto acima. Porém, esse comportamento ilusório prejudica a própria pessoa, além de seus familiares ou amigos mais próximos.

A previsão do oráculo é de tal forma negativa que o consulente deve examinar sua vida interior e reavaliar as perspectivas para o futuro, adaptando-se às mudanças em sua realidade de vida. Principalmente, deve evitar a arrogância e a autocomplacência.

Para esclarecer melhor os motivos de sua situação adversa, seria aconselhável uma consulta ao I Ching*.

## 228

**Nunca digas que são inúteis os arbustos de espinheiros. No final, uma fênix [vai] pousar neles [como se fossem] um pagode. Para o futuro [tu] deves manter uma atitude de expectativa. Por que então [te] mostras de manhã tão irresoluto e hesitante?** 贰贰捌

Aparentemente, o consulente perdeu o rumo. Todos os seus projetos e iniciativas parecem encontrar um fim prematuro e doloroso nos "arbustos de espinheiros" da realidade cotidiana.

Porém, ele se engana ao interpretar o curso dos acontecimentos de maneira excessivamente negativa. O fato é que ele fez vários preparativos valiosos, mas não tem plena consciência disso.

Seus problemas devem se esclarecer em breve. Uma fênix* que pousa em arbustos imaginários de espinheiros, como se fossem um pagode*, simboliza a ajuda de uma pessoa compreensiva e influente, talvez também uma instituição estatal ou o companheiro ou companheira. Essa perspectiva parece propícia para acalmar o ânimo do consulente, pois só assim ele terá condições de se apresentar e agir com decisão e segurança.

## 229

**Os superiores não entram em acordo [entre si], e [assim] os desgostos e fadigas [aumentam] infinitamente. Mês após mês, as nuvens vão [se acumulando] como mil cordilheiras.** 贰贰玖

O consulente está metido em muitas dificuldades, sem saber como se livrar delas. Cada providência no sentido de superá-las não parece trazer soluções, e sim novos problemas. No final, ele se sente esgotado. Seus pensamentos e sensações estão "obscurecidos".

Certamente, a razão por trás disso é que as emoções dominam a consciência, que permanece passiva. Assim, o consulente mergulha cada vez mais num estado de espírito inconsciente e extremamente "reativo", que depende mais e mais dos impulsos externos. Dessa forma, as qualidades do consulente se revelam ineficazes e ele se torna um joguete do destino.

## 貳叁零 230

**[Desde tempos imemoriais], o jade vem dos penhascos de Kun'gan, [da mesma forma que] os barcos atracam em embarcadouros antigos. Se [tu] viajares para o Tibete, verás finalmente [esses tesouros]. Não será difícil encontrar abrigo [ali].**

Desde a Antigüidade chinesa, o jade* da montanha Kunlun* era o mais apreciado. O Tibete está localizado ao sul dessa cordilheira e até hoje é representado no idioma chinês pelo ideograma "Zang", que significa "câmara dos tesouros". A partir do Tibete, o lamaísmo atravessou a Mongólia e se espalhou até o norte da China.

O consulente está em busca de um novo "abrigo" ou moradia, seja ela de natureza física, emocional ou espiritual. Porém, ele ainda não tomou uma decisão definitiva quanto a isso.

Essa decisão ocorrerá em breve, pois o consulente sabe que será recebido de braços abertos assim que alcançar seu objetivo. Deve consultar o oráculo novamente a intervalos regulares.

## 貳叁壹 231

**Neste momento, [tentar levar a cabo teus] projetos [se revelará] extremamente inoportuno. [Porém], pessoas desconhecidas se aproximam com a alma serena. Embora o Carro Dourado tenha sofrido um acidente, no final [poderás] vencer as dificuldades [com] parcimônia e moderação.**

O consulente tem mais projetos do que é capaz de realizar. Ele se sobrecarrega com planos ambiciosos e arriscados mas não encontra um meio de pô-los em prática.

Porém, ele receberá ajuda externa de pessoas que ainda lhe são desconhecidas. Elas o convencerão de que deve agir com mais cautela em relação às suas posses, simbolizadas pelo Carro Dourado (ver Ouro*), pois caso contrário terá prejuízo.

## 232 **Este empreendimento pode ser realmente confiado [a ti], com toda a certeza. O projeto está seguindo num ritmo lento, [mas] não [te acontecerá] nenhum descuido grosseiro.** 贰叁贰

Aqui, o consulente não parece suficientemente convencido de suas capacidades. Precisa de um encorajamento constante das pessoas ao redor para não voltar o afundar num estado de espírito pessimista.

Segundo a previsão do oráculo, o consulente não deve esperar que tudo aquilo que planejou se converta em realidade rapidamente e sem tropeços. Um bom conselho seria agir com paciência. Então, os esforços do consulente serão coroados de êxito.

## 233 **O medo mais profundo e a angústia mais pungente — tudo isso se encontra diante de [teus] olhos. Se enfrentares [teus problemas] com a mente clara, [terás condições de] perceber e repudiar os boatos sem fundamento.** 贰叁叁

Aqui se caracteriza uma pessoa que se acostumou com atitudes masoquistas e parece se contentar com elas. Ela vê o mundo por trás dos "óculos escuros" de seu pessimismo e negativismo.

O oráculo aconselha ao consulente que se livre desse estado de apatia psicológica a fim de analisar com lucidez a situação em que está. As pessoas que neste momento estão próximas não podem ajudá-lo em quase nada. Ele deve tomar providências para descobrir as "intrigas" ao redor, pois ninguém mais terá condições de fazê-lo.

## 234 **A Lua se esconde em meio às nuvens, e na mais profunda escuridão [tu] caminhas a esmo na rua. [Então] as nuvens se dissipam e a Lua clara surge. [Agora, podes] seguir [teu] caminho com cautela.** 贰叁肆

Aqui se caracteriza um consulente que parece envolto em escuridão espiritual, uma espécie de "véu da consciência" pelo qual ele mesmo é responsável. Não consegue mais enxergar as coisas com clareza e tropeça continuamente em projeções negativas. Mas essa fase se aproxima do fim, pois surgiu o brilho claro da Lua*, que simboliza uma vida emocional equilibrada.

O oráculo sugere que em breve o consulente receberá um aviso a respeito de seus problemas emocionais e espirituais. Ele pode contar com essa chance, mas não deve encará-la com leviandade.

Se souber aproveitá-la, seguirá seu caminho em direção à felicidade.

## 貳叁伍 235

**Em [teu] caminho as pessoas [te] saúdam cordialmente, e de súbito não [há] mais vento nem ondas. Com o tempo, [também teu] coração astuto [fica] profundamente confuso. [Deverias] confiar por inteiro na ajuda de pessoas honradas.**

Todas as pessoas que o consulente encontra o recebem tão bem, que de um momento para o outro ele já não consegue distinguir os amigos dos inimigos. É essa a situação caracterizada no texto do oráculo.

Assim, o consulente acaba num estado de confusão mental e espiritual. Todas as pessoas ao seu redor lhe parecem igualmente boas e más, a tal ponto que ele perde sua capacidade de discernimento.

Ele deve examinar criteriosamente as qualidades das pessoas com as quais travou ou vai travar relações. Nesse contexto, a consulta regular ao oráculo pode ser útil, ou ainda uma consulta ao I Ching*.

## 貳叁陆 236

**[Quando te] aproximares de uma baía larga, joga [teu] anzol na água, que é de cor clara e sem lama. [Vais] perseguir e capturar muitas tartarugas de água doce. Não [é] necessário [alimentar] dúvidas ou suspeitas.**

O texto contém uma profecia segundo a qual uma pessoa terá condições de melhorar sua situação de vida e realizar seus planos em futuro breve.

A carne das tartarugas* de água doce mencionadas no texto é considerada até hoje um fortificante poderoso, sendo vendida nos mercados ou em restaurantes especializados da China.

Por isso, o consulente deve eliminar todos os pensamentos de desconfiança em relação à sorte e ao futuro, pois só assim terá condições de alcançar o sucesso.

## 237 貳叁柒

**[Até mesmo] em meio ao vácuo é preciso haver linhas retas. Nos assuntos sentimentais [acabaste] caindo em profunda tristeza. [Agora] as nuvens se dissipam e a Lua [surge] em toda a sua plenitude. [Então, poderás] velejar bem depressa, atravessando uma distância de mil milhas, com o vento [às tuas costas].**

Aqui, o consulente se encontra na "estaca zero", sem saber para onde se dirigir ou o que fazer. Uma "relação amorosa" terminou de maneira dolorosa para ele, e as conseqüências ainda o atormentam.

Porém, o pior já passou. Novas perspectivas, que há poucos dias ele desconhecia ou julgava impossíveis, abrem-se para ele. Sua vida sentimental já se acalmou em grande parte, e será apenas questão de tempo acontecer um novo "envolvimento" cuja intensidade ele ignorava até então.

## 238 貳叁捌

**As notícias são geradas como por encanto. [Tuas] tropas atacantes tiveram êxito ininterrupto numa marcha de mil milhas. Com clareza de espírito [podes] obter honrarias e fama. [Porém], a cobra e o coelho [têm de] se encontrar para combinar as mudanças.**

Aqui se caracteriza uma pessoa que teve a sorte a seu favor por muito tempo. Qualquer coisa que ela empreendia era coroada de êxito, como se forças mágicas a abençoassem.

No zodíaco* chinês, a cobra* é o quinto animal e o coelho* é o sexto. De acordo com esse texto, os dois animais míticos têm de se encontrar para concluir uma espécie de pacto. Mas isso não será fácil, pois se o coelho simboliza a inocência e a vulnerabilidade, a cobra representa a falsidade e a astúcia. É um ser venenoso e maligno, no sentido literal e figurado.

Assim, o consulente não deve confiar numa "maré de boa sorte" que pareça destinada a durar para sempre. Se permanecer de olhos fechados diante dos verdadeiros "problemas", tal como tem feito ultimamente, as conseqüências só podem ser negativas, seja qual for a pergunta que formulou.

O oráculo aconselha ao consulente que tente conciliar dois aspectos antagônicos de sua alma, que em grande parte se desconheciam mutuamente. A astúcia animal deve vencer a ingenuidade, e em seguida a bondade humana deve derrotar a astúcia. Se o consulente superar esses desafios, pode esperar bons resultados.

## 貳叁玖 239

**[Deves] confiar plenamente nas forças espirituais [para] pôr em debandada os exércitos de demônios. Se a resistência [deles] for derrotada uma vez, será derrotada outra ainda. A fortaleza espiritual multiplica as energias infinitamente. [Deves] conservar [isso] bem firme na memória [para] evitar tropeços futuros.**

Aqui se caracteriza uma pessoa que entende um pouco de assuntos de espiritualidade oculta, ou acredita entender. Essa pessoa passa por um conflito interior ou está procurando adversários espirituais no mundo exterior, acabando por encontrá-los.

O consulente deve se conscientizar de que, com o uso da força, não conseguirá afastar do mundo, e especialmente de sua esfera pessoal, os obstáculos espirituais que o atormentam. Talvez deva até mesmo abandonar quaisquer pensamentos a respeito, antes que venham ocupar sua mente.

Pela leitura de livros sagrados, ele deve exercitar suas forças espirituais contra tudo o que possa lhe ocorrer. Consultas regulares ao oráculo são aconselháveis, assim como uma consulta ao I Ching*, baseada em perguntas claramente formuladas.

## 貳肆零 240

**[Assim como] o Tao necessita de um coração firme, um coração firme necessita do Tao. Desse modo, [tua] força transformada [se converte] em movimento. De manhã cedo, [deves] encetar a viagem de volta, construir [para ti] um pequeno templo coberto de palha e fortalecer [tua]**

**personalidade, para um dia ascender voando pelos ares e [fazer com que teu] nome seja aceito na fileira dos Imortais.**

O Tao*, ou Caminho, é um conceito central em todas as correntes filosóficas chinesas. De um lado, designa o destino ou "caminho" de cada indivíduo, de outro, o caminho ou descaminho que esse indivíduo escolhe para si voluntariamente, no limite de suas possibilidades.

Aqui se aconselha a uma pessoa que deixe de lado os "assuntos mundanos" e se isole numa espécie de "retiro espiritual". Esse conselho pode ser seguido no sentido figurado, não apenas literalmente.

O consulente deve aceitar o fato de que muitas de suas contradições têm de ser esclarecidas. Tornar-se imortal* significa, antes de mais nada, conscientizar-se da própria dimensão espiritual. Se esse estágio for alcançado, o consulente pode encarar despreocupado os acontecimentos futuros.

## 241 贰肆壹

**Um pensamento [te conduz] para cima, rumo ao pórtico dos céus, e outro [te leva] para baixo, rumo ao inferno na Terra. O inferno na Terra e o pórtico dos céus dividem [entre si] fama e ignomínia. [Tua] mente [tem de] ser clara para pensar com autonomia, e não deves seguir pessoas vagarosas ou incapazes.**

Aqui se caracteriza uma pessoa cujas idéias e impulsos inconstantes a levam de um extremo a outro, de cima para baixo e em seguida de baixo para cima. Aparentemente, essa pessoa não tem força de vontade ou abre mão dela diante de qualquer idéia sedutora.

O consulente deve evitar sobretudo pessoas sem iniciativa ou incapazes de empreender algo por conta própria. Em vez disso, deve procurar "amigos" ou "conhecidos" dinâmicos, ativos e bem-sucedidos.

## 242 贰肆贰

**[Aqui], o gado vive melhor que as pessoas, e dia após dia o povo sofre [prejuízos. Se encontrares] o focinho de uma vaca, com certeza ele [te] morderá. Um soberano e seu funcionário — ambos exercem seu terror. [Assim], um general de mente clara tem de libertar o povo.**

Este texto trata de "injustiças sociais" sofridas pelo consulente e pelas pessoas ao redor. Dia após dia, ele se vê confrontado com "imagens cruéis" e não sabe como ajudar a si mesmo, muito menos ainda como aliviar o sofrimento geral.

Ele pressente que seria inútil declarar uma guerra solitária contra os "donos do poder". Prefere confiar na chegada de um "salvador poderoso". Tendo em vista a história da humanidade, deve-se perguntar se tal esperança não seria ilusória, uma vez que os "salvadores" violentos, quando chegam ao poder, sempre agem com despotismo.

Assim, a pergunta deveria ser formulada de outra maneira: como eu, consulente, posso me libertar de minhas prisões interiores? Unicamente dessa forma se encontrará uma resposta que traga paz e tenha em vista o indivíduo.

## 貳肆叁 243

**Se aqui houver pessoas de espírito ágil, um sinal [deveria] bastar[-te para que] voltes [teu] rosto para trás. [Se] continuares cometendo [os mesmos] erros [sem] compreendê[-los], serás enganado com freqüência e finalmente não [conseguirás] mais mover-te.**

Aqui se caracteriza uma pessoa que abandonou seu "círculo de relacionamentos" à procura de outro melhor, ou que pelo menos tem essa intenção. Porém, ela se enganou redondamente. Para se conscientizar do impasse da situação atual, precisa apenas se lembrar daquilo que tinha em mente no início.

Uma vez que ela se deixa levar por ilusões, de natureza erótica ou profissional, não se pode esperar que um texto do oráculo a afaste da rede poderosa de idéias vagas na qual aprisionou sua vida emocional e intelectual.

Se realmente quiser encontrar uma saída, essa pessoa tem de analisar com sobriedade sua situação na vida. Deve consultar o oráculo regularmente, formulando suas perguntas com clareza. Uma consulta genérica ao I Ching* também é aconselhável.

## 貳肆肆 244

**O coelho da Lua se levanta a leste e espalha raios de luz clara. Não há nuvens [num raio de] dez mil milhas. O céu e o mar [são como] o jade precioso.**

Na antiga mitologia chinesa, o coelho* da Lua é um dos símbolos mais freqüentes. Ele representa a Lua cheia e, no plano alegórico, uma relação amorosa com ênfase nos sentimentos de ternura entre o casal.

Essa parece ser a situação do consulente. Ele se apaixonou ou está prestes a assumir algum tipo de relacionamento amoroso. Tudo parece favorecê-lo, pois seus sentimentos se baseiam em qualidades como constância, clareza e estabilidade, simbolizadas pelo jade* mencionado no texto.

## 24·5 贰肆伍

**Quando um homem conquistou o título de duque, não suporta caminhar lado a lado com pessoas [vulgares. Uma vez seu] trabalho concluído, ele se recolhe em sua casa. [Então, sente-se] orgulhoso sob a luz enevoada do crepúsculo. Ele despe os trajes cor de púrpura e os pendura. Esse é o Tao de um descendente masculino.**

Aqui se caracteriza uma pessoa cujo sucesso social recente lhe "subiu à cabeça". Ela conseguiu terminar tarefas difíceis, em cujo resultado provavelmente não acreditava muito. Agora, deixa-se levar pelo narcisismo e a vaidade.

O texto do oráculo apresenta uma formulação tão positiva que se deveria aconselhar o consulente a não confiar inteiramente em seu caminho ou Tao*. Talvez ele tenha ficado arrogante e individualista demais, ou talvez esteja iludindo a si mesmo.

## 24·6 贰肆陆

**[Com seu] ânimo inconstante, pessoas mundanas [são] afligidas e enganadas pelos [espíritos de] raposa. [Se] não submeteres essas pessoas a um exame rigoroso, [terás de viver] muito tempo em situação lastimável.**

Aqui se caracteriza um consulente inteiramente dominado por outras pessoas que têm papel importante em sua vida emocional, principalmente quando se trata da expressão dos sentimentos.

É exatamente esse o significado dos "espíritos de raposa"* mencionados no texto. Desde a Antigüidade chinesa, a raposa é um animal de conotação negativa pois as pessoas a consideram causadora de doenças sexuais. Assim, até hoje o fígado e a bile da raposa são remédios populares para curar doenças sexuais, embora não haja comprovação científica.

O consulente deve examinar com mais cuidado as pessoas com quem pretende conviver. Isso não será fácil porque ele prefere agir espontaneamente, sem questionar as conseqüências de seus atos.

São recomendáveis exercícios de meditação e uma leitura aprofundada dos textos sagrados. Tampouco seria má idéia uma consulta genérica ao I Ching*.

贰肆柒 **De súbito irrompe uma tempestade violenta. Árvores grandes são arrancadas pela raiz e rodopiam para lá e para cá. [Uma vez que] os galhos e as folhas ainda não estão mortos, [podes] amontoar a terra e replantar [as árvores], evitando grandes danos.** 247

De maneira totalmente inesperada, os "bens" ou "propriedades" do consulente, que ele julgava seguros, foram revirados e devastados, de tal forma que até o "terreno" de suas concepções existenciais acabou sendo comprometido.

Porém, a energia vital das "plantas" parece sobreviver mesmo depois que elas foram arrancadas pela raiz. Com o empenho do consulente, é possível cultivar novas plantas a partir dos tocos e brotos da árvore original, sem abrir mão de suas idéias fundamentais.

贰肆捌 **[Em vez de] tentar avistar a prosperidade com olhos vazios, deves procurar [outros] caminhos. [Tens de] atacar o acampamento do exército inimigo, cercando[-o] por todos os lados.** 248

Este texto se dirige às pessoas que optaram por uma situação de "segurança material", na qual provavelmente "se acomodaram", abrindo mão de uma postura criativa.

Porém, o oráculo aconselha ao consulente que, com lucidez e consciência de si mesmo, localize os problemas ao seu redor e os enfrente com coragem.

## 249 贰肆玖

**Um dia, [tuas] terras vão florescer ou erodir. [Quando] estiveres ferido, não hás de suspirar, [pois és ao mesmo tempo rude] áspero e amargo. Por outro lado, em [tua] aldeia natal tudo é acolhedor e seguro com pessoas [que se] casam. Hoje, em [seus] melhores trajes, o soberano vai anunciar [o nome] de seu período de governo.**

Aqui se caracteriza uma pessoa que abandonou o "lar" que conhecia tão bem. Talvez não o tenha feito de livre e espontânea vontade, mas por causa de algum tipo de "recrutamento" feito pelo Estado ou outra instituição oficial. Esse fato inspirou emoções contraditórias de entusiasmo e tristeza.

Porém, o consulente sente muitas saudades do lar. Talvez tenha vivido ali uma relação sentimental em tempos passados. Ele deve se perguntar se realmente deseja retomá-la, ou se isso vale a pena, já que as circunstâncias mudaram. Além disso, também deve se perguntar se tem condições de reatar alguma coisa, uma vez que ele próprio mudou.

Ele pode ter certeza de que, apesar da situação difícil, ou justamente por causa dela, haverá uma mudança num futuro breve. "Um novo governo dá início a novos tempos", diz um antigo provérbio chinês.

Tendo em vista a situação complicada em que se encontra, o consulente não deve hesitar em consultar o oráculo regularmente.

## 250 贰伍零

**A menina cresceu e uma grande alegria chegou ao portão do palácio: ela vai se casar com um homem digno [para] aumentar [a família] com filhos e netos. Juntos, eles rezam e se penitenciam [até] merecer a benevolência do soberano dos céus.**

Aqui, uma pessoa encontrou a felicidade. Se se tratar de uma mulher, o texto sugere que ela se uniu a um "marido de classe social mais alta". Se se tratar de um homem, o texto faz supor que ele encontrou uma "esposa para toda a vida".

Porém, o oráculo adverte o consulente de que muitas dificuldades — provavelmente de ordem material — ainda podem surgir. Os dois podem ter certeza de que terão condições de superá-las, mas somente com o emprego de todas as suas energias.

贰伍壹 **A madeira alimenta o fogo [e assim] o palavreado não tem fim. A insensatez se manifesta, [porém], frio e calor [deveriam] se suceder um ao outro.** 251

De acordo com a doutrina dos cinco elementos*, a madeira alimenta o fogo assim como o fígado alimenta o coração. Portanto, aqui se caracteriza uma pessoa que tem tendência a extravasar sua cólera com torrentes de palavras.

Porém, ela não percebe que suas emocões estão atingindo uma "zona limite", emoções, que as pessoas ao seu redor condenam como algo doentio.

Ela deve evitar "levantar a voz" ou dizer palavras duras às pessoas que confiam nela, ou nas quais confia. Se quiser ser levada a sério, uma certa fricza scria aconselhável.

贰伍贰 **Não pode ser, não pode ser, não pode ser! [Alguém] faleceu há três anos e seis meses. Se [tu] não despertares, a desgraça vai se abater sobre [a tua] cabeça.** 252

Aqui se caracteriza uma pessoa que sofreu o golpe do "falecimento" de um parente ou amigo e ainda não conseguiu superar esse trauma, mesmo depois de vários anos. De acordo com a tradição chinesa do culto aos antepassados*, o espírito de um "falecido" permanece entre nós e sua lembrança retorna quase todos os dias.

O texto do oráculo sugere ao consulente que abandone seu apego ao passado. Claro que o passado continua vivo na memória, mas não deve ser o centro de nossos pensamentos e ações.

Recomenda-se ao consulente que pratique a auto-análise e concentre a atenção em seu presente e futuro. Se não conseguir sozinho, é aconselhável algum tipo de psicoterapia.

贰伍叁 **Os estábulos pegaram fogo e uma grande calamidade se abateu sobre os animais. [Unicamente] com as devidas precauções [podes] tomar as providências necessárias. Se reduzires o fogo, [hás de] recuperar a tranqüilidade.** 253

O fogo é um dos cinco elementos*. Por causa de um descuido, o "deus do fogo" abandonou a lareira e expôs o dono da casa a um "perigo" ou à "morte".

Quando suas chamas são muito altas e incontroláveis, o impulso do fogo, que serve para iluminar e aquecer, provoca destruição. O consulente deve analisar melhor as situações que dependem de sua responsabilidade e controlar seus impulsos, a fim de não prejudicar, mas sim proteger e favorecer a si mesmo e aos outros.

## 254. [Se tu] saciares continuamente a sede do espírito e da mente, irradiarás desde o início uma aura de sabedoria e poder. Deves submeter três montanhas ao [teu] domínio para restabelecer a paz [no império] em pouco tempo. 贰伍肆

Aqui se caracteriza uma pessoa cheia de energias, tanto no sentido físico quanto espiritual. Porém, provavelmente ela ainda não consegue usar suas energias com sensatez e moderação.

Por isso, o oráculo aconselha ao consulente um pouco mais de estratégia em seu plano de vida. Ele deve refletir profundamente e com antecedência sobre cada passo e suas possíveis conseqüências. Só assim poderá tirar partido das situações que se apresentarem.

Se o consulente está em busca da tranqüilidade em sua vida particular, não deve hesitar em consultar o oráculo de tempos em tempos com perguntas claramente formuladas. Isso também é recomendável se o objetivo for amenizar um clima tumultuado, de agitação ou insegurança no mundo exterior. Uma leitura de Sun-tsé Bingfa, ou *A Arte da Guerra* (livro do ano 500 a.C., ver Bibliografia), é extremamente aconselhável.

## 255 [Tua] estrela irradia um brilho claro [e tu] aspiras o aroma dos jasmineiros. O céu está repleto de constelações que tornam os homens felizes com sua cintilação radiante. 贰伍伍

Tal como no Ocidente, a astrologia* era uma ciência importante na China antiga. No entanto, a astrologia chinesa classifica as estrelas de acordo com combinações diferentes, o que resulta em outras interpretações. Essas concepções sobre o significado das estrelas influenciam o calendário rural chinês e permeiam até hoje todas as crenças populares.

Aqui, o consulente se encontra em situação invejável, na qual consegue realizar todos os seus projetos quase sem esforço, logo na primeira tentativa. As pessoas ao redor também parecem favorecidas pela sorte, de modo que o consulente pode contar com um clima de harmonia em seus relacionamentos sociais.

## 贰伍陆 **As terras na direção sudeste se transformarão num deserto e as do nordeste ficarão inabitáveis. Se [tu] tentares alcançar uma posição superior com ânimo determinado e inflexível, as águas e fontes não mais se lembrarão de seu lugar de origem.** 256

Este texto faz referência à situação geográfica e estratégica da China no período dos Três* Impérios. Nessa época, a região nordeste do país era dominada pela dinastia Wei e a do sudeste, pela dinastia Wu, enquanto o autor do Shen Shu era chanceler da dinastia Shu-Han, na região sudoeste.

Para alcançar seus objetivos, o consulente precisa de coragem, determinação e espírito empreendedor — qualidades que, segundo todos os testemunhos da época e posteriores, distinguiam Zhuge Liang, o autor do Shen Shu (ver Apêndice).

Porém, o consulente deve tomar cuidado para não exaurir suas energias vitais, simbolizadas pela água, pois isso pode prejudicá-lo.

## 贰伍柒 **A morte tem [seu] dia e o nascimento tem [sua] hora. Por que [ocorrem] atrasos e deslizes em [teus] assuntos pendentes? Segue depressa para diante, como o vento, de ânimo elevado e sem receio.** 257

Aqui, uma pessoa tem medo injustificado da "morte" — ou um "nascimento" vai acontecer em seu círculo de relacionamentos. Ou talvez se trate daquele medo irracional da morte que costuma se manifestar antes de um recomeço ou do início de uma nova etapa.

Porém, nessa situação, o consulente deve se preocupar mais do que nunca em concluir seus projetos no prazo previsto e permanecer firme, apesar do "terreno escorregadio".

Deve deixar de lado a hesitação e as muitas dúvidas que costumam atormentá-lo, para se dedicar às suas tarefas com uma atitude positiva.

Nas situações decisivas que vierem a ocorrer de um momento para o outro, o consulente deve consultar novamente o oráculo, formulando suas perguntas com clareza.

258 **Depois de muito viajar de um lado para o outro, [tu] decidiste permanecer num certo lugar. Inesperadamente, [tu ficas] alarmado como se um lobo surgisse no [teu] caminho.** 贰伍捌

Aqui, depois de muitas buscas uma pessoa conheceu um "lugar" onde pretende estabelecer "residência". Entretanto, a referência ao "lobo" sugere que ela teve um encontro casual com alguém que a fez recordar o passado. No norte da China, assim como para os mongóis e os povos turcos, o lobo simbolizava o culto e a devoção aos antepassados*, provavelmente por causa de seus hábitos comunitários, que implicam solidariedade para com o grupo ou família.

Tal como no Ocidente, na China antiga se atribuíam ao lobo características como crueldade, voracidade e cobiça. Mas é mais provável que se trate aqui do olhar típico de um lobo: o olhar de uma pessoa desconfiada e egoísta.

Apesar disso, o consulente não deve perder o rumo, e sim esforçar-se com mais coragem e determinação para enfrentar os desafios de sua vida.

259 **Oito portais separam as Oito Localidades [terrenas]. Nove estrelas determinam a disposição das Nove Regiões do Mundo. Verde, vermelho, amarelo, branco e preto — são essas as Cinco Cores, combinadas num arranjo elegante. — [Se tu] avançares com uma arma branca contra um dique, certamente [vais] descobrir que ambos os lados são igualmente fortes.** 贰伍玖

Na China antiga, a cosmogonia, ou ciência da origem e evolução do mundo, incorporava uma mescla de diferentes doutrinas. As oito direções da rosa-dos-ventos como extensão da doutrina do Yin* e do Yang*, e dos cinco elementos*, concebidos como materialização desses princípios na Terra, baseiam-se em concepções chinesas arcaicas. Por outro lado, o algarismo nove caracteriza os diferentes níveis ou degraus da montanha Meru — uma concepção budista que, na época em que o autor do budismo* ainda vivia, já se difundira do Ocidente para a China.

Este texto traz uma advertência para que o consulente se limite às realidades concretas e palpáveis. Mas como pode conseguir isso se sua alma está repleta de ódio e desejo de vingança?

Ele deve se perguntar quais são seus limites no assunto de que se trata, levando em conta que o adversário, seja ele qual for, estará armado à sua espera. Por isso, não é aconselhável um ataque direto às "frentes inimigas". Seria melhor conquistar um novo nível de consciência a fim de surpreender o adversário.

贰陆零 **[Aquele que] não se dedicou ao sublime até o fim de [sua] vida [veio] ao mundo inutilmente, pois é impossível girar a roda para trás. [Se tentares fazê-lo, vais] cair eternamente numa cova profunda.** 260

Aqui se caracteriza uma pessoa que se arrepende tarde demais por não ter orientado sua vida para as metas espirituais. Remediar isso não é mais possível, pois a roda do destino, ou do karma, já completou um de seus ciclos.

Recomenda-se ao consulente que não tente reverter aquilo que já aconteceu. Se insistir, apesar de todos os conselhos, estará correndo "perigo de vida", simbolizado pela "cova profunda" que pode representar seu "túmulo".

贰陆壹 **Dois jovens, de sexo masculino e feminino, caminham lado a lado no mesmo passo. [Assim] o Yin e o Yang [estão] entrelaçados, [e quando] realizam suas intenções, [recebem] como recompensa uma risada alegre.** 261

Aqui se trata de uma "relação amorosa" em que os dois parceiros assumem o papel que mais lhes convém e assim, tal como os princípios opostos do Yin* e do Yang*, sentem-se atraídos e se amam.

Recomenda-se ao consulente que não se desvie de seu caminho por causa de dificuldades passageiras. Ele deve se conscientizar de que qualquer decisão depende da concordância do "parceiro" ou da "parceira". Uma conversa serena e objetiva com ele (ou ela) deve ser o ponto de partida de qualquer iniciativa. Desse modo, a felicidade entre os dois estará garantida.

## 262 **No centro [do interesse] se encontra uma estrofe extremamente misteriosa. Ao [primeiro] canto do galo, ela vai [te] parecer clara como o orvalho da manhã. No momento [em que] ultrapassares os portais do mergulho em ti mesmo, o caminho de um soberano se abrirá [para ti].** 贰陆贰

Aqui se caracteriza uma pessoa que já possui um conhecimento razoável do esoterismo e dos fundamentos ocultos da existência. Porém, ela se vê diante de uma decisão importante, sem saber como resolvê-la.

O consulente deve usar as técnicas de meditação com as quais já está acostumado para descobrir a origem de seus problemas. O "mergulho em si mesmo" mencionado no texto é representado pelo ideograma "Chan", ou Zen* em japonês, sendo que "Chan" era a transcrição chinesa do termo sânscrito "Dhyana", ou meditação. No texto acima, o oráculo sugere que o consulente, sem esse trabalho interior, não alcançará sucesso no mundo exterior.

## 263 **[Tu] apanhaste inúmeros peixinhos dourados numa rede, [mas te] bastaria uma pequena vara de pesca para ter o que comer quando voltasses para casa. [Sobre ti haverá] dúvidas consideráveis [quanto a teres] atravessado, remando [com as próprias mãos], os Cinco Mares Internos e os Quatro Oceanos.** 贰陆叁

Aqui se trata de uma pessoa que tem "mania de grandeza". Ela quer possuir mais do que realmente necessita, sendo que um pouco já seria suficiente.

Essa ambição leva a um estado de espírito que a faz duvidar do próprio passado.

O oráculo sugere ao consulente uma atitude de modéstia e a meditação sobre valores eternos. Só assim ele se libertará do círculo vicioso de querer, ter e possuir.

贰陆肆 **Na hora dupla Mao [das 5 às 7 horas], um coelho sai do bosque; e na hora dupla Wu [das 11 às 13 horas], a verdadeira felicidade se acerca [de ti]. A hora dupla Yin [das 3 às 5 horas] se origina daquela que a precede, a hora Kang [da 1 às 3 horas], quando vês por inteiro o céu estrelado.** 264

Os antigos chineses costumavam dividir o dia em doze horas* duplas, equivalentes às nossas 24 horas. A cada uma dessas doze horas era atribuído um signo* cíclico e assumia um valor diferente no calendário rural.

Aqui, o oráculo afirma que um dia o consulente vai conhecer seu futuro "parceiro" ou "parceira", uma vez que o coelho*, quarto animal do zodíaco* chinês, simboliza o amor e o afeto, mas também o erotismo e a sexualidade.

O consulente não deve hesitar em se apresentar com seu "parceiro" ou "parceira" diante da "família" e das "outras pessoas". Para saber o lugar e o momento mais favorável para esse encontro, caso ele ainda não tenha acontecido, o consulente deveria consultar um astrólogo.

贰陆伍 **Durante o dia não [consegues te] decidir, [mas] à luz da Lua [alcanças] a iluminação. [Apenas] num determinado lugar [teus] negócios são bem-sucedidos. Três pessoas [literalmente: seis ouvidos] vão dar [aos negócios] uma conclusão favorável.** 265

Aqui se descreve uma pessoa, que se sente melhor em "noites de Lua* cheia" do que sob a "luz ofuscante do Sol"*. Em meio a circunstâncias decisivas da vida, ela está à procura de sócios ou parceiros, mas ainda não os encontrou.

O consulente deve evitar o desperdício de energias. Deve se conscientizar de que só existe um "lugar" onde terá condições de realizar seus planos, e para isso precisará da "ajuda de duas pessoas".

Essas duas condições são pré-requisitos para que ele atinja seus objetivos de maneira satisfatória para si mesmo e para todas as pessoas envolvidas.

贰陆陆 **O signo da raposa é realmente uma constelação demoníaca. [Quando os espíritos] de lobos e macacos, e além disso** 266

**[os espíritos] das árvores, subirem as montanhas, para se aproximar do brilho da raposa, ficarão fascinados [com seu] ser e sentirão o ânimo tranqüilo.**

Aqui se caracteriza uma pessoa que lança mão de todos os artifícios para chegar ao sucesso e não hesita nem mesmo diante da astúcia e das mentiras.

Tal como no Ocidente, a raposa* é conhecida na China por sua esperteza e astúcia, mas também pela capacidade de influenciar ou de dominar as pessoas. Assim, na astrologia chinesa o signo da raposa tem conotação positiva, pois com sua astúcia e inteligência ela afasta os problemas e favorece a paz entre os homens.

O consulente se encontra diante de uma situação difícil que, no entanto, o mantém em atividade e o deixa feliz de várias maneiras. O oráculo lhe sugere que esqueça o "medo do inimigo" e as idéias ilusórias. Decisões erradas, baseadas nas emoções, podem ter conseqüências fatais. O "adversário", que os "truques" do consulente já fizeram tropeçar mais de uma vez, tem sede de vingança e vai aproveitar a menor fraqueza do consulente para prejudicá-lo.

## 267 **O som de gotas d'água caindo continuamente [fez] cantar os galos. Uma pessoa se apressa rumo ao exílio, [como se fosse] uma libertação. Ao crepúsculo, ela atravessa o desfiladeiro. [Depois disso, pode] seguir viagem por dias sem conta.** 贰陆柒

O galo, décimo animal do zodíaco* chinês, é associado a qualidades como generosidade, credibilidade, mas também coragem e espírito de luta.

Aqui, o consulente modificou o "ambiente em que vive" porque as circunstâncias da sua vida se tornaram insuportáveis ou porque simplesmente tomou essa decisão. Ele experimenta uma sensação de liberdade, como se tivesse vencido um grande desafio.

Porém, o leitor deve evitar uma visão demasiado otimista de sua situação ou uma avaliação equivocada de suas reservas de energia. Também seria desfavorável fugir de compromissos de qualquer natureza, assumidos anteriormente.

**貳陸捌** **Uma pessoa se encontra além dos limites do céu. Há muito tempo sente falta de notícias. [Se por um lado] gostaria de avistar [seus] familiares com urgência, [por outro ela se] deleita alegremente com ervas e plantas.** **268**

Aqui se descreve uma pessoa que aprecia uma vida de eremita ou de excêntrico. Talvez se trate de uma autêntica necessidade espiritual que precise ser vivida até as últimas conseqüências, ou talvez a tentativa de fugir para um mundo ilusório do qual ela não conseguirá mais sair.

O consulente espera ansiosamente uma "notícia". Porém, se de um lado gostaria de se manter informado, de outro não dá informações às pessoas próximas. Isso leva a uma situação curiosa na qual nem ele sabe o que se passa com os outros, nem os outros sabem o que se passa com ele.

Ele deve encerrar de vez essa brincadeira de esconde-esconde e estabelecer um contato verdadeiro com outras pessoas. Com o tempo, os hábitos ascéticos e até mesmo uma vida saudável levada ao extremo podem prejudicá-lo.

**貳陸玖** **Bem debaixo desta árvore [existe] uma ampla caverna. Quando [tu] finalmente estabeleceres ali [tua] moradia, a felicidade e a graça se somarão e se multiplicarão.** **269**

É bem conhecido o fato de que os homens primitivos viviam em cavernas — na África, na Europa e no leste da Ásia. No entanto, o ideograma chinês que significa "caverna" é idêntico ao do conceito de "ponto de acupuntura", o que complica a interpretação deste texto.

Aqui se recomenda ao consulente um retorno às suas raízes eternas. Então, a energia vital circulará pelo seu corpo, sem encontrar oposição considerável.

**貳柒零** **A cerimônia do arado, [celebrada pelo imperador no início da primavera, faz com que comece] o trabalho nos açudes e nos campos, [deixando] o corpo e a alma [dos camponeses] exaustos. [Quando] não [estiverem sujeitos] a restrição de qualquer espécie, [eles serão] felizes e bem-humorados.** **270**

No terceiro dia do ano-novo chinês, o imperador costumava celebrar um ritual de importância social e religiosa. Num jardim do palácio especialmente preparado para a cerimônia, ele fazia o primeiro sulco na terra com o arado. Esse gesto simbolizava o início do ciclo agrário e das atividades de seus súditos ligadas ao cultivo da terra.

O consulente não deve impor condições impraticáveis às pessoas que "dependem" dele direta ou indiretamente. Em vez disso, deve permitir que essas pessoas resolvam seus problemas, antes que ele tome qualquer providência. Regras inflexíveis acabariam causando uma rebelião.

## 271 **A desgraça surge quando os demônios [te] flagelam com doenças [e assim] se multiplicam. [Porém], a ovelha de ouro segue adiante em [seu] caminho, [livrando teu] corpo de seqüelas.** 贰柒壹

Este texto trata de uma "doença" grave que a pessoa contraiu ao ignorar ou interpretar mal os primeiros sintomas.

A ovelha* (que tem quase a mesma conotação simbólica da cabra) é o oitavo animal do zodíaco* chinês e representa espírito de aventura, capacidade de decisão e flexibilidade, mas também reverência filial, pois os cordeiros sempre ajoelham sobre as patas dianteiras ao sugar o leite da mãe.

Sem dúvida alguma, o consulente tem sorte. Mesmo em situações extremamente difíceis, nas quais se acha perdido, acaba encontrando uma saída. Porém, deve tomar cuidado para não esgotar suas forças físicas ou superestimar suas reservas de energia.

## 272 **Levanta-te para a marcha! De pé! Caminhando adiante, [vais] fazer um juramento com [teus] companheiros para amparar o império com base no esforço coletivo, [para que] nos [futuros] livros de história [te] caiba uma posição respeitável.** 贰柒贰

Este texto contém uma referência a um episódio do Sanguozhi Yanyi, ou *Epopéia dos Três* Impérios*, no qual Liu Pei, imperador da dinastia Han e soberano de Zhuge Liang, autor do Shen Shu, propõe-se a restaurar o império Han com base numa aliança entre vários soberanos, conhecida como "Juramento do Jardim de Pessegueiros".

O conselho implícito no texto consiste em se ocupar mais com a "política" ou dedicar-se a algum tipo de "causa social". Mesmo que o consulente se sinta inseguro ou sobrecarregado de responsabilidades, o oráculo lhe sugere uma atividade constante e uma aliança ou união com "amigos" verdadeiros, sem que o senso de justiça social seja substituído pelo egoísmo.

## 貳柒叁 273

**Em plena selva, [tu] enfrentas um tigre feroz. Bufando, o animal deixa seu esconderijo na montanha. Em posição ereta e em plena posse de [tuas] forças, por que deverias temer outras pessoas?**

Aqui se caracteriza uma pessoa que conseguiu enfrentar "perigos" de vários tipos. Ela se sente como um "herói", já que escapou ilesa mesmo nas situações mais perigosas.

O tigre* é o terceiro animal do zodíaco* chinês, conhecido especialmente por afugentar demônios. Por isso, até hoje os chineses têm o costume de, no ano-novo pendurar imagens de tigres nos umbrais da porta, para que a casa fique protegida, ao longo do ano, dos ataques do "mundo subterrâneo".

O consulente está preocupado com a possibilidade de ataques de uma ou várias pessoas que lhe são próximas. Na verdade, essas pessoas temem mais o consulente do que o consulente teme a elas. Elas conhecem a história do consulente, e talvez ele esteja tão preocupado justamente porque não conhece a delas. O oráculo lhe sugere que se liberte dos demônios interiores para enxergar claramente a situação e planejar cada passo, usando não só a razão mas também a intuição.

## 貳柒肆 274

**[Existem] Três Portões no Céu e Quatro Portões na Terra. [Tu deves] reunir, alinhar e compor [teu exército. Então], ao amanhecer [deves] reunir a infantaria e a cavalaria e fazê-las marchar na estrada a toda a pressa, avançando sob o rufar dos tambores.**

Para compreender este texto, o consulente teve de levar em conta que Zhuge Liang, o autor do Shen Shu, foi um dos mais importantes estrategistas militares da história chinesa. Sua inteligência e astúcia são enaltecidas em vários episódios do Sanguozhi Yanyi, ou *Epopéia dos Três* Impérios*, e em libretos de óperas populares chinesas. Dotado de espírito humanitário, malícia, inteligência, cultura e caráter supersticioso, Zhuge Liang apresenta tantas facetas diferentes (taoísta*, depois confucionista*, eremita e estadista, além de músico e inventor de armas de guerra), que às vezes nos perguntamos se poderia existir de fato uma pessoa com tantos atributos.

Este texto refere-se à cosmogonia chinesa, ou ciência da origem e criação do mundo, na qual os Três Portões do Céu representam as estratificações do cosmos exterior, ao passo que os Quatro Portões da Terra, cujas posições correspondem às dos quatro pontos cardeais, consistem num suporte para as estruturas terrenas.

Com certeza o consulente tomou a importante decisão de seguir um determinado rumo na vida. Ele deve seguir adiante por esse caminho. Porém, cada passo que vier a dar, por livre iniciativa ou por força de determinadas circunstâncias, deve ser planejado nos mínimos detalhes, ou pelo menos avaliado quanto às possíveis conseqüências. Segundo a sugestão do oráculo, a pessoa que não hesita em seus projetos está em situação vantajosa. Mas o texto trata também de um "jogo de poder" cujos detalhes o consulente deve examinar atentamente, mesmo que pareçam insignificantes. Essa foi a "receita de sucesso" de muitos generais e estrategistas militares da Antigüidade e dos tempos modernos.

## 275 **Uma montanha — e que montanha! Em seu cume erigiu-se um santuário que não se pode comparar às casas das pessoas [comuns; ele foi construído para] a eternidade, como as nuvens cinzentas lá no alto do céu.** 貳柒伍

Aqui se caracteriza uma pessoa que está em busca de um "retiro" espiritual, talvez numa comunidade ou num convento, ou que já não vive nesse tipo de "retiro".

Porém, ela ainda tem de se perguntar: ela tem realmente vocação para a "eternidade" ou "atemporalidade" mencionada no texto? Consegue realmente renunciar a todos os bens materiais e ao tempo, como símbolo da vida mundana?

O consulente deve se refugiar num "lugar elevado" para meditar sobre isso. Deve fazer o possível para ter o rosto voltado para o sul*, para que assim seu coração, morada da alegria e do prazer, mas também do amor desinteressado pelo próximo, consiga afastar os conflitos interiores.

贰柒陆 **Não existe um fim para o vaivém [da alma: ela] chega com o tempo e se vai com ele. [Tanto faz se tu] viajas por terra ou por mar: não [te] caberá nenhuma recompensa! [Pois] não planejaste nem a felicidade, nem a desgraça.** 276

Aqui se caracteriza uma pessoa que já deveria ter amadurecido, aprendendo com as lições da vida. Se isso não acontecer em breve, ela corre o risco de perder o rumo.

Enquanto colocava em prática seus projetos, essa pessoa tomou uma decisão errada que a prejudica até hoje, pois agiu com ingenuidade e excesso de otimismo, sem avaliar as conseqüências de seus atos.

O consulente deve se mostrar mais cauteloso no futuro. Deve desistir de construir "castelos de areia", pois seus esforços estarão condenados ao fracasso. É aconselhável uma atitude mais realista.

贰柒柒 **Um menino cresceu às margens de um rio, [mas] com o tempo ele se aproximou do fogo e [assim] tenta construir [sua] felicidade. Não deves ficar angustiado, pensando em como satisfazer o coração dos homens.** 277

Aqui se trata de uma pessoa que viveu uma "infância feliz", mas que nas atuais circunstâncias se sente insegura a ponto de duvidar de si mesma, consumindo energias e a própria personalidade num eterno questionamento de seus atos.

O consulente tem de compreender que certos bloqueios interiores que acabaram se perpetuando têm de ser eliminados. Se ele fizer essa "reforma íntima", poderá se relacionar melhor consigo mesmo e com o mundo exterior.

贰柒捌 **Em meio à escuridão da noite não [podes] continuar [tua] viagem. Tens de apressar[-te] para não perder um encontro marcado. Conserva claramente em [tua] memória que tens de fazer uma aliança.** 278

Aqui, o consulente se encontra diante de um desafio. Ele tem de levar a cabo uma tarefa que lhe foi proposta e que ele aceitou, mesmo contra sua vontade ou apesar de suas convicções.

Ele deve aceitar o fato de que não pode fugir dos compromissos assumidos. Se se tratar de uma sociedade ou parceria, será preciso ainda mais cautela, pois a outra pessoa não se contentará com "desculpas esfarrapadas".

## 279 **Um dragão adormecido veio ao mundo. [Quando] a cabeça, os chifres e a face estiverem formados, as nuvens se acumularão e [farão] cair pancadas de chuva [que] beneficiarão [todos] os seres vivos.** 贰柒玖

Este texto contém uma referência a Zhuge Liang, autor do Shen Shu (ver Apêndice), pois seu nome esotérico era "Dragão* Adormecido".

Na verdade, o consulente poderia demonstrar mais autoconfiança, mas por algum motivo não está convencido de suas capacidades. Talvez esteja esperando uma condecoração, um diploma, um contrato ou alguma outra prova material de suas qualidades.

Ele tem de aprender a ter mais paciência. Aquilo que procura não está tão longe quanto teme, nem tão perto quanto as aparências o levam a crer.

## 280 **Um incêndio violento ensombreou o céu [até] o horizonte ficar inteiramente vermelho. [Porém, tu encontras] nas proximidades uma fonte de água. [Poderias] usar boa parte dela para apagar o fogo.** 贰捌零

Aqui se trata de uma pessoa que sofreu um infortúnio. Pode ter acontecido uma catástrofe como o incêndio mencionado no texto, mas é mais provável que o "incêndio" seja metafórico.

Apesar disso, o consulente tem recursos à sua disposição para evitar o pior; para isso basta uma atitude de comprometimento e abnegação da qual ele ainda não se mostrou capaz.

Assim, o consulente tem de começar por si mesmo. Dentro dele existe um "fogo abrasador" que é preciso apagar: ambições e desejos, ou talvez algum tipo de vício. Se ele conseguir pôr sua própria vida em ordem, certamente terá mais condições de ajudar outras pessoas.

## 贰捌壹 Ao sul há uma estrada larga. Monta a cavalo e parte para Hengcheng. [Tu] não sabes o que cantam os habitantes de Wu, mesmo assim [ouves] uma estrofe conhecida. 281

Na China antiga, o "sul" era definido como a região ao redor das atuais cidades de Hang-tcheu e Su-tcheu, no distrito de Hengcheng. Sua animada vida social, comercial e artística, a cultura urbana sofisticada e as condições climáticas favoráveis tanto encantavam os chineses do norte ou do oeste que viajavam para a região que um provérbio se tornou comum: "Hang-tcheu e Su-tcheu são, na Terra, o mesmo que o paraíso no céu."

Os viajantes, porém, deparavam-se ali com um dialeto quase incompreensível no qual evidentemente eram compostas as canções populares.

O consulente pode ter certeza de que vai encontrar uma pessoa capaz de ajudá-lo a compreender melhor o assunto que hoje monopoliza suas atenções. Com a ajuda dessa pessoa, conseguirá entender aos poucos aquilo que ainda não conhece, ou que lhe parece estranho.

## 贰捌贰 Perto do dique, há um campo aberto que pode ser cultivado sem dificuldade. Colher e caçar sem esforço, isso [podes] ter em abundância nas [terras] da região oeste. 282

O consulente está diante de um dilema em sua vida profissional: pode optar por uma vida sedentária ou outra na qual tenha de viajar ou se deslocar com freqüência. Evidentemente, cada opção tem implicações diferentes. O consulente se encontra numa situação decisiva, mas não tem noção das possíveis conseqüências da sua decisão.

O fato de que as duas possibilidades mencionadas no texto pressagiam resultados positivos deve dar o que pensar. O presságio não seria favorável demais? Não seria arriscado confiar apenas na sorte? O consulente deve consultar o oráculo regularmente. Uma consulta ao I Ching* também pode ser útil no futuro.

## 283 [Por favor], não rejeites esta criança só porque ela não tem lábios. A doença segue seu curso e não pode [ser] detida. A criança entrou numa toca de macacos gibão. Assim, em vão [teu] cão de caça procura por [ela]. 贰捌叁

Este texto provavelmente se refere a uma criança que sofre de lepra. Até o início do século XX, a lepra era bastante comum na China. Uma vez que a doença era considerada incurável e todos temiam um possível contágio, suas vítimas eram exiladas em regiões desertas, assim como acontecia na Europa da Idade Média.

Aqui, o consulente se preocupa com uma pessoa conhecida, pois ouviu comentários de que ela não está bem. Os sentimentos do consulente com relação a isso são verdadeiros, mas ele não consegue encontrar a pessoa em questão, pois ela se retirou para junto de outras que passam pelas mesmas circunstâncias ou atravessam as mesmas dificuldades. Essa situação é representada simbolicamente pelos macacos*, que, tal como a criança mencionada no texto, têm aspecto "humano", mas não têm lábios.

Talvez o consulente fizesse melhor desistindo de sua busca, já que não tem condições de encontrar a tal pessoa. Se isso não for possível, deve ter cautela nas atuais circunstâncias. São recomendáveis consultas regulares ao oráculo.

## 284. Seis búfalos arrastam o arado e a terra virgem é conquistada sem demora. Depois da colheita, os celeiros ficam repletos. Assim como os armazéns [públicos! Há] muita fartura! 贰捌肆

Na Antigüidade, a China era uma sociedade agrária. Até hoje, uma grande parcela da população vive direta ou indiretamente da agricultura. As terras cultiváveis eram ampliadas pelo desmatamento de florestas, pela drenagem de charcos ou pela construção de diques em rios.

Os búfalos, assim como outras espécies de gado, eram utilizados principalmente como animais de tração, isto é, animais atrelados a um arado ou carroça. Raramente serviam para a produção de leite. Em certas épocas, imperadores da China e do Japão influenciados pelo budismo* chegaram a proibir o consumo de carne bovina com leis draconianas, já que o boi era considerado um animal sagrado na Índia, país de onde se originou essa religião. O búfalo ou boi* é o segundo animal do zodíaco* chinês, associado às qualidades de força e perseverança, mas também de bondade e desprendimento.

O consulente se encontra em situação invejável. Tudo parece correr de acordo com seus desejos, pois ele recebe a ajuda de muitas pessoas. Se a sua pergunta diz respeito a um negócio ou assunto profissional, ele pode ter certeza de que esse assunto será concluído de maneira satisfatória para todos os interessados.

## 貳捌伍 285

**[Tu deverias] subir mais alto, com força de vontade suprema, em vez de ficares preso [à tua] aldeia natal. De manhã cedo, sete ou oito generais se põem em marcha para disputar [suas batalhas] em terreno arenoso.**

Aqui se trata de uma pessoa que não consegue se desfazer dos "laços familiares", embora tenha outros projetos na vida. A médio e longo prazo, isso pode prejudicá-la.

O consulente se vê diante do desafio de enfrentar concretamente seus problemas, em vez de se esconder no "território protegido da família e do lar", já que em breve sete "generais", oito incluindo o consulente, vão se dirigir a um "campo de batalha" para resolver conflitos e esclarecer pendências.

Talvez não se trate de uma luta real pelo poder — nesse caso, esse texto deve ser interpretado simbolicamente. Porém, pode ser que o consulente tenha que discutir com outras pessoas para impor seus pontos de vista.

## 貳捌陸 286

**Assim como as flores, em seu esplendor suntuoso, voltam-se para o Sol, [tu deves] aliviar teu coração num desabafo profundo e sincero. [Então se] abrirá [para ti] uma casa ampla, de vários andares, [e gozarás] alegria, felicidade e a mais profunda paz.**

Este texto sugere que o consulente sente grande necessidade de se abrir com uma pessoa de confiança, talvez até com a pessoa amada, num "desabafo profundo e sincero". A oportunidade parece favorável e ele não deve desperdiçá-la.

Se fizer isso, terá boas perspectivas no futuro. Seu bem-estar parece depender apenas de sua sinceridade.

## 287 **Em termos esotéricos, o que possuem realmente as pessoas que não conhecem os Imortais? [Aquele que] atravessou uma vez o Portão das Sombras [poderá tirar] vantagens cada vez maiores desse fato.** 贰捌柒

Para os taoístas* da China antiga, a imortalidade* era a meta suprema que uma pessoa podia atingir. Mas a imortalidade que buscavam não era a do corpo, e sim a da alma. Com exercícios físicos e práticas espirituais como a meditação, aliados a uma alimentação austera e rituais monásticos realizados em grupo, eles tentavam "congregar" os diferentes aspectos da alma, para que esta, depois da morte do corpo, permanecesse uma unidade.

Um ritual importante, que representava uma espécie de iniciação para todos os noviços depois do primeiro ano de permanência no mosteiro, consistia em atravessar o "Portão das Sombras" ("Xuanmen" em chinês). Com os olhos vendados, os noviços eram expostos aos mais diferentes perigos: enfrentar o fogo ou a água, terrenos íngremes, grandes alturas ou cavernas estreitas, claustrofóbicas.

O consulente está diante de uma prova. Quer vencê-la, mas não sabe exatamente como. Porém, o oráculo é enfático: se ele superar a prova decisiva, terá condições de realizar todos os seus projetos.

## 288 **Não venhas agora dizer que essa estrofe é profunda! Uma pessoa mergulhada na lama não [consegue distinguir] com clareza toda a verdade. [Só depois de] descobrir e compreender inúmeros mistérios e segredos, conhecerás o mais alto espírito do Tao dos Imortais.** 贰捌捌

Aqui se trata de uma pessoa que se meteu em grandes dificuldades, a ponto de não conseguir mais avaliar sua situação com clareza. Os conselhos que lhe dão, e até a mensagem do oráculo que acabou de consultar, parecem-lhe muito inflexíveis. Ela tem uma imagem idealizada de si mesma e pretende conservá-la a qualquer preço.

O consulente ainda tem um longo caminho a percorrer antes de conquistar um conhecimento mais profundo, capaz de nortear a sua vida. A consecução desse objetivo é possível, mas tudo depende de seu esforço e dedicação. Na China antiga, o caminho de um Imortal* era a opção espiritual mais difícil, que exigia a entrega total do iniciado. Não se fala aqui de imortalidade física, mas de harmonizar os diferentes aspectos da alma, sobretudo a "alma animal" e a "alma espiritual" ("Hun" e "Po" em chinês), numa unidade imortal. Para isso, eram necessários exercícios físicos e a prática de meditação, uma alimentação austera e rituais monásticos realizados em grupo.

Segundo o conselho do oráculo, o consulente deve afastar todas as idéias e concepções ligadas ao passado e voltar sua atenção para um novo horizonte da consciência, até então desconhecido. Nesse difícil empreendimento, uma consulta genérica ao I Ching* pode ser útil.

## 贰捌玖 — 289

**Embora [tu desfrutes] de glória e honrarias, que benefícios eles trazem à [tua] vida? Procura a segurança e a perfeição na verdadeira [doutrina], pois o espírito que bebeu da verdade não se desvanece em mil anos de eterna primavera.**

Hoje em dia, há quem tenha muitas posses, beirando até ao exagero. Porém, essa abundância não traz nenhum benefício para outras pessoas. Muitos bens ficam abandonados e sem uso.

O consulente vive bem, melhor do que permitem suas condições financeiras. Talvez tenha passatempos, mas nenhum preenche sua alma. Contra isso se opõe a busca da verdade, que ainda não tem contornos claros em seu íntimo.

O oráculo afirma que ele tem de procurar e alcançar um ensinamento espiritual que o prepare para enfrentar obstáculos de natureza interior e exterior.

## 贰玖零 — 290

**Correndo, correndo sem parar, [tu] encontras um cão. Um raciocínio rápido pode [te] conduzir à vida eterna.**

Segundo as tradições da China central, um cão* — décimo primeiro animal do zodíaco* chinês —, costumava ser sacrificado quando morria uma pessoa, provavelmente por causa de seu faro e audição aguçados, que serviriam para guiar a alma do morto em sua viagem para o além. No túmulo dos nobres, cães sacrificados de acordo com certos rituais eram depositados em urnas de barro ou recipientes de bronze.

Na China, o cão é ao mesmo tempo um animal apreciado e subestimado. Os chineses o amam, mas têm o hábito de até comer a sua carne. Por suas propriedades fortificantes e afrodisíacas, a carne de cachorro é a mais apreciada, depois da carne de pato e de porco*. Chega a ser até mais popular que a carne de frango.

Segundo a imagem que a maioria das pessoas faz desse animal, o cão doméstico reage de maneira espontânea e direta, defendendo o dono que o alimenta, mais do que suas posses. Além disso, o cão pressente o perigo. O oráculo sugere ao consulente que procure aliança ou associação com uma pessoa atenta e corajosa.

## 291 贰玖壹

**[Tu] não sabes inspirar e expirar corretamente. A respiração tem de partir da terra [em direção a ti]. Quer a Lua esteja crescendo ou minguando, não deves deixar aberto o portão do palácio.**

Na China antiga, a técnica de respiração conhecida como Qigong, praticada especialmente pelos taoístas* e fundamentada na doutrina do Yin* e Yang*, fazia com que o praticante se concentrasse nas forças telúricas para transformá-las em energias cósmicas.

A tarefa que o consulente tem diante de si não é fácil, pois que de um lado seus desejos e sentimentos estão presos à terra, mas, por outro lado, ele tem consciência de que precisa se libertar deles para que possa evoluir.

Ele tem de se abrir para a dimensão espiritual, mas manter certa cautela no relacionamento com as pessoas próximas. O oráculo sugere que existe uma pessoa nas proximidades, interessada em prejudicá-lo. Por isso não convém que ele revele aos outros seu mundo interior, mesmo que isso lhe faça angariar a fama de pessoa "fechada", introvertida ou esquisita.

## 292 贰玖贰

**[Se] em algum lugar o fogo arde, nem por isso deves exaurir suas forças. [Se houver] uma inundação em algum**

**lugar, não deves agir com desatino. Convém analisar com inteligência [como tua] origem materna [pôde] causar a desgraça de outra pessoa.**

Aqui se caracteriza uma pessoa que passa por um período no qual uma "catástrofe" se segue à outra, sem que ela possa ficar tranqüila. Há pouco tempo ela se esforçou muito e foi reconhecida por esse motivo, mas diante de outra situação de emergência, ela se sente "à beira da loucura".

Antes de mais nada, aconselha-se ao consulente que se acalme. Se ele agir muito depressa, essa precipitação acabará malogrando seus esforços. Se refletir sobre a pergunta que fez antes de empreender alguma coisa, compreenderá os motivos antigos e profundamente arraigados que causaram os problemas que vive no presente. Com base nessa reflexão, ele poderá tomar decisões quanto ao seu futuro.

贰玖叁 **Gansos selvagens circundam um lago, que visitam [em revoada]. Se a terra [ao redor] estiver irrigada, eles continuam a voar por sobre a terra seca. [Se tiveres] servido ao Estado com punho firme, [deves] retornar de madrugada.** 293

Na China antiga, os gansos* selvagens, entre todas as aves de arribação, eram conhecidos como os mensageiros mais pontuais da primavera, como dizem ainda hoje os provérbios populares. Por motivos compreensíveis, eles temem e respeitam os homens. Quando começa o trabalho de irrigação dos campos e dos jardins, continuam seu vôo, mesmo sobre vastas regiões secas.

O consulente deve saber que esses pássaros, para onde quer que voem, são seguidos pela monção do Pacífico, úmida e quente. Ele também tem de algo com eles: no momento certo, procurar a companhia de amigos verdadeiros protegendo-se do "olhar invejoso" das pessoas ao redor, para assim poder agir de forma mais eficaz.

贰玖肆 **No alto do céu forma-se uma tempestade, [enquanto] o Sol brilha no horizonte. [Quando] a Lua [estiver em] sua posição mais alta, os ventos aclaram o dia e ambos os [corpos celestes] se colocam harmoniosamente um diante do outro.** 294

Aqui se trata de uma pessoa cuja cabeça está "quente". Ela reflete muito, mas de maneira inadequada à sua situação. Acaba desenvolvendo uma arrogância intelectual com relação às circunstâncias da sua vida e procura o isolamento, recusando-se a estabelecer contato com as pessoas próximas.

O oráculo aconselha o consulente a analisar e esclarecer seus sentimentos. Em princípio, ele está certo em seus julgamentos apressados sobre as pessoas próximas. Quando encontrar o momento certo para uma ação enérgica, orientada para um fim preciso, o mundo "cairá aos seus pés".

Será que o leitor deve pedir conselho a um psicólogo? — Tendo em vista a necessidade que tem de preservar sua liberdade individual, que parece tão ampla, a resposta a essa pergunta deve ficar a seu critério.

## 295 **As folhas voltaram-se para suas raízes, numa superfície tão ampla como o céu e a Terra. A água clara da fonte desemboca em rios e mares. A pessoa que se apoderou da pílula dourada [vai] viver muito tempo nas margens arenosas do rio.** 贰玖伍

Aqui, uma pessoa se esforçou muito para voltar às suas origens. Porém, ainda não conseguiu atingir o objetivo, talvez porque quisesse abarcar coisas demais de uma só vez.

O oráculo aconselha o consulente a seguir o exemplo da água, que vence obstáculos intransponíveis ao contorná-los. A água sempre encontra caminhos por onde passar, seja criando-os ou usando os já existentes.

O consulente tem de se aprofundar nas verdades eternas, talvez lendo textos sagrados ou dedicando-se a práticas espirituais. Os segredos em torno da "pílula dourada"*, que confere imortalidade, só podem ser desvendados por meio do "caminho interior da modéstia".

## 296 **Monta [depressa] o cavalo e parte para Chang'an, [para] admirar as muitas flores que já desabrocharam. Pois num dia [não muito distante] cairão chuvas que porão fim à profusão de cores.** 贰玖陆

A cidade de Chang'an, situada nas proximidades da atual metrópole Xian, era a Atenas da China antiga. Todos os chineses dos tempos antigos sonhavam em visitar essa metrópole uma vez na vida. Ela era conhecida por seus parques arborizados e pela fervilhante vida cultural.

O consulente tem de se apressar. O oráculo sugere que o "encanto" do lugar que ele pretende visitar provavelmente não vai durar muito. Também pode ser uma indicação de que ele se ilude sobre sua situação atual e sobre as perspectivas para o futuro.

## 贰玖柒 297

**As árvores germinam na primavera, [embora] suas raízes e galhos sejam antigos. Nozes e frutas amadurecem no terceiro mês do outono, quando os ramos e as folhas murcham e secam. Se eles não secassem, [tu] nunca verias as raízes fortes.**

Aqui se descreve uma pessoa que não sabe exatamente como interpretar os sinais do tempo. Ela se sente paralisada no "outono"*, por causa da aparente decadência dos seres vivos, mas não percebe que seu tempo é a "primavera"*.

O consulente deve procurar suas raízes e sua origem.

O oráculo garante que não há nada melhor a fazer. Ninguém pode lhe dizer como se comportar, pois o leitor está preso às suas origens, e não o contrário.

## 贰玖捌 298

**Mas que caminho é o Tao, que caminho! Em breve o céu vai se iluminar! Por que [tu] não desanuvias teu semblante e desfranzes a testa? [Se] não fizeres [isso], depois de velho ficarás parecido com um [crisântemo] Pankao.**

O crisântemo* "Pankao" mencionado neste texto (cujo nome científico é *chrysanthemum ragosum max.*) era uma flor que antigos chineses odiavam. Era considerado de mau agouro encontrá-lo e reconhecê-lo, por causa de sua coloração branca no centro e preta na extremidade das pétalas.

O consulente se alegra desde já com um "acontecimento festivo" que satisfará o maior desejo de seu coração: o reconhecimento social. Porém, o oráculo anuncia que esse reconhecimento lhe será negado.

Antes de mais nada, ele deve tentar se descontrair, esquecendo todos os detalhes referentes à sua pergunta para refletir sobre ela mais tarde, com a mente desanuviada. Seria recomendável uma consulta ao oráculo com base em perguntas objetivas.

## 299 **A pílula de ervas é [feita de matéria-prima] autêntica, mas ela não cura [imediatamente]. [Pois somente] depois de três doses as [correntes] superiores e inferiores [de energia] se separam. No espírito, está o espírito! Na claridade, está a claridade! [Se tu] seguires firmemente essas regras, viverás até idade muito avançada.** 貳玖玖

Aqui se caracteriza uma pessoa que está "doente" e segue um tratamento. Embora haja indícios de que a doença seja de origem física, a possibilidade de que se manifestem sintomas psicológicos ou psicossomáticos não está excluída.

No que diz respeito à cura, o consulente é muito impaciente. Não consegue esperar que os "medicamentos" façam efeito, e essa impaciência prejudica o processo de cura.

O oráculo sugere ao leitor que sua saúde só vai melhorar quando ele se voltar para objetivos espirituais mais elevados, subjugando, dessa forma seus instintos mais baixos. Então, ainda terá muito a esperar da vida.

## 300 **Os Três Céus estão estreitamente ligados aos espíritos da Terra, e [tu] conheces os nomes dos Quatro Oceanos sem exceção. [Se] incitares [teu] magnífico cavalo, [vais] penetrar no Palácio do Céu.** 叁零零

Segundo antigas concepções chinesas, os espíritos da Terra têm ligação estreita com as hierarquias cósmicas e universais, de cuja substância espiritual são feitos e cujas emanações os alimentam.

O consulente já "correu o mundo", mas até hoje se ocupou muito pouco dos assuntos espirituais. O cavalo* magnífico é possivelmente um parceiro feminino com a qual ele pode alcançar objetivos elevados, mas pode significar também ferramentas de trabalho eficazes que estão sempre ao seu alcance.

O leitor não deve hesitar em dar início a seus projetos. O momento é favorável para isso, e pode ser que ele não tenha outra chance tão cedo.

叁零壹 **Nos momentos de ócio [tu] chegaste à morada do filho do céu. Por acaso encontraste [ali] uma pessoa com cabelos de grou e rosto juvenil e sorridente, que vive sua [segunda] primavera.** 301

Aqui se caracteriza uma pessoa que tem projetos ambiciosos e está empenhada em concretizá-los. Ela chegou, quase sem querer, ao Palácio Imperial, que significa uma instituição social importante.

Ali o consulente conheceu uma pessoa mais velha e grisalha, cuja alma continua jovem apesar da idade cronológica. Ele deve seguir seus conselhos, já que o grou* era considerado na China antiga um símbolo da relação entre pai e filho, ou da relação entre uma pessoa jovem e outra mais velha.

叁零贰 **Entre nuvens tranqüilas flutua um grou, [e tu] o vês voar para o leste. Somente nas aldeias existem pessoas que entendem de fato seus sons. No segundo ou terceiro mês de primavera, depois de planos concretos, as ruas estão em festa, enfeitadas com lamparinas acesas. [Tu] segues adiante [envolto] em tecidos bordados.** 302

Para os antigos chineses, o grou* era considerado um dos muitos símbolos da longevidade, mas também representava a comunicação com mundos superiores. Evidentemente, só pode compreendê-lo uma pessoa que viva em ligação estreita com a natureza.

O oráculo sugere que o consulente estará em situação melhor no começo do próximo "ciclo agrário". Talvez seja então convidado para uma grande "festa", que pode ser sua própria festa.

叁零叁 **A água do deserto tem gosto ruim, [enquanto] a água de Shu é maravilhosamente cristalina. O rio Amarelo está cheio e [há] fumaça e poeira em todas as quatro direções da Terra.** 303

Depois de aceitar um posto de comando na corte do último sucessor da dinastia Han, o autor do Shen Shu concebeu o plano de construir uma nova dinastia na atual província de Sichuan, na parte ocidental da China central: a região de Shu. Porém, embora esse projeto tenha fracassado, a fama heróica de Zhuge Liang não empalideceu até hoje.

Fumaça e poeira simbolizam coisas efêmeras. O consulente deve se esforçar para resolver seus assuntos, assumindo a atitude dos engenheiros hidráulicos da Antigüidade chinesa. Esses homens eram encarregados da construção de diques e de sistemas de irrigação e respondiam por seu trabalho com a própria vida.

O consulente não pode se permitir nenhum erro cometido por imprudência. Recomenda-se que consulte o oráculo a intervalos regulares, para inteirar-se a respeito de qualquer detalhe, mesmo que pareçam insignificantes.

## 304. **[Quando] o Dragão Adormecido enfrenta situações difíceis, uma após a outra, não se dá conta [das] nuvens que [se] acumulam. [Se ele] erguer o olhar e vir os aglomerados de nuvens nas quatro direções [dos pontos cardeais, vai] chegar voando ao Palácio Celestial.** 叁零肆

Aqui, o autor do Shen Shu alude a si mesmo, pois Zhuge Liang era conhecido pelo nome esotérico de Dragão* Adormecido. Sobre ele também se dizia que tinha poderes mágicos e era capaz de mudar o clima.

O texto acima é positivo. O consulente se sente inseguro interiormente, mas não tem razão para isso. O assunto que o levou a consultar o oráculo terá resultados positivos.

Porém, ele deve refletir seriamente sobre conceitos como tempo e "clima". Se estiver diante de uma situação decisiva, deve esperar pelo momento mais apropriado, sem perder de vista o "clima" ou as "variações do ambiente". Só com uma visão mais abrangente das realidades que o circundam ele poderá vencer as dificuldades da vida e alcançar objetivos a longo prazo.

## 305 **Esta região é fértil e bela, [porém], sua beleza luxuriante não vai durar muito tempo. Por que rir e tagarelar como a** 叁零伍

**primavera encantadora? [Se] a bondade sucumbir a leste, [precisas] depressa mudar para oeste.**

Aqui se trata de uma pessoa que se julga consideravelmente protegida. Porém, o oráculo anuncia que sua ilusão de uma vida tranqüila e satisfeita vai terminar em breve por causa de "mudanças sociais e políticas".

O consulente deve agir como se nada de ruim fosse acontecer, como se tudo estivesse indo bem. Interiormente, no entanto, e na companhia de amigos, deve se preparar para tempos difíceis. Ele talvez "mude de endereço" ou seja transferido para uma "região" distante que ainda não conhece. Também não está excluída a possibilidade de uma nova carreira profissional.

## 叁零陆 306

**Neste lugar se encontra um Pequeno Homem. Não pares nem por um segundo [perto dele]! Afasta-te depressa deste lugar! Parte em viagem no melhor [momento, quando] Sol e Lua se movimentam [no céu]! Não te demores!**

Aqui se alude à diferença entre o Pequeno Homem e o Grande Homem, mencionada no I Ching*. O primeiro é um súdito e o segundo é um soberano. Nas duas principais correntes filosóficas chinesas, o taoísmo* e o confucionismo*, essas duas condições humanas eram interpretadas de maneira distinta. Enquanto o taoísta podia ser súdito e ao mesmo tempo soberano, independentemente de sua verdadeira condição social, o confucionista reivindicava o poder social como condição necessária para exercer uma influência favorável sobre as massas e ter uma sociedade harmoniosa de acordo com os ideais confucionistas.

Por algum motivo, o consulente se sente atraído por uma pessoa próxima. Talvez seja uma atração erótica, ou o fascínio causado pela segurança aparente ou fictícia dessa pessoa.

O oráculo recomenda ao consulente que se afaste desse "lugar" o mais depressa possível. Mas isso implica também que ele se liberte de seus medos existenciais mesquinhos. Decisões importantes devem ser tomadas só durante o último quarto minguante ou o primeiro quarto crescente da Lua, porque então, como diz o texto, "Sol"* e "Lua"* serão visíveis no céu.

## 307 [Quando] crescerem chifres na cabeça do dragão, vai cair uma chuva refrescante, cairá às seis, sete e oito horas da manhã, beneficiando [assim] todos os seres vivos. 叁零柒

Animal heráldico do império chinês, o dragão* é a criatura mais importante e complexa do panteão da China antiga. Sempre é representado com um, dois ou três chifres na cabeça. Quanto mais crescem os chifres, mais cresce seu poder. Ao contrário do Ocidente, onde essa criatura simboliza o "mal" por excelência, na China o dragão é considerado uma divindade benfazeja e amiga dos homens, pois governa a região leste, de onde as monções do Pacífico trazem para o continente o clima úmido e quente.

O consulente está em compasso de espera. Trabalhou pelo menos um "ano" preparando algum projeto. O oráculo lhe diz que só poderá colher e aproveitar os frutos de seu trabalho quando garantir o futuro de cada pessoa próxima que dependa dele. Então, o dragão* vai ajudá-lo, seja por meio da "chuva" abundante, seja por meio de "recursos do Estado".

## 308 [Enquanto] o Sol brilha a sudoeste, o dragão e a cobra travam uma luta feroz. O dragão voa para o alto, em direção ao céu, a cobra afunda sob a maldição da morte. 叁零捌

Aqui se descreve uma situação na qual a bondade do dragão* entra em conflito com a astúcia da cobra*. Ambos são animais do zodíaco* chinês (o quinto e o sexto respectivamente), sendo que o dragão tem mais poder — mas só quando consegue se manter longe da cobra.

O consulente está em situação crítica, na qual teme por sua vida. Os perigos diante dele, que às vezes parecem ilusórios, não podem ser superados facilmente. Provavelmente, alguém conspira contra ele, sem que ele suspeite disso. Caso ainda não tenha acontecido, haverá em breve uma discussão para pôr tudo em pratos limpos.

O consulente deve se conscientizar de que só vencerá essa batalha se lutar por seus direitos por meios "lícitos", pois o adversário tem mais experiência no uso de métodos escusos.

## 叁零玖 309

**[Se quiseres] plantar árvores para [teus] descendentes, precisas esperar pela primavera, [quando] o vento leste sopra com mais suavidade e as flores que margeiam o caminho já desabrocharam.**

Aqui se trata de uma pessoa que tenta realizar muitos empreendimentos num momento inoportuno. Quer deixar para seus "filhos" e "netos" algo valioso, acha que não terá tempo suficiente para isso.

O consulente tem de realizar seus intentos com mais tranqüilidade. Precisa avaliar e esperar o momento certo para empreender cada uma de suas ações. De acordo com o oráculo, se tratar de seus assuntos precipitadamente, não serão bons os resultados.

## 叁壹零 310

**[Os] quarenta anos que [te] restam [vão] transcorrer em profunda amargura, mas hoje ainda vives com paz e alegria. [Para ti] não é possível a afeição recíproca, [embora] ainda [te] alegres muito com os acontecimentos. [Embora te] queixes da tua juventude, [teu] vigor não diminui.**

Aqui se trata de uma pessoa "jovem", que parece ter uma vida boa e até agora não enfrentou situações difíceis. Seu erro é confiar em sua sorte, como se ela fosse uma fonte inesgotável.

O consulente deve se preparar psicológica e espiritualmente para passar por um revés. Ele deve se preparar para o desconhecido, pisar em terra virgem e dispor-se a aceitar tudo o que for diferente. Só assim conseguirá superar os tempos difíceis que o esperam, para no final se sentir mais jovem e mais sábio do que antes.

## 叁壹壹 311

**Depois de três invernos, [apresentaste] um trabalho literário perfeito. Dominaste o reino mental [para te] converteres em luz. Reflete rápido, fazendo uma retrospectiva. Não [vais] perder de vista a viagem que tens pela frente.**

Aqui, uma pessoa trabalhou arduamente por muito tempo. Conseguiu produzir algo de valor a partir de materiais que outros já teriam descartado há muito tempo. Talvez esse trabalho seja produto de inspirações repentinas, talvez ele tenha atingido a iluminação.

Porém, o consulente não deve ficar cheio de si. Convém meditar sobre as experiências por que passou na juventude, quando sua posição social era relativamente "modesta". Ele não deve acreditar que chegou aonde queria por um passe de mágica.

São recomendáveis consultas regulares ao oráculo, assim como uma consulta genérica ao I Ching*.

---

**312** **Curioso, muito curioso! Esse estrangeiro já esteve aqui antes, e hoje ei-lo de novo! Se [tu] agires com cautela, não há porque temer que esse estranho vá te causar algum mal.** 叁壹贰

Como todas as civilizações avançadas da Antigüidade, a China era assaltada periodicamente por invasões de povos estrangeiros. Por isso, a sociedade chinesa valoriza até hoje o culto aos antepassados* e a reverência a valores como raça, clã e descendência, que o povo manteve intactos ao longo de milênios.

Os estrangeiros ou pessoas "de fora" (isto é, que não pertenciam à dinastia Han, que dominava o império) eram discriminados naquela época e até hoje, em função de sua raça, idioma, cor da pele, costumes, fé religiosa e convicção política. Só eram tolerados quando seguiam as regras aceitas pela maioria da população.

Aparentemente, o consulente não pertence a essa maioria. Vive um pouco à margem dos acontecimentos sociais, e de alguma forma se conformou com isso. Mesmo quando algo lhe parece desconhecido, tenta entrar num acordo rapidamente.

Mais cautela e menos confiança cega seriam aconselháveis, pois os "adversários" do consulente, que ele talvez não conheça ainda, não se intimidam diante de nada.

---

**313** **[Quando], arando a terra, [te] inclinas humildemente sobre os sulcos, observas [como] a terra é ferida sem dó. Senta[-te] no chão e contempla o que [vais] receber em espigas de milho, arroz e sorgo!** 叁壹叁

Aqui, uma pessoa não tem critérios bem definidos na vida. Seria errado superestimar a si mesmo e a própria existência. Sua sina é a terra e o trabalho "terreno" associado a ela.

Certamente, o consulente se encontra em situação decisiva. Como os animais que pastam, ele tem de olhar para baixo, para a terra. Somente assim pode ter certeza de que vai colher aquilo que semeou.

叁壹肆 **Da cintura para baixo estás cheio de lentilhas-d'água, [e assim] penetras no átrio imperial adornado com sinos dourados. Vigia mais uma vez as Três Montanhas, [para seres contemplado com] mil sinos e com cem barras de ouro.** 314

Aqui, uma pessoa teve de enfrentar muitas contrariedades para entrar na "corte de um soberano". Atravessou pântanos, literais ou metafóricos, e lutou para esclarecer de uma vez por todas assuntos que antes considerava vis e desprezíveis. Apesar de todas as resistências, concluiu sua tarefa e chegou ao fim almejado.

No entanto, imediatamente surge um novo encargo que exige ainda mais dela. A recompensa por esse trabalho perigoso, mas necessário e justificável do ponto de vista moral, ultrapassa todas as que ela já recebeu, mas ela se sente apreensiva a respeito das possíveis conseqüências.

O consulente deve enfrentar os desafios que se apresentarem. Assim como as centenas de lentilhas-d'água que aderem ao seu corpo enquanto atravessa os pântanos, da próxima vez o leitor vai se ver cercado de sucesso.

叁壹伍 **[Assim que] o filhote de pássaro aprende a voar, ele voa até um platô. [Quando] o dragão [confere] força espiritual a seus dentes e garras, eles se transformam em ilhas marítimas.** 315

Aqui menciona-se uma pessoa que há pouco tempo se tornou independente ou emancipada e se alegra com isso. Pode se tratar de um rapaz ou de uma moça que tenha atingido a maioridade e que tenha chegado ou cujo erotismo chegou à maturidade sexual. Também é possível que o oráculo se refira a alguém que somente em idade mais avançada descobriu sua liberdade e procura aproveitá-la.

Na medicina tradicional chinesa, os dentes e as garras de dragão* são fósseis de dinossauro considerados até hoje remédios naturais que as pessoas mais velhas costumam usar contra distúrbios do sono e para prolongar a vida. Este texto faz referência a um saber primitivo sobre geologia que os chineses preservam até os dias de hoje. A referência ao surgimento de ilhas decerto também lembra fenômenos geológicos.

Sem dúvida, o consulente se encontra em curso ascendente. Pode se permitir — ou se permite pela primeira vez na vida — estabelecer objetivos mais ousados. Porém, enquanto se deleita com esses vôos altos, não pode se esquecer de que é apenas um simples mortal e tem de respeitar seus limites.

## 316 **Felicidade, ah, que felicidade! Como em tantas outras vezes, a Lua surge diante da janela. Desdita, ah, que desdita! As flores dos pessegueiros não lembram mais aquelas que havia [ainda há pouco tempo. Deves] sorrir com os lábios, voltado para o vento leste, [pois] os sentimentos humanos não são tão profundos quanto antigamente.** 叁壹陆

Aqui se trata de uma pessoa que vive a vida como em sonho. Já que os sentimentos parecem ser a força dominante, ela oscila para lá e para cá, sem paz nem harmonia, num estado que não consegue explicar e que não sabe para onde pode levá-la.

Provavelmente, o consulente se "apaixonou" há pouco tempo. Mas alguma coisa nesse envolvimento não vai bem. Talvez o parceiro ou parceira já seja comprometido, talvez o amor não seja recíproco.

O oráculo o aconselha a se dedicar a um novo projeto. O "alvorecer" de cada dia pode lhe trazer mais felicidade do que as lembranças do passado, que envelhecem com o correr do tempo.

## 317 **[Quando] o céu está em chamas e faz um calor insuportável, a água é necessária. Num recipiente valioso usado para o culto, é preparada a pílula [da imortalidade], que põe aos teus pés o céu e a Terra.** 叁壹柒

Aqui se trata de uma pessoa que passa ou passou por uma situação "catastrófica". Ela tem de apagar o "fogo" que incendeia seu círculo de relacionamentos ou que alguém atiçou contra ela. Naturalmente, ela está certa de que não causou o incêndio que a está prejudicando.

O consulente pode ter certeza de que existe uma saída para esse dilema. Ele precisa seguir o conselho da pessoa que lhe parecer mais digna e confiável. Seja qual for a situação em que se encontre é aconselhável examinar todas as circunstâncias para identificar o verdadeiro problema.

Recomendam-se consultas regulares ao oráculo, assim como uma consulta genérica ao I Ching*.

## 叁壹捌 318

**Se o cabo de aço for consertado, mas [teu] barco solitário não estiver atracado firmemente, um sabre dourado [cairá] de repente. Toma cuidado [para que tua] cabeça não role sobre a terra de manhã cedo.**

Aqui se caracteriza uma pessoa que deseja se "ancorar" em algum lugar. Porém, uma questão do seu passado a apanhou "desprevenida". Ela tem de resolver um conflito cujas causas remontam a vários anos e que não tem mais relação com sua vida atual.

O consulente pode ter certeza de que sua posição social é elevada, pois uma pessoa pobre nunca seria executada com um sabre dourado. Porém, ele deve se conscientizar de que fez "inimigos" poderosos que têm sede de vingança. Ele não pode e não deve fugir do passado.

## 叁壹玖 319

**Num período de doze horas duplas [deves] escrever um texto erudito. Se tardares um quarto de hora apenas, não [encontrarás] o chão sob [teus] pés.**

Na China antiga, o dia era dividido em doze horas* duplas, que correspondem às nossas 24 horas, de modo que o texto faz referência ao período de um dia.

Aqui, o consulente está sendo pressionado pelo tempo. Pode se tratar de um "exame" ou de uma "prova", ou ainda um trabalho que ele tenha de entregar o mais rapidamente possível. O oráculo lhe sugere que termine o quanto antes o assunto que o preocupa. Qualquer adiamento pode ter conseqüências fatais.

Se ele se sentir inseguro, deve consultar o oráculo outras vezes, certificando-se de que suas perguntas sejam claras.

## 320 Ventos sopram do sudoeste, e um Sol vermelho brilha no céu. Podes avistar num abrir e fechar de olhos portões admiráveis e receitas secretas. 叁贰零

O leitor pode ficar transqüilo porque os ventos sopram a seu favor. Se há alguns dias ainda se sentia limitado e oprimido, agora ele tem uma sensação de liberdade inusitada.

Seu trabalho constante e incansável também rendeu bons frutos. Finalmente o consulente consegue compreender aquilo que até então, apesar de todos os seus esforços, continuava sendo um mistério. Por isso acredita que alcançou seu objetivo.

Porém, ele não deve se sentir seguro demais. Precisa planejar cada passo e preparar-se para as surpresas e decepções.

## 321 Dez mil flautas [ressoam], mas de maneira totalmente dissonante, [e assim] a Lua solitária é [para ti] inteiramente fútil. De repente, nuvens espessas a cobrem e não consegues distinguir a luz de seu lado oculto. 叁贰壹

Aqui, uma pessoa não tem paz nem tranqüilidade na atual situação em que vive. Ela sente um enorme vazio dentro dela e seus pensamentos estão tão confusos que ela não consegue avaliar claramente a situação.

O consulente está olhando para trás. Gostaria de trazer para o presente alguma coisa de seu passado, mas não sabe como nem para quê. O oráculo sugere que abandone essa idéia. Talvez fosse bom procurar algum tipo de psicoterapia ou apelar para uma pessoa de confiança que ele já conheça.

Porém, o consulente não deve tentar resolver sozinho suas dificuldades, movido por um sentimento de auto-suficiência. Isso só faria com que ele se perdesse num mundo ilusório, no qual passado, presente e futuro se confundiriam. Já que está precisando de ajuda externa, ele deve procurá-la e aceitá-la.

## 叁贰贰 **Um amigo íntimo se recusa a continuar esperando [por ti] no horizonte. Acaba com [tuas] hesitações tão freqüentes. Deves refletir sobre isso numa noite tranqüila.** 322

Aqui se trata de uma pessoa que tem sido esperada há muito tempo num "lugar distante". No entanto, ela é muito passiva ou medrosa, ou não tem como transpor essa distância, embora saiba perfeitamente que esse encontro poderia ser valioso para ela.

O consulente deve se conscientizar de que não tem tempo a perder. Tal como já aconteceu antes, a vida o coloca diante de desafios que ele não pode deixar de enfrentar. Se ele não souber que atitude tomar, seriam aconselháveis consultas regulares ao oráculo com base em perguntas claramente formuladas, além de uma consulta genérica ao I Ching*.

## 叁贰叁 **Matilhas de cães se reúnem, arreganham os dentes, mordem, agitam a cabeça e sacodem a cauda. Na verdade, [deviam] apenas vigiar a casa.** 323

Na China, o cão* é até hoje um animal doméstico pouco estimado, embora seja o décimo primeiro animal do zodíaco* chinês. Para a maioria dos chineses, a carne de cão é uma iguaria muito apreciada e consta no cardápio de muitos restaurantes. Na Antigüidade, os nobres eram enterrados com milhares de cães sacrificados ritualmente, para que estes o ajudassem, com seu faro e audição aguçados, a encontrar o caminho para o reino dos mortos. Ainda hoje, figuras de cães feitas de papel, são queimadas em cerimônias funerárias com objetivo semelhante. Os cantoneses têm por hábito enterrar o cão doméstico no túmulo do dono.

Aqui se trata de uma situação na qual o consulente quis ou precisou se proteger. No entanto, suas medidas de proteção se afrouxaram de tal forma que ele acabou comprometendo a própria segurança. A verdade é que ele se excedeu um pouco.

O oráculo lhe recomenda mais confiança em suas próprias forças. Se continuar deixando sua segurança nas mãos de outras pessoas, pode correr sérios riscos.

**324** **Mulher na frente, marido atrás. E, no entanto, eles caminham juntos. A vitalidade [deles] promete um oráculo brilhante. Se o marido estiver realmente apaixonado, deve escrever isso na própria alma, sem esquecer os sentimentos [em comum] cultivados nos anos de convivência recíproca.** 叁贰肆

No relacionamento descrito neste texto, a mulher caminha na frente, sugerindo que é ela quem toma as decisões. Isso era bastante incomum na China antiga, já que a sociedade confucionista* era extritamente patriarcal.

O oráculo promete ao consulente um futuro brilhante, se ele não colocar o ego à frente dos verdadeiros desafios da existência. Seu parceiro ou parceira, numa relação amorosa ou profissional, estará sempre ao seu lado, contribuindo com os projetos que realizaram juntos. Em situações decisivas, o consulente deve ouvir a opinião do parceiro.

**325** **Um rato se refugiou na sua toca para descansar. De repente surge [diante dele] a cabeça do gato que o persegue. Se o gato mostrar as garras, a vida do rato estará liqüidada.** 叁贰伍

Aqui, uma pessoa se encontra numa "situação de perigo". Por algum tempo conseguiu se arranjar em situações difíceis, graças às suas qualidades de rato* — astúcia, coragem, inteligência e perseverança. Mas suas reservas de energia já estão quase esgotadas.

O consulente tem de se conscientizar da situação real de perigo em que se encontra. Não deve achar que tudo vai continuar como tem sido até agora. Seus "inimigos" aprenderam muito sobre ele e sabem usar esse conhecimento para prejudicá-lo.

**326** **Os livros [descrevem] mulheres com rostos de jade, que vivem em mansões de ouro. Depois de ler cinco pilhas de livros, [tua] ambição [deveria] ser a independência. Por que precisas consumir[-te] no trabalho e assim ficar desorientado e confuso?** 叁贰陆

Aqui se caracteriza uma pessoa que se aprofundou na leitura de obras antigas ou publicações dos meios de comunicação modernos e vive os conhecimentos que acumulou. Porém, não consegue se libertar das imagens ali descritas. Chegou a um ponto em que essas imagens a dominam, a ponto de não conseguir definir seu lugar no mundo.

O consulente se encontra diante de uma decisão difícil. Sente que a carreira ou atividade profissional que exerceu até agora perdeu o sentido. Está perplexo e, se continuar desperdiçando sua força de trabalho em benefício de outros, sentir-se-á a cada dia mais desorientado.

## 叁贰柒 Uma cortesã ficou famosa pelo seu elegante estilo literário. [Se ela] se casar, [poderá] construir [a] própria felicidade, [pois seu] corpo nu é muito apreciado. [Seja qual for o resultado de seus] assuntos, [ela] pode [experimentar] coisas novas. 327

Aqui se caracteriza uma pessoa que conseguiu, graças a seu charme, criatividade ou algum jogo de sedução, entrar na assim chamada "alta sociedade" de maneira dissimulada, já que o termo "cortesã" neste texto é representado por um ideograma chinês cuja tradução literal é "pantera".

O consulente parece ter esquecido há muito tempo que o principal desafio de sua vida gira em torno dele mesmo, sua origem e seus relacionamentos com sócios, parceiros ou amantes. Ele tem condições de escrever o roteiro da própria vida daqui para a frente, mas nada garante que o final por ele previsto concretizar-se-á de fato.

## 叁贰捌 [Ao] procurares apenas o Yang, despojando a população do Yin e, assim, esgotando inteiramente [tua] força, não envelhecerás. [Deverias] agir com cautela e [te] proteger como puderes. 328

Aqui se caracteriza uma pessoa que tenta impor sua atividade a todas as pessoas ao redor, por motivos egocêntricos. Ela enfrenta a resistência dessas pessoas, mas aprende pouco com isso. Mesmo assim, acredita que só quer o que é melhor para todos. Apesar dos reveses, está convencida de que é um "líder nato".

A doutrina do Yin* e do Yang* baseia-se na concepção dualista de forças cósmicas que se opõem e se completam: uma, chamada

Yin, significa terra, fertilidade, passividade e feminilidade; a segunda, Yang, representa céu*, potência, atividade e masculinidade.

O consulente está prestes a ultrapassar seus limites naturais. Estabeleceu objetivos que só dizem respeito a si mesmo e podem beneficiá-lo ou levá-lo à ruína. Se quiser concretizar planos mais elevados no futuro, tem de se comportar de maneira menos egoísta e se interessar pelos problemas dos outros. Essa será sua melhor proteção nos tempos difíceis que tem pela frente, mencionados no texto do oráculo.

## 329 叁贰玖

**Depois da chuva matinal, a luz clara do céu começa a iluminar o riacho de cor verde-jade. Cores primaveris vão surgindo em portões de cor púrpura. Em [tua] família abastada, o ouro não se esgota nunca. Porém, por que [te] sentes obrigado a usar roupas luxuosas?**

Aqui se caracteriza uma pessoa que não parece sentir falta de nada. Ela vive numa atmosfera agradável e tem tudo de que precisa.

No entanto, ela parece querer ostentar sua riqueza e isso pode colocá-la numa situação de risco. O melhor é que se comporte como uma pessoa "modesta", cuja prioridade é levar uma vida simples apesar das "condições abastadas".

## 330 叁叁零

**[Teu] caminho pelo mundo é entremeado de espinhos [e teus] sentimentos humanos se feriram muitas vezes com isso. Honra e riqueza — elas têm suas conseqüências. Trata de cuidar da [tua] vida labutando [até] o fim.**

Aqui se caracteriza uma pessoa que até agora não teve muita sorte na vida. Para onde quer que tenha dirigido seus passos, sempre encontrou obstáculos e dificuldades. Muitas vezes foi ferida ou feriu a si mesma.

O consulente tem de fazer o possível para não perder o rumo. Precisa fazer menos exigências e mostrar mais capacidade de trabalho. Dessa forma, poderá concluir com sucesso as tarefas de sua vida.

## 叁叁壹 331

**No topo da montanha, [descobriste ter tomado] o caminho errado. A corrente é [tão] forte que mal [consegues atracar] teu barco no cais. Em [teus] incontáveis assuntos não [deves] desperdiçar energias. Caso contrário, na vida pública e privada [podes] ser vítima de um ciúme velado.**

Aqui, uma pessoa fez grandes esforços para realizar planos ambiciosos, nos quais investiu todas as energias. No momento, elas estão prestes a se esgotar. Os planos em questão podem ser um empreendimento comercial ou um relacionamento amoroso.

O consulente sente-se sobrecarregado com o excesso de tarefas difíceis e não sabe como resolver a situação. No futuro, convém empregar suas forças, que não são poucos, de maneira mais sensata.

Se precisar de conselhos, deve consultar o oráculo novamente, formulando perguntas precisas.

## 叁叁贰 332

**No momento [tu te] encontras em meio a muitos problemas, tremes de medo e procuras ser extremamente cauteloso. [Estás] preocupado em concentrar [tua] atenção e medos profundos [vêm à tona] como se caminhasses sobre uma fina camada de gelo. Talvez [a] viagem que farás em breve oculte dificuldades e perigos, como se o vento soprasse sobre um candeeiro.**

Como este texto exprime claramente, o consulente está passando por muitos problemas. Ele está diante de um possível "colapso" emocional, físico ou profissional. E o que parece mais grave ainda: faltam-lhe forças e ajuda externa, fundamentais para que ele possa superar as dificuldades.

Antes de dirigir seus esforços para novos empreendimentos, o consulente precisa descansar para tomar decisões mais acertadas. Se ele iniciar novas atividades com o espírito tumultuado, porá em risco tudo o que lhe resta.

No momento apropriado, ele deve consultar o oráculo com base em perguntas claramente formuladas. Uma consulta genérica ao I Ching* também é aconselhável. Recomenda-se ainda a ajuda de um psicólogo ou sacerdote.

333 **O ramalhete de flores em botão é belo e fragrante. Seu perfume puro impregna [teu] lindo aposento. As questões urgentes [te] afligem, [mas] no final tudo [se] converterá em bem-estar: no banquete há versos encantadores [para aquele que] chega cedo, e além disso cálices de vinho.** 叁叁叁

Aqui se caracteriza uma pessoa que fez uma "conquista" amorosa ou ganhou a simpatia de alguém, e no entanto, por causa de certos acontecimentos, chegou à conclusão precipitada de que alguma coisa não vai bem.

O consulente, porém, pode ter a certeza de que não há motivo para temer: logo terá uma sensação de bem-estar. Só deve tomar cuidado para não se deixar levar pelas dúvidas. É absolutamente necessário aproveitar as oportunidades de concretizar seus projetos.

334 **Depois de demonstrares tua segurança interior, conquistaste méritos aos olhos dos antepassados do povo. Seguir o dragão até os nove céus vai [te] proporcionar suprema alegria!** 叁叁肆

Religião primitiva dos chineses, o culto aos antepassados* era e ainda é a prática mais difundida no país. A maioria das residências ostenta altares para os antepassados, onde diariamente se acendem varetas e, em alguns dias festivos, queimam-se alguns "objetos de valor", simbólicos como casas e carros de papel ou notas de dinheiro, próprias para rituais, para que os mortos não passem necessidade no céu*.

Sem dúvida, o consulente conseguiu alcançar uma elevada posição social depois de anos de trabalho árduo. Se continuar nesse caminho, poderá transformar sua felicidade mundana em felicidade espiritual, já que o dragão*, que vive numa montanha no Céu de nove níveis ou patamares, representa, entre outras coisas, a espiritualidade humana.

335 **Numa casca de noz, [tu] vieste de longe e enfrentaste vagalhões para chegar hoje finalmente a um ancoradouro. O assunto que preocupou [teu] coração nos últimos anos caminha para uma conclusão favorável. A partir de agora, podes contar os infortúnios nos dedos de uma mão.** 叁叁伍

Aqui se trata de uma pessoa que passou por uma prova de coragem. Num barco modesto (literalmente, em chinês, "barco de uma só folha") e com recursos insuficientes, ela enfrentou uma situação de perigo e a superou sã e salva.

Por isso, cabe agora ao consulente a recompensa por sua coragem. Ele pode ter certeza de que o assunto em questão, que tanto o preocupa, vai se resolver da melhor maneira. No futuro, as dificuldades se reduzirão ao mínimo.

## 叁叁陆 336

**O soberano [te] protege e indícios favoráveis sempre se mostraram [a ti. Esses indícios eram] excelentes, sem jamais [revelar] o contrário. Porém, não repouses sobre os louros, nem sejas presunçoso! Conserva para sempre a paz interior e a saúde!**

Aqui se descreve uma pessoa que conseguiu entrar na "alta sociedade", e ganhar a proteção de uma "personalidade influente". Nos últimos tempos, tudo correu sem dificuldades para ela. Talvez tenha sido aprovada em algum exame, talvez tenha tido um sucesso profissional ou uma promoção na carreira.

No entanto, o consulente não deve "descansar sobre os louros" e principalmente não deve se comportar com arrogância e presunção diante das pessoas próximas. Também deve se preocupar em ter uma vida emocional equilibrada e saúde perfeita.

## 叁叁柒 337

**Inúmeros assuntos continuam sem explicação.**
**O que [conta] na vida é a busca do próprio destino e da paz.**
**Portanto, não alimentes dúvidas!**
**O destino abrange o tempo e o tempo reúne**
**o que estava disperso. Portanto, por que se preocupar?**
**A poeira do mundo faz desviar do caminho.**
**Fica longe dela!**

Aqui se trata de uma pessoa perplexa diante dos "enigmas" da vida. Ela espera um esclarecimento que não existe. Convém meditar sobre as circunstâncias para encontrar sua força interior.

O consulente chegou a um ponto perigoso no qual duvida de tudo e principalmente de si mesmo. Muitas coisas que ele deseja resolver depressa e de maneira definitiva se revelam complicadas. Ele deve "dar tempo ao tempo", mas sem se acomodar ou perder a cautela.

Seria perigoso se deixar envolver, por desespero e falta de esperança, em negócios escusos ou atitudes questionáveis. Isso só iria aumentar suas dificuldades e receios atuais.

## 338 叁叁捌

**[Teu] triste coração queixoso não deixa entrar nenhuma brecha para a felicidade. A chuva de primavera não acaba com a beleza da flor. Se desistires de [tuas] idéias ou se as rejeitares, voltas a ter felicidade. Pois a vida de um sábio resume-se ao [seu] projeto de vida.**

Aqui se caracteriza uma pessoa que não toma nenhuma atitude por causa do mau humor e da má vontade. Há pouco tempo ela travou um relacionamento amoroso ou profissional importante, que no momento parece estar em suspenso.

O consulente tem certas idéias fixas que às vezes se transformam em manias. O oráculo o aconselha a se livrar delas, pois não condizem com sua realidade. A mensagem do texto é, no entanto, positiva: a felicidade do consulente parece estar escrita no livro da vida.

## 339 叁叁玖

**Duas mulheres, um marido. Inferiores e superiores presenciam uma cerimônia religiosa. A energia feminina sobe em direção à masculina para assim pôr termo ao lapso de energia.**

É preciso dizer que as relações poligâmicas na China antiga eram habituais. Embora fosse mais freqüente que os homens abastados tivessem várias esposas, as mulheres também podiam ter vários maridos. Apesar das medidas rigorosas de controle da natalidade e das punições draconianas que sofrem aqueles que as desrespeitam, o problema ainda está presente nos dias de hoje.

A posição da mulher como encarnação do Yin* era considerada inferior, enquanto a do homem como encarnação do Yang* era superior. Somente os taoístas* realizavam rituais eróticos para a longevidade, nos quais a mulher assumia um papel tão importante quanto o do homem.

O consulente deve preocupar-se mais com o emprego de sua energia. Provavelmente ele a desperdiça sem saber como repô-la.

## 叁肆零 340

**Duas andorinhas retornam para as terras ao sul, rumo às residências das famílias Wang e Xie. Pois no jardim dessas casas reina a tranqüilidade de um dia de primavera. Ali, as andorinhas podem viver felizes.**

No simbolismo chinês, duas andorinhas representam um casal de amantes. Se, num determinado ano, um casal de andorinhas não fizer o ninho sob o telhado, isso é interpretado pelos camponeses da China como um mau agouro para a vida familiar.

O consulente pode ter certeza de que não sofrerá com esse mau agouro, pois ele tem um relacionamento satisfatório e produtivo com outra pessoa. A referência ao sul* significa que esse relacionamento, depois de uma fase de apatia relativa, voltou a se desenvolver.

O consulente deve procurar um "local" onde poderá se reunir aos amigos verdadeiros, que levam uma vida tranqüila. Ali, poderá construir para si uma vida longa e feliz.

## 叁肆壹 341

**[Meu] destino me leva à pobreza, e vez por outra sofro catástrofes. Como se não bastasse, meu corpo também está enfraquecido. Por isso, olho para cima, em direção ao céu cheio de estrelas [e digo]: "Não [vos] vejo! Ah, céus, meus olhos! [Minha] doença é realmente perigosa!"**

Aqui se caracteriza uma pessoa que chegou a uma situação extremamente difícil. Circunstâncias interiores e exteriores parecem ter confluído para isso: o consulente se encontra ao mesmo tempo "empobrecido", infeliz e doente.

Ele tem de enfrentar seus problemas com coragem. Queixas e lamentações não vão ajudá-lo. Tem de procurar também um médico, caso ainda não o tenha feito. Além disso, consultas regulares ao oráculo podem ser úteis, além de uma consulta genérica ao I Ching*.

## 342 Ao colher crisântemos nos terraços celestiais, desviastes de [teu] caminho numa curva. Se as flores de pessegueiros caírem na água, terá início um período favorável. O trinado dos pássaros ao vento primaveril [te] deixa sentimental. [Então, chegará a ti] a notícia de que [teu] imperador Liu ainda não regressou. 叁肆贰

Aqui, uma pessoa desviou-se dos seus projetos no último "outono", estação do ano representada pelos crisântemos*, que são flores tardias que resistem às primeiras geadas. Esse "desvio" ou adiamento foi causado pela atitude descuidada dessa própria pessoa, que só na "primavera seguinte", estação do ano representada pelas flores de pessegueiros*, conseguiu concluir seus projetos.

Ao concluí-los, ela sentiu uma alegria compreensível. Porém, recebeu a notícia de que seu "soberano" ainda não retornou. Essa referência se baseia num episódio da vida do autor Zhuge Liang, descrito no romance épico *Epopéia dos Três Impérios**, no qual o autor, depois de conduzir uma expedição militar longa, difícil e perigosa, volta para casa e não encontra seu imperador Liu Pei.

O consulente já sabe que conseguiu concluir com sucesso seu empreendimento difícil, embora tenha cometido alguns erros preocupantes, felizmente de menor importância. Com certeza a sorte esteve do seu lado, mas foi sua concentração plena e exclusiva que o ajudou.

Naturalmente, ele deve se sentir aborrecido porque neste momento não pode receber os elogios que tanto esperava e que lhe foram prometidos por seu "superior" ou "superiores". Convém aguardar o curso dos acontecimentos e se preparar para todas as eventualidades.

## 343 [Tu] passas do calor para o frio, vestindo roupas finas e apenas um lenço. Vem para meu barco da compaixão! Dificilmente [vais] reconhecer [teu] erro medonho. 叁肆叁

Aqui se trata de uma pessoa responsável por um erro grave. Ela abandonou uma posição relativamente tranqüila e garantida para embarcar numa "aventura" da qual não encontra saída.

Assim, o oráculo sugere ao consulente que procure o apoio em algum tipo de religião ou terapia espiritual, pois o "barco da compaixão" mencionado no texto era o veículo no qual os Budas* e os Bodhisattvas conduziam as almas purificadas para o nirvana.

Embora o consulente seja acusado de cometer um erro grave, ele não procura corrigir-se. O oráculo lhe recomenda reparar esse erro, por mais difícil que seja essa tarefa.

叁肆肆 **Em pequenos grupos, eles cabem num tanque, mas que acaba por transbordar. [Mesmo assim,] ages com presunção infantil.** 34.4

Aqui, o consulente é apresentado como uma pessoa ingênua e imatura. Ele se dedica a um número excessivo de atividades e se admira de não conseguir terminar nenhuma delas.

Convém se concentrar no essencial, deixando de lado os sentimentos e idéias infantis, embora eles lhe dêem certo "charme". Se não conseguir, deve pelo menos avaliar criticamente seu comportamento.

叁肆伍 **Quem diz que justamente [tua] aldeia não tem estilo? Com fortes chuvaradas, lagos e mares sobem gota a gota até as margens do céu. A culpa recaiu sobre ti, e assim [te] escondes sob a Lua de meados do outono. [Porém, quando] cair a chuva de primavera, as flores te saudarão alegremente. [Por isso], sê adulto finalmente!** 34.5

Durante o solstício de verão, os chineses celebravam uma grande festa no décimo quinto dia do oitavo mês lunar. Todos os membros da comunidade tinham de estar presentes nessa festa. Se um deles faltasse, essa atitude era considerada suspeita, pois essa festividade servia também para que discutissem e esclarecessem todos os conflitos sociais e pessoais ocorridos durante a primavera* e o verão*, isto é, durante o ciclo agrário.

O consulente se queixa demais da sorte e despreza as pessoas próximas. Talvez esteja sendo dissimulado na presença delas. Porém, é mais provável que se retraia e se esconda de si mesmo, fugindo da responsabilidade. Será que gerou um "filho ilegítimo" que agora não quer assumir? Ou será que envolveu a si mesmo e aos outros em empreendimentos comerciais ou profissionais de risco, cujo resultado era imprevisível?

O oráculo sugere que o consulente está aprisionado num mundo de ilusões adolescentes do qual dificilmente se libertará. Infelizmente, ele comete o erro de querer ser o melhor e com isso esquece facilmente as responsabilidades que assumiu.

## 346 **As nuvens se afastam e, [assim,] a Lua reina no firmamento. [Quando] uma vaca segue a trote seguida por um cavalo, eles se encontram mais tarde. [Se] mirares o alvo [com] o arco retesado ao máximo, uma única flecha será suficiente!** 叁肆陆

Este texto faz referência ao zodíaco* chinês. Evidentemente, o cavalo* é mais rápido do que a vaca* e pode alcançá-la. O primeiro animal representa as qualidades da elegância e da rapidez, enquanto o outro simboliza a fidelidade, a persistência e a capacidade para o trabalho. A imagem do arco e da flecha atingindo o alvo significa para os chineses que um descendente do sexo masculino nascerá em breve, já que a flecha, por causa de sua forma, é um símbolo fálico.

O consulente tem sonhos e deseja realizá-los a todo custo. No entanto, seus projetos estão atrasados e no momento ele não sabe que atitude tomar. A fim de tirar o máximo partido dos acertos, ele deve canalizar suas energias para um objetivo único, definido de antemão. Só então poderá realmente afirmar que fez progressos.

## 347 **[Tu] viajas a cavalo, em trote lento. A Lua mergulha no mar a oeste, [porém], a leste o Sol nascerá de novo! Quem poderia começar já uma atividade espiritual para quando [tu] chegares? O vento afasta as nuvens dos rios e mares num raio de dez mil milhas.** 叁肆柒

Além de ser o sétimo animal do zodíaco* chinês, o cavalo* representava na China antiga, assim como na Europa, um símbolo de *status*.

Aparentemente, o consulente não tem motivos para se queixar ou se livrou recentemente de antigas preocupações. Seus sonhos se realizaram e ele pode caminhar para um futuro brilhante. Porém, antes de se dedicar a novas tarefas, ele precisa recuperar as forças, debilitadas devido aos esforços passados.

O vento sopra a favor do consulente e de seus planos. Tudo o que permanece obscuro vai se resolver num futuro próximo. Ele não deverá se surpreender caso seus planos de longo prazo se concretizarem em breve.

## 叁肆捌 348

**Bancos de nuvens horizontais flutuam até uma cordilheira, provocando um aguaceiro sem fim. [Tu estás] em meio a uma longa viagem e procuras com os olhos tua aldeia natal. Assuntos desagradáveis e incômodos vão ao [teu] encontro. [Mas] um soberano nunca se queixa! Desamparado, [tu te] encostas ao portão até findar o crepúsculo!**

Aqui, uma pessoa se encontra em dificuldades. Ela gostaria de voltar a uma fase anterior da vida, na qual se sentia equilibrada, protegida e feliz. Mas isso não é tão fácil quanto ela desejaria, já que muitos anos se passaram.

O consulente precisa se conformar com a situação que, no momento, não é a ideal. Para que sua vida volte a ficar equilibrada, ele terá de fazer muitos sacrifícios.

O oráculo o aconselha a enfrentar estoicamente as dificuldades que se apresentam, sem se deixar confundir pelos acontecimentos. Ele não deve pôr a culpa no destino ou em outras pessoas pelos tempos difíceis que está atravessando. Só assumindo o controle da própria vida ele poderá resolver definitivamente os problemas que enfrenta.

## 叁肆玖 349

**O vento e as ondas se acalmaram hoje, e o [teu] barco pode prosseguir viagem num rio calmo. A partir de agora, fama e reconhecimento estão de acordo com [teu] gosto. Portanto, por que deverias [te] queixar dos teus cabelos grisalhos?**

Aqui se caracteriza uma pessoa que parece em situação melhor do que esteve até então. Sobretudo, parece que alguma coisa se acalmou em seu círculo de amizades, de tal forma que ela saiu fortalecida das dificuldades que superou, enxergando pela frente um caminho de vida claramente delineado.

O consulente pode ter certeza de que seu trabalho trouxe resultados. Ele será reconhecido por isso, ou talvez já tenha obtido esse reconhecimento. Mereceu a "coroa de louros" e não deve se entristecer com o fato de que essa busca o tenha "envelhecido".

**350** **Finalmente chegaste a uma região tranqüila, e isso depois de uma viagem muito, muito longa, atravessando rios e montanhas — uma região onde imperam as campinas verdejantes, [cobertas] de ervas aromáticas. Deveras, teu cavalo veloz como o vento tem cascos leves!** 叁伍零

Aqui se caracteriza uma pessoa que atingiu seu objetivo ao final de uma jornada que às vezes parecia interminável. Ela encontrou o lugar com que sonhava e ali se sente em paz.

Com certeza o consulente soube escolher bem os meios de que necessitaria para alcançar esse objetivo. Graças a essa decisão, superou as dificuldades de maneira muito mais rápida.

Talvez tenha recebido a ajuda de parentes ou amigos, já que o cavalo*, sétimo animal do zodíaco* chinês, representa a capacidade de tomar decisões com presteza mas também a origem nobre, pois na China antiga as pessoas do povo não tinham permissão para andar a cavalo.

**351** **No outono, águias reais e busardos entram na época de reprodução, sobem com os ventos e batem asas até chegar ao Palácio das Tartarugas. Se [tu] fizeres um pedido sob o fulgor [desse palácio], serás atendido imediatamente. Mais cedo ou mais tarde, o eco de [tua] fama atravessará os Nove Céus!** 叁伍壹

A ornitologia ensina que grandes aves de rapina, como as mencionadas neste texto, conseguem procriar somente depois de três a cinco anos de vida. Portanto, aqui se trata de uma pessoa que ainda tem de esperar muito para realizar seus planos, mas que então, com a ajuda das pessoas próximas que a amam, poderá "levantar vôo" até alturas antes desconhecidas.

Provavelmente, este texto trata de um envolvimento amoroso do consulente. Segundo o antigo simbolismo chinês, o Palácio da Tartaruga* de Três Patas, situado no lado oculto da Lua, é a câmara nupcial na qual os noivos passam sua primeira noite, depois da cerimônia de casamento.

Porém, este texto também pode se referir à conclusão de um contrato ou acordo comercial. Os "Nove Céus" não significam apenas a estratificação do cosmos extraterreno, pois para os chineses o céu* e suas divisões são um reflexo das hierarquias sociais terrenas.

叁伍贰 **[Por causa das] devastações causadas pelos ratos, não conseguiste dormir à noite. O miado de um gatinho teria [te] deixado em paz a noite toda. A percepção humana é de fato como a dos animais! Sua Realidade Suprema, no entanto, é muito diferente!** 352

Aqui se caracteriza uma pessoa que atravessa uma fase difícil. Ela não consegue nem criar um gato capaz de manter os ratos* (primeiro animal do zodíaco* chinês) à distância. Assim, ela negligencia seu lar e afunda em dificuldades cada vez maiores.

O consulente não está em condições de avaliar e interpretar corretamente sua situação. Assim, ele se equipara aos animais, que seguem o instinto e se dão por satisfeitos.

Porém, em sua condição natural de ser humano, o consulente não pode se acomodar num estado de apatia. A "Realidade Suprema" mencionada no texto significa o momento da morte, no qual o moribundo vê diante dos olhos toda a sua vida. Segundo a concepção da China antiga e do budismo*, esse é um privilégio que cabe apenas aos homens, não aos animais.

叁伍叁 **Duas pessoas estão sentadas lado a lado e sobre elas o sol resplandece. [Se tiveres] um coração de apenas uma polegada, verás o comportamento de um Imortal sob uma luz desfavorável!** 353

Aqui se caracteriza uma situação que, observada de fora, não poderia ser melhor, quer se trate de um envolvimento amoroso ou um relacionamento comercial e profissional.

Porém, o consulente é egoísta demais. Quer saber mais a respeito das outras pessoas sem tolerar que elas saibam algo sobre ele. Não tenta entender os erros dos outros, embora ignore os próprios, agindo como se fosse a pessoa mais "sabida" do mundo.

O oráculo sugere ao consulente um pouco mais de generosidade e senso de justiça. Antes de censurar os outros, o consulente precisa criticar e censurar a si mesmo.

**354** **O senso de responsabilidade do soberano diminui, enquanto o dos súditos aumenta. As forças das trevas são irresistíveis e as da luz não atingem os patamares mais altos. O que [tu] hás de fazer? Comerciantes honrados devem se recolher num esconderijo!** 叁伍肆

Aqui se descreve uma pessoa disposta a fazer o melhor para si mesma e para as pessoas ao seu redor, mas sem oportunidades concretas devido às circunstâncias desfavoráveis. Praticar o bem é algo normal para ela. Porém, corrupção, nepotismo e criminalidade predominam no meio social.

O texto aconselha o consulente a se recolher num "lugar seguro", pois as "forças do mal" superam no momento as "forças do bem". Se ele tentar reagir de maneira cega e imprudente, vai fracassar.

O consulente tem de consultar o oráculo regularmente nas situações decisivas.

**355** **Quando [tu] chegares a Chang'an, [caminha] até o cruzamento a nordeste, pois dali [podes] avistar o Portão do Céu. Nesse lugar vais encontrar um alojamento apropriado.** 叁伍伍

Todos os chineses cultos sonhavam em visitar a cidade de Chang'an — situada nas proximidades da atual metrópole Xi-an, com seus milhões de habitantes, e considerada a Atenas da China antiga — ao menos uma vez na vida. Na Antigüidade, Chang'an era famosa por sua intensa vida espiritual, cultural e comercial, assim como por seus parques e jardins exuberantes.

Com certeza, o consulente tem planos de longo alcance, pois o texto lhe sugere que procure uma pousada na capital, "perto do Palácio Imperial". Ele tem boas chances de concretizar seus planos, mas precisa agir com modéstia e humildade para não ser enganado.

**356** **Caminhando bem devagar, podes chegar à montanha do Céu, que [te] proporcionará grande paz interior. Ali encontrarás os ajudantes dos Imortais colhendo ervas medicinais. A morada dos Imortais é ornada de cores primaveris.** 叁伍陆

Na China antiga, a montanha do Céu*, localizada na cordilheira de Kunlun*, no oeste da China, era considerada a morada dos Imortais*. Afirmava-se que todos os homens que ali chegavam gozariam de paz, equilíbrio e saúde — sem contar vida longa e "imortalidade"*.

Para realizar seus planos, o consulente tem a seu favor os conselhos sábios de pessoas mais velhas ou mais experientes. Ele está prestes a concretizar algo aparentemente impossível, mas pode ter certeza de que, apesar do grande desgaste, atingirá seu objetivo brevemente.

叁伍柒 **Passar uma noite em claro, perdido em pensamentos, não [tem efeitos] tão graves quanto uma pancada violenta e repentina sobre [teu] corpo. Se [tu] cometeres um erro, sofrerás de doenças do pulmão e do fígado.** 357

Aqui se descreve uma pessoa que mergulha cada vez mais fundo em situações difíceis. Ela age sem analisar as conseqüências de seus atos. Nessa situação, uma ou várias noites dedicadas à meditação seriam um remédio melhor do que tentar a sorte irrefletidamente, conforme sugere o oráculo.

O consulente tem de se conscientizar de que sua situação envolve "risco de vida". Todas as pequenas ações erradas, especialmente aquelas motivadas pela tristeza, pelo medo de perder, pelo ódio e pela ira, vão se abater sobre ele como um pêndulo, pois na medicina chinesa o pulmão corresponde ao primeiro estado psicológico (tristeza e medo de perder) e o fígado, ao segundo (ódio e ira).

O consulente deve consultar o oráculo diante de cada situação importante, além de consultar ao menos uma vez o I Ching*, tendo em vista um esclarecimento mais abrangente da situação.

叁伍捌 **[Tu] és pusilânime, e [por essa razão muitas vezes] colérico. [Porém], podes triunfar como um marechal! Por isso, segue [teu] caminho bravamente! Se tiveres o coração inteiramente transtornado, encontrarás no meio do peito o [caminho] certo, e [teus] inimigos serão dominados pelo medo, como que por encanto.** 358

Aqui se caracteriza uma pessoa aparentemente sem coragem e iniciativa para resolver seus assuntos objetivamente e o mais rápido possível. Essa pessoa hesita e, diante de cada dificuldade em seu caminho sente-se presa de uma fúria incontrolável.

O oráculo sugere ao consulente que imite as qualidades de um bom general: decisão, coragem, previdência, estratégia e tática. Mesmo nas situações difíceis da vida, o consulente pode encontrar soluções adequadas se esquecer seus temores e prestar atenção à "voz interior".

Provavelmente, o consulente tem um adversário que tenta prejudicá-lo e por isso precisa ser mantido à distância. Se estiver seguro de si mesmo e de suas capacidades, o conflito se resolverá sem esforço. Porém, se ele se envolver emocionalmente, expondo assim seus pontos fracos, poderá ser o maior prejudicado.

## 359 O céu cuida das pessoas que se sacrificam, [para que elas] não pereçam no mundo vulgar. [Se mantiveres] puro [teu] coração, terás condições de enxergar o Tao. Afastar-se da verdadeira espiritualidade seria [para ti] grande desgraça! 叁伍玖

Aqui se caracteriza uma pessoa que oscila entre dois mundos, para lá e para cá, sentindo-se atraída por ambos, mas sem se decidir por nenhum deles: o mundo espiritual e o terreno.

Para os taoístas*, como para os confucionistas*, o objetivo mais elevado da vida era agir de acordo com o Tao* ou Caminho, embora as duas filosofias tivessem concepções diferentes quanto à maneira de alcançar esse objetivo. O ideal dos taoístas* era levar uma vida de eremita, afastado da sociedade e da política, enquanto o ideal confucionista era a carreira de um funcionário* público, que exercia seu poder no interior da sociedade.

O consulente se encontra numa situação na qual pode enxergar e planejar claramente seu caminho, sob a condição de abandonar os maus pensamentos e os planos escusos. Ele já meditou bastante sobre um caminho espiritual, mas ainda não conseguiu praticá-lo em sua vida diária.

O oráculo o aconselha a se decidir por um dos caminhos apontados. Se ele continuar brincando de maneira "frívola" com ambos, todos os seus projetos estarão condenados ao fracasso.

## 叁陆零 [Tu] salvaste crianças de águas profundas e pescaste peixes nas montanhas. Porém, do amanhecer até o crepúsculo, [tuas] atividades [te] causam aborrecimentos! Muda [teu] comportamento e terás condições de realizar todos os planos! 360

Aqui, alguém realizou uma façanha aparentemente impossível, mas para isso provavelmente empregou meios escusos ou apenas mentiu descaradamente. Por isso, essa pessoa se sente transtornada, nervosa e insegura.

Certamente, o consulente dispõe de bastante energia e criatividade. Porém, tudo isso não será suficiente para realizar seus planos de longo prazo.

Ele não precisa alterar seus objetivos, e sim os métodos pelos quais tenta alcançá-los. É aconselhável consultar o oráculo regularmente, formulando perguntas claras e bem definidas.

## 叁陆壹 Segurando nas mãos um peixe de madeira, percorrendo caminhos enlameados e pedindo esmolas, [tu] não percebes que o soberano se aproxima [de ti] lentamente. [Pois tu] desapareces quando o primeiro pássaro levanta vôo! 361

Aqui se caracteriza uma pessoa que optou por um caminho espiritual equivocado, pois ela carrega um "peixe de madeira", instrumento utilizado pelos sacerdotes budistas* para movimentar com um golpe os "moinhos de orações" no dia de ano-novo. ("Moinhos de orações" eram receptáculos que continham orações escritas à mão ou impressas em pedaços de papel, e que eram girados por meio de uma manivela a cada nova oração durante a cerimônia.) Provavelmente, essa pessoa está sendo enganada por um charlatão ou por seu próprio charlatanismo.

O consulente se colocou em situação pouco invejável. "Empobrecido", talvez "sem abrigo" e com certeza desesperançado, ele se comporta como um "cão vadio". Além disso, angústias infundadas prejudicam seu bom senso. Ele não consegue perceber que, neste momento, o objetivo de seus sonhos está mais próximo do que nunca. Temores variados em relação a si mesmo e ao mundo em redor obscurecem sua visão, que costumava ser clara.

O consulente tem de procurar uma pessoa sábia ou um psicólogo que o ajude a superar seus problemas. Consultas regulares e precisas ao oráculo também são aconselháveis.

**362** **No Hexagrama nº 63, a água e o fogo ou o Yin e o Yang, combinam-se. Alimenta [teu] ser e revigora o povo! Eleva[-te] em direção ao céu para ajudar a Terra!** 叁陆贰

Aqui se caracteriza uma pessoa que, apesar de todas as dificuldades, conseguiu progredir bastante em suas aspirações, já que conciliou dentro de si duas forças antagônicas que em princípio não poderiam formar uma unidade: a água e o fogo, ou Yin* e Yang*. Esse texto do Shen Shu é um dos poucos que faz alusão direta ao I Ching*, ou "Livro das Mutações".

Apesar de seus sucessos recentes, não convém que o consulente se comporte com excesso de segurança. Na verdade, ele ainda não superou a parte mais difícil. Até agora, manteve uma conduta correta e moralmente impecável para atingir seus objetivos, mas agora corre o risco de se tornar arrogante e leviano, como se seus sucessos iniciais o tivessem ofuscado e confundido.

Ele tem de se ater ao caminho que seguiu até agora, especialmente no que se refere ao comportamento diante das pessoas próximas. Porém, não deve se esquecer de tomar providências contra pessoas que se opõem a ele ou são suas inimigas, causando-lhe dificuldades, obstáculos ou possíveis conflitos. Para isso, recomenda-se uma meditação profunda sobre o hexagrama do I Ching* mencionado acima, de certa forma como uma "lição de casa".

**363** **Montado no Coelho da Lua, [tu] chegaste a galope ao palácio da Tartaruga de Três Patas. Ali, encontraste a fada Chang'e e trepaste na árvore sagrada do osmanto, cujas emanações envolveram todo o [teu] corpo com seu aroma misterioso.** 叁陆叁

É preciso dar algumas explicações sobre cada um dos elementos deste texto recheado de simbolismo. O "Coelho* da Lua", com seus pêlos brancos, vive na face visível da Lua e prepara o elixir da imortalidade* com substâncias celestes trituradas num almofariz. A cada Lua nova, ele é "engolido" ou escondido pela "Tartaruga* de Três Patas", de casco escuro, que vive num palácio no lado oculto da Lua. O coelho é considerado uma entidade feminina, tanto que há apenas quatro séculos os livros de ciências naturais afirmavam que a coelha ficava prenhe ao lamber o orvalho da manhã.

De acordo com a história, a fada mencionada no texto tinha assassinado um arqueiro, roubando-lhe o elixir da imortalidade. Graças ao efeito desse elixir, ela voou até a Lua e desde então é a dama de companhia da "Tartaruga de Três Patas". Diante de seu palácio, ergue-se uma árvore sagrada de osmanto*, cujas emanações, durante a Lua nova, são aspiradas pelos imortais que pairam no firmamento.

O consulente está às voltas com uma relação amorosa ou associação profissional, pois de um lado o coelho simboliza o amor e o afeto, e de outro o Palácio da Tartaruga representa a câmara nupcial de noivos recém-casados. Ele pode ter certeza de que tomou a decisão certa ou vai tomá-la num futuro breve, decisão da qual não se arrependerá.

## 叁陆肆 364

**Uma vez no caminho do Tao sagrado, [tu] deves continuar a trilhá-lo. Então, encontrarás pessoas que, [como tu], procuram suas leis, e chegarás a um lugar no qual [alguém] põe à prova sua força espiritual.**

Aqui se caracteriza uma pessoa que já experimentou trilhar um caminho esotérico. Ela deve persistir nesse caminho, pois ali encontrou ou vai encontrar outras pessoas animadas pelos mesmos sentimentos. Essas pessoas poderão conduzi-la ao fim almejado.

Este texto menciona o Tao* sagrado, que é uma variante do Tao, concebido como uma espécie de lei universal que pode ser seguida por qualquer pessoa, dentro das mais diferentes opções de vida mundana. Um açougueiro pode encontrar no Tao um caminho "sagrado" tanto quanto um sacerdote, se não se desviar do "caminho justo". Nesse sentido, o Tao é ao mesmo tempo percurso e meta, desejo e realidade, impressão e expressão, calçado e pegada.

Continuar no mesmo caminho não será difícil para o consulente. Tudo parece seguir seu curso sem esforço. De certa forma, é o próprio caminho que conduz o consulente, independentemente de sua vontade.

Seu objetivo é encontrar um "mestre" que possa lhe dar conselhos nas diferentes circunstâncias da vida. A questão é se o consulente realmente precisa desse "mestre", ou se o "mestre" que procura não estaria dentro dele próprio.

## 365 No meio da lareira o fogo [arde], no meio do banho de areia o ouro [se funde]. Se [tu] atingires um certo grau de eficiência, uma pílula da imortalidade se formará em [teu] tripé de bronze. 叁陆伍

Nas culturas da China central, o tripé* é conhecido desde as épocas mais remotas. De início era fabricado de cerâmica, mais tarde de bronze fundido. Sua forma representa os três pilares do mundo (Céu, Terra e Homem), ou ainda o próprio mundo. Os usos rituais do tripé eram variados. Inicialmente, era utilizado para sacrifícios de animais ou objetos que acompanhavam o morto em seu túmulo, ou ainda para sacrifícios aos antepassados*. Além disso, servia para aquecer lâminas de oráculo feitas de cascos e ossos de tartarugas. Mais tarde, foi utilizado pela tradição taoísta* no preparo de medicamentos que prolongavam a vida.

Na China antiga, assim como nas culturas do Mediterrâneo da mesma época, havia uma forte tradição alquímica. O objetivo dos experimentos alquímicos, ainda que por diferentes caminhos, era espiritualizar ou sublimar os componentes físicos da existência humana, elevando-os a uma nova dimensão.

O consulente deve fazer todos os esforços possíveis para infundir vida às suas idéias, por mais que sejam amplas ou ambiciosas. Se for cientista, deve se ocupar com especial atenção de todos os detalhes de seus projetos ou experimentos, especialmente aqueles que à primeira vista pareçam insignificantes. O mesmo conselho vale para todos os consulentes que consultaram este texto do oráculo.

## 366 Durante [tua] viagem infinitamente longa, [tu te] recusaste a aprender alguma coisa sobre a linguagem das flores. [Se] atravessares o vau em companhia de amigos, [teu] nome se elevará a um patamar superior. 叁陆陆

Este texto trata de determinados códigos que os chineses utilizavam no círculo de familiares ou amigos, ou entre marido e mulher, ou ainda em organizações criminosas ou seitas religiosas secretas, para que outras pessoas não entendessem o significado das mensagens que transmitiam uns aos outros ou o papel de determinada pessoa. Os códigos podiam consistir numa série de sinais gráficos ou gestos que exprimiam alguma coisa tanto perto como à distância, ou ainda tatuagens nos braços que representavam algo específico — ou revelavam a verdadeira identidade da pessoa. Todos esses códigos eram chamados de "linguagem das flores" — um tipo de informação codificada.

Embora isso lhe tenha sido sugerido várias vezes, o consulente não tem inclinação nenhuma para se afastar ou se isolar das outras pessoas por meio de uma "linguagem" que somente ele e alguns poucos podem entender. Ao contrário, ele gostaria de pertencer a um círculo de pessoas de confiança, no qual não precisasse recorrer a mistérios ou segredos.

Se ele conservar essa tendência para a franqueza e a sinceridade, suas ações beneficiarão tanto a ele mesmo quanto as pessoas ao redor. Ele alcançará os objetivos a que se propôs e será recompensado por isso.

叁陆柒 **Procura [para ti] um dia de primavera com seus aromas agradáveis, no qual [te] agrade contemplar as flores que desabrocham. Todo botão de flor se recusa a ser colhido. Porém, [tu] podes replantar qualquer ramo!** 367

Aqui se recomenda ao consulente um recolhimento absoluto a fim de meditar sobre as circunstâncias de sua vida. Ele se encontra diante de um recomeço, tal como a vegetação na primavera*, e além disso goza de determinadas liberdades cujo alcance ainda não consegue avaliar.

O consulente deve procurar ser mais paciente do que tem sido até agora. Seria uma tolice perseguir objetivos de curto prazo ou ficar compartilhando aquilo que sabe, antes que as idéias estejam maduras. Toda investigação ou pesquisa, de qualquer natureza, precisa de tempo. Se o consulente for persistente e se agir com modéstia, pode alcançar bons resultados, assim como a muda da árvore precisa crescer vários anos antes de ser replantada.

叁陆捌 **O dragão solta um grito estridente e alça vôo em direção às nuvens, até as mais distantes paragens do céu. Depressa [te] dás conta da mais extrema paz. Tanto faz se [te] ocupas de literatura ou de artes marciais: [serás] um estadista ou erudito notável!** 368

"Dragão Adormecido" ou "Dragão em Repouso" era o nome esotérico de Zhuge Liang, autor do Shen Shu. Por isso, todo texto que trate de um dragão* pode conter referências a ele. Zhuge Liang era uma figura bem conhecida na literatura chinesa, caracterizado em romances épicos e em óperas populares, como eremita, poeta, erudito, estadista e estrategista militar.

O consulente conseguiu vencer uma etapa importante em seus projetos. Ele tem dificuldade para acreditar em si mesmo e em suas forças ocultas, mas em breve poderá conquistar a paz interior e exterior que tanto desejava, a fim de extrair dessa paz a energia necessária para realizar seus planos de longo prazo.

## 369 **Um tigre que foge depois de ferido por uma arma de metal é capaz de agir com coragem e maturidade. Por que deverias [te] encontrar com os anciãos das montanhas? Se insistires nisso, [tua] felicidade permanecerá ilusória!** 叁陆玖

Aqui, uma pessoa enfrentou uma situação perigosa, talvez envolvendo até mesmo risco de vida (ver tigre*). Apesar dessa "proeza heróica", ela se sente insegura e carente de conselhos.

O oráculo recomenda ao consulente um pouco mais de confiança em seus próprios recursos. Os conselhos de terceiros só vão confundi-lo ou afastá-lo de seu caminho interior.

## 370 **[Depois] de atravessar uma vereda sinuosa, seguiste por uma estrada aberta e encontraste um homem rico [na cidade de] Wuquan. Porém, agora deves pensar em [tua] aldeia natal!** 叁柒零

Aqui se caracteriza uma pessoa que acaba de atravessar uma fase tortuosa da vida, representada pela imagem da "vereda sinuosa", na qual em alguns momentos sentiu medo de perder seus objetivos de vista. A cidade de Wuquan, situada nas proximidades da atual cidade de Nanquim, pertencia à província Wu, no sul do país, uma das províncias no tempo dos Três* Impérios, e era conhecida por sua riqueza e sua vida social alegre e descontraída.

O consulente estava contando com a perspectiva de encontrar uma pessoa "abastada" que pudesse ajudá-lo na realização de seus projetos com um "crédito" ou algum tipo de colaboração. Com efeito, o consulente encontrou essa pessoa ou vai encontrá-la em breve.

Porém, quando isso ocorrer, o consulente não deve esquecer seus laços familiares ou compromissos de qualquer gênero com outras pessoas, pois a aldeia natal, juntamente com a família, é considerada na China o cerne de toda a existência humana.

## 叁柒壹 **Quando o fogo arde, a água o vence. Quando se apaga a luz do fogo, a água provoca grandes inundações. Ela retorna para a fonte e flui por toda a eternidade.** 371

Este texto faz referência à doutrina dos antigos chineses sobre os cinco elementos*, segundo a qual a água e o fogo se encontram em posições opostas e complementares: como todos sabem, a água apaga o fogo, mas, se o fogo for extinto, a água pode ultrapassar perigosamente seus limites naturais.

O consulente está passando por uma espécie de conflito interior, seja no plano físico e orgânico ou no plano sentimental e espiritual. Com efeito, a doutrina dos elementos era empregada tanto para o diagnóstico de doenças quanto para a análise de processos psicológicos individuais ou fenômenos sociais mais genéricos.

No momento, a melhor opção para o consulente é agir como a água, que se afasta ou se desvia dos grandes obstáculos em seu caminho, sem com isso perder a própria identidade.

## 叁柒贰 **Esteiras são colocadas no chão do pavilhão leste [de um templo], pois hóspedes notáveis vão chegar por sua própria iniciativa. [Quando] cantarem a plenos pulmões, seus cantos atrairão a paz. A seguir, eles se darão as mãos e darão vazão aos seus sentimentos.** 372

Assim como na Europa, na China antiga os monges e freiras que viviam em templos budistas* ou taoístas* podiam receber hóspedes que não professassem essa mesma fé. Esses hóspedes procuravam um refúgio temporário, longe do mundo normal, para renovar as energias junto a pessoas animadas pelos mesmos sentimentos. Cantavam orações e dançavam em rituais religiosos. Em templos taoístas e tantristas, cerimônias de êxtase coletivo também eram freqüentes.

O consulente optou por um caminho espiritual, decisão que sempre lhe trouxe benefícios. Deve continuar a seguir esse caminho, pois nele encontrará ao mesmo tempo satisfação interior e alegria no relacionamento com outras pessoas.

## 373 [Teu] mundo parece estar envolto numa paz luminosa. [No entanto, tua] ignorância é clamorosa. Deixa de lado [a] mesquinhez! Deves evitar ingerir venenos de fogo! 叁柒叁

Aqui se caracteriza uma pessoa cuja vida exterior parece transcorrer sem dificuldades, mas que tem a sensação inconsciente de que isso não vai durar muito tempo.

O consulente deve confiar em suas próprias reservas de energia, fazendo delas o melhor uso possível para agir e trabalhar. Deve evitar álcool, tabaco e drogas, chamados aqui de "venenos de fogo". Um antigo tratado da medicina chinesa afirma: "O fogo pertence ao coração, e o coração é prejudicado pelo fogo em excesso."

Aparentemente, o mesmo se passa com o estado psicológico do consulente, conforme se pode ler mais adiante nesse tratado médico-filosófico: "A alegria é o sentimento do coração, e o coração é prejudicado pelo excesso de alegria." O consulente parece muito suscetível às impressões dos sentidos. Por causa de experiências negativas nesse sentido, ele se tornou insensível e se isolou do mundo ao redor.

Se quiser combater seriamente suas dificuldades, deve se aprofundar na leitura de textos sagrados. São recomendáveis ainda consultas regulares ao oráculo e ao I Ching*.

## 374. Ao pular por cima do Portão do Dragão, [tu] deves soltar um grito bem nítido. Se ele irromper [de teu interior] sob o clarão dos relâmpagos e o ribombar dos trovões, [teu] grito de alegria ecoará infinitamente longe. 叁柒肆

Aqui se caracteriza uma pessoa que superou um obstáculo, já que a sede do governo imperial era chamada de Portão do Dragão*. Segundo uma antiga crença chinesa, as tempestades se aproximam quando dragões lutam entre si no espaço. Quem se comporta como o dragão, ser mitológico poderoso, cuja imagem ornou durante séculos o estandarte imperial chinês, será bem-sucedido na vida.

O consulente gostaria que sua voz fosse ouvida. Ele tem boas chances de que isso aconteça em breve, de maneira "retumbante".

## 叁柒伍 **Em [teu] bosque há um antigo pinheiro com o qual [tu podes] viajar para Handou, orgulhoso e de cabeça erguida. Seu tronco é antiqüíssimo e os galhos são extraordinariamente longos. Somente o céu e a Terra [juntos] constroem algo [tão] esplêndido e duradouro!** 375

Como o pinheiro* é uma árvore de vida longa, este texto trata de uma coisa que alguém recebeu em herança, seja qual for o significado que se dê a esse termo. Porém, também é possível que essa pessoa esteja tentando colher e aproveitar os frutos de uma vida inteira de trabalho. A cidade de Handou mencionada no texto é idêntica à atual cidade de Hankou, considerada na Antigüidade chinesa um importante centro comercial.

O consulente não precisa se envergonhar desse "legado", pois se trata de "matéria" valiosa que lhe pertence e que pode render vantagens importantes. No entanto, deve tomar cuidado para que todos os detalhes de seus negócios estejam integrados num plano coerente, sem conflitos ou contradições, formando uma unidade tal como a do céu* e da Terra. Então, tudo o que o consulente empreender trará bons resultados.

## 叁柒陆 **Não [deves] argumentar contra palavras ofensivas! Quando a reflexão penetrar [tua] mente, ela se acalmará. Viver uma vida obscura e sem iniciativa significa faltar com [teus] deveres!** 376

Aqui se caracteriza uma pessoa que sempre tenta apresentar argumentos contra tudo o que dizem a seu respeito. Porém, isso se revela absolutamente inútil: seus "adversários" já têm uma resposta pronta.

O consulente deve se esforçar para esclarecer seus pensamentos. A única coisa que pode ajudá-lo de maneira duradoura na atual fase da vida é uma auto-análise lúcida dos fantasmas psicológicos que povoam sua alma.

Ele tem de cumprir determinadas tarefas no contexto familiar e profissional. Deve tomar cuidado para terminar as tarefas atuais antes de assumir outras, que no momento podem lhe parecer mais lucrativas, mais satisfatórias ou mais simples, mas que possivelmente estão acima de suas capacidades.

## 377 [Tu] podes sacrificar um porco e oferecê-lo ao céu e à Terra. Para lhe tirar a vida, deves procurar um local apropriado. 叁柒柒

Até mesmo na China, o porco, último animal do zodíaco* chinês, não costuma ter um destino agradável. "Sua vida já se apagou antes de começar", diz um antigo provérbio. A antigüidade do texto acima, no qual se menciona o sacrifício de um porco, pode ser comprovada quando se verifica que no ano 1000 a.C. um decreto imperial proibiu oficialmente, em toda a China, o sacrifício de porcos ou a oferenda de carne de porco para celebrar deuses e antepassados*.

O consulente gostaria de oferecer alguma coisa ou dar uma contribuição, mas não sabe exatamente como fazê-lo. Ele tem de abrir mão de um objeto que provavelmente lhe é muito caro, mas que, tendo em vista sua situação pessoal, causa-lhe temores e dificuldades.

Porém, o leitor pode ter certeza de que tudo aquilo que oferecer ao mundo de coração aberto ele receberá em dobro.

## 378 Em vez de andar para lá e para cá durante o dia, por que não refletes à noite? Durante o dia há um excesso de imagens ofuscantes. À noite [podes te] recolher no silêncio da meditação. 叁柒捌

Aqui se trata de uma pessoa que abusa de suas energias durante o dia, sentindo-se tão cansada à noite que não tem mais condições de pensar claramente. Ela se entrega de tal forma às "imagens do mundo" que não consegue mais desfrutar a escuridão.

O consulente deve tomar cuidado para não exagerar as atividades diurnas em detrimento do repouso noturno. Quem põe a luz acima da escuridão acaba ficando no escuro. A meditação é necessária, o que significa que o consulente deve se concentrar mais na interpretação de suas imagens interiores, uma vez que as impressões exteriores o desgastam.

叁柒玖 **Quando sopra o vento leste, as flores desabrocham sem esforço. Todas as pessoas presentes cantam suas canções e alegremente bebem juntas três taças de vinho.** 379

O consulente não poderia estar em situação melhor do que a atual. Ventos úmidos, quentes e férteis sopram a seu favor e tudo verdeja e floresce ao seu redor. Além disso, ele parece se encontrar na companhia de pessoas agradáveis, que preferem as alegrias da festa às aflições do dia-a-dia.

No entanto, certo cuidado é necessário. Bons presságios em excesso sempre encerram perigo, especialmente quando estão associados a "bebidas inebriantes".

叁捌零 **[Deves] comer vegetais e beber água, por causa da harmonia que eles contêm. As carnes gordas e os feijões são aromáticos, mas obscurecem [teu] coração.** 380

Aqui se trata de uma pessoa que gosta de abusar dos alimentos muito ricos e pesados ou também das bebidas alcoólicas. Ela está convencida de que pode consumir tudo isso sem problemas. Pretende continuar agindo da mesma forma, sem perceber que sua "voracidade" se projeta como uma sombra sobre seus sentimentos.

O oráculo aconselha abstinência ao consulente. Quanto mais ele se enredar na ilusão do "prazer pelo prazer", mais frágil será sua saúde. É recomendável um período de purificação física e espiritual.

叁捌壹 **Uma vaca amarela arroteia um terreno. [Sua] força imensa abre um sulco na Terra. Quando fizeres a colheita nas terras a oeste, os celeiros ficarão cheios dos mais diferentes cereais e alimentos.** 381

Devido à superpopulação, o flagelo da fome era comum na China. Calamidades "bíblicas" se abatiam sobre o país, ou guerras e conflitos civis cobriam de escombros e cinzas algumas províncias ou o país inteiro. Sempre houve fome na China, e atualmente isso acontece sobretudo nas regiões ao norte, pois nos meses de inverno o abastecimento dessas regiões é problemático.

O consulente deve agir com a modéstia, persistência e lealdade de uma vaca* (segundo animal do zodíaco* chinês). Convém utilizar suas forças da melhor maneira possível para ficar imune a todos os perigos. Então, poderá gozar os resultados merecidos.

## 382 **Uma cobra pode se transformar num dragão, e então o chifre [do dragão] se projetará no alto da cabeça. O ribombar dos trovões faz tremer a terra tranqüila e evidencia as forças que o dragão e a cobra possuem.** 叁捌贰

No zodíaco* chinês, o dragão* é o quinto animal e a cobra* é o sexto. Uma vez que os signos do zodíaco em princípio sempre se movimentam para a frente, esse "salto para trás" da cobra que se transforma em dragão tem uma conotação específica. Talvez uma pessoa esteja tentando reverter um processo que ela mesma provocou.

Este texto convida o leitor à reflexão e ao recolhimento. Na mitologia chinesa, o dragão simbolizava a boa fortuna. Por muito tempo foi o animal heráldico representado nos brasões do império chinês. Já a cobra era considerada maliciosa e traiçoeira, mas também inteligente e esperta.

O oráculo duvida que o consulente tenha consciência do alcance de seus projetos e ações. Ele demonstra muita impaciência, como o dragão, ou muita esperteza, como a cobra, porque seu passado projeta uma sombra sobre o presente e o futuro.

## 383 **Dos nove picos da montanha Huashan, tons de púrpura se espalham no céu. Entra no barco de uma vez e parte em viagem o quanto antes!** 叁捌叁

A montanha Huashan, na província de Shenxi, cujo nome significa literalmente "montanha da Cultura", era e é até hoje uma das montanhas sagradas da China. Nela se localizam cerca de cinqüenta mosteiros e várias centenas de santuários. Em alguns locais dessa montanha, as paisagens que se oferecem são espetaculares: cachoeiras, velhos carvalhos lindos como *bonsais*, névoas misteriosas, auroras e crepúsculos esplêndidos.

Nos últimos tempos, o consulente teve oportunidade de contemplar coisas belas. Esteve num "lugar" tranqüilo e abençoado por Deus, onde conseguiu se recolher e meditar. Hoje essa fase está chegando ao fim e talvez por isso ele tenha consultado o oráculo.

O consulente deve deixar esse "lugar" o quanto antes, no sentido físico ou espiritual. Outros desafios o esperam e ele não deve adiá-los.

叁捌肆 **[Entre] os homens não há ninguém que tenha cometido tão poucos erros quanto Confúcio e Yenhui. Aquele que comete erros e depois consegue corrigi-los volta a ser impecável. Enquanto as flores têm apenas um suporte imperfeito, somente a fruta madura confere segurança aos [teus] planos. Cultivando sentimentos abertos e de desprendimento, podes ficar inteiramente satisfeito com [tuas] idéias!** 384

Poucos são os filósofos que influenciaram o mundo de maneira tão duradoura quanto Confúcio*, pois as concepções de ética e filosofia política do mestre serviram, durante quase dois milênios e meio, como referência para constituir o governo e a hierarquia social de mais de um quarto da humanidade.

Entre milhares de jovens seguidores, Confúcio escolheu Yenhui como seu discípulo preferido, embora ele tivesse deformações físicas e fosse gago.

O consulente tem de aprender a reconhecer os próprios erros diante de si mesmo e das pessoas ao redor. Segundo o oráculo, ele deve tomar precauções inclusive contra si mesmo. Talvez o mais indicado seja uma atitude dinâmica, cheia de iniciativa. O consulente deve oferecer seus sentimentos mais profundos às pessoas ao redor, como se fossem "esmolas" ou "presentes", para que seus planos de longo prazo sejam mais sólidos e confiáveis.

# Glossário

**Adormecido, Dragão — ver Dragão / tempestade**

**Ameixa / Ameixeira**
A ameixeira, primeira árvore a florescer depois do inverno, tem um significado extremamente simbólico na China. Assim como o pinheiro (ver Pinheiro) e algumas espécies de bambus do norte do país que também resistem às geadas, é considerado um vegetal que tolera muito bem a estação fria e por isso representa constância, persistência e vigor. As cinco pétalas de suas flores são identificadas com os cinco elementos (ver Elementos, doutrina dos) e com os cinco deuses da boa fortuna, da mitologia popular. "Flor de ameixeira" era um eufemismo para designar amantes e cortesãs, mas hoje é um nome feminino bastante comum na China. "Flores de pessegueiro e ameixeira" é uma expressão que designa os discípulos de um mestre ou pessoas que optam pelo caminho espiritual. Ameixeiras que florescem pela segunda vez no mesmo ano significam um segundo casamento ou duas relações sexuais na mesma noite.

**Animais — ver Zodíaco**

**Antepassados, culto aos**
O culto aos antepassados é uma das mais antigas manifestações religiosas da humanidade. Na China, desempenhou um papel importante como culto oficial durante a dinastia Chang (1700 a 1100 a.C.), e ainda hoje existem altares de culto aos antepassados dos mais diferentes tipos em quase todos os lares chineses.

Em datas determinadas pelo calendário lunar chinês (ver Lua) são feitas oferendas aos antepassados, que podem ser frutas, galinhas assadas ou refogadas, nozes, amêndoas, etc. Os chineses têm tanto apreço pelos antepassados que um de seus feriados principais é a festa de homenagem aos antepassados, celebrada no décimo quinto dia do terceiro mês lunar. Nesse dia, milhões de chineses visitam os cemitérios, limpam os túmulos dos familiares, trazem presentes ou oferendas, queimam, diante dos túmulos ou num templo adjacente, dinheiro de papel (a "moeda do outro mundo") ou automóveis e casas de papel, para que os antepassados possam levar uma vida confortável no céu (ver Céu). Um dos motivos de todos esses rituais é o fato de que os chineses temem as maldições dos antepassados mais do que as palavras e os atos dos vivos.

Em todos os templos budistas e taoístas nos quais se celebram funerais, há um aposento onde os familiares penduram pequenas lápides dos antepassados. Nessas lápides constam o nome e, caso tenha, também o título do falecido. Em épocas mais recentes passou-se a incluir também uma foto, provavelmente para reavivar a memória dos vivos. Entre os cantoneses, oferendas de sangue são freqüentes. Em geral se oferece sangue de galinha, mas às vezes, quando a pessoa se sente perseguida por uma maldição dos antepassados, ela oferece o próprio sangue.

**Astrologia**

A astrologia chinesa teve início em épocas remotas. Durante a dinastia Chang (1700 a 1100 a.C.) já se conhecia um ciclo duplo que, apesar de ter sofrido várias transformações ao longo dos milênios, até hoje determina o calendário lunar chinês e a carta natal de cada indivíduo. Esse ciclo se constitui de doze "ramos terrenos" (ver Zodíaco) e dez "troncos celestes" (ver Elementos, doutrina dos) que se conjugam em ciclos de sessenta anos e se repetem num ciclo sem fim. A carta natal de cada pessoa consiste em oito dados: ano, mês, dia e hora, cada um deles composto por dois ideogramas.

Esse sistema astrológico de referência e medição do tempo, que apresenta algumas semelhanças com o calendário babilônico, difundiu-se como uma teia, abarcando todos os setores importantes do sistema social da China antiga. Até hoje os chineses se baseiam nesse sistema para determinar a data de um casamento ou para assinar um contrato comercial. Além disso, ele serve para definir o dia mais favorável para um enterro, os dias de oferendas aos deuses e antepassados e os objetos mais apropriados para se oferecer nesses dias, de acordo com a doutrina dos elementos. Serve ainda para determinar dias e horários favoráveis para batalhas e expedições militares, para assentar os alicerces de um edifício, etc.

O curioso é que, nos horóscopos chineses, as combinações "favoráveis" e "desfavoráveis" dos doze "ramos terrenos" e dos dez "troncos celestes" surgem mais ou menos com a mesma freqüência. Assim, o homem que for por exemplo "macaco de fogo" deve decidir sozinho se convém ou não casar com uma mulher "coelho da terra", ou vice-versa. Geralmente, a consulta astrológica dá uma margem tão grande à interpretação pessoal que se pode deixar de apreender um significado mais profundo.

**Astronomia — ver Astrologia**

**Bárbaros do Ocidente**

As principais ameaças à soberania política da China sempre vieram do noroeste. Hunos, tártaros, mongóis e manchus atacaram a China ao longo de milênios, assim como o guerreiro povo tibetano, antes de sua conversão da religião original para o lamaísmo, há cerca de mil anos. Por isso, já no séc. VIII d.C. foram construídas torres de vigia ao norte e ao sul do rio Amarelo ou Huang-ho, de onde os sentinelas se comunicavam entre si por meio de um código de fachos de luz. Posteriormente, foi construída a "Grande Muralha", que exigiu esforço imenso em termos de investimento e trabalho humano e obedecia a uma norma oficial quanto à largura dos eixos de carroça, para que o arsenal militar e as informações pudessem ser levados de um posto de observação para o outro o mais rápido possível.

Esses antecedentes são importantes para a compreensão de alguns textos do oráculo, pois era preciso muitos recursos para combater o perigo representado pelos bárbaros que vinham do oeste ou do noroeste. A "Grande Muralha" é considerada uma das maravilhas do mundo criada pelos chineses. Foi somente nos últimos duzentos anos que a expressão "bárbaros do Ocidente" passou a significar as potências colonialistas.

**Boi / Carro de bois — ver Vaca**

**Budismo / Buda / budista**

Religião fundada por volta de 550 a.C. por Gautama Buda, príncipe de um pequeno reino ao sul do atual Nepal. Buda pregava a dissolução do destino individual, ou Karma, por meio do exercício espiritual de renúncia do eu e da sua fusão com a natureza universal do ser.

Dividida nos primeiros séculos em apenas duas correntes —, o budismo Mahayana ou Grande Veículo e o budismo Hinayana ou Pequeno Veículo —, a religião logo se fragmentou em várias escolas e seitas, das quais as mais conhecidas hoje em dia são o lamaísmo no Tibete, na Mongólia e na Sibéria, a escola Theravada em Sri Lanka e no sudeste da Ásia e a doutrina Zen no norte da China, na Coréia e no Japão.

Na época do autor Zhuge Liang, existiam somente uns poucos grupos isolados que pregavam a conversão budista dentro das fronteiras geográficas e etnográficas da China. É improvável que o autor tivesse tido contato com essas idéias, pois os mais antigos textos budistas chineses foram escritos cerca de 300 anos depois de sua morte. As poucas referências ao pensamento budista que surgem no texto são provavelmente acréscimos posteriores.

**Budismo Zen — ver Zen / Chan**

**Búfalo — ver Vaca**

**Calendário lunar — ver Lua / calendário lunar / ciclo lunar**

**Caminho do Meio — ver Lao-tsé / Tao / taoísmo**

**Cão**

Apesar de seu importante papel como décimo primeiro animal do zodíaco chinês (ver Zodíaco), no qual representa a fidelidade, a devoção e a capacidade para se sacrificar, o cão nunca levou vida fácil na China. Em sítios arqueológicos da dinastia Chang (1700 a 1100 a.C.) foram encontrados ossos de cão calcinados entre os restos de cozinha, comprovando que o cão não era o "melhor amigo do homem" e sim um alimento.

Além disso, nessa época os cães eram sacrificados para servir de oferenda ao deus do céu Di e para as divindades dos quatro pontos cardeais. Até o início da era cristã, cães eram abatidos e enterrados no túmulo de uma pessoa falecida, para lhe servir de guia no além. Esse ritual tinha três finalidades: os cães deviam achar o caminho para o mundo dos mortos, serviam de alimentação durante a viagem e eram os guardiães fiéis do morto em sua marcha nem sempre agradável. — Até hoje a carne de cão, depois da do porco (ver Porco) e do pato, é a terceira iguaria mais vendida nos mercados da China e da Coréia. Só é consumida em grandes quantidades no outono e no inverno, pois o cão é um animal associado ao ponto cardeal oeste (ver Céu).

**Carreira pública — ver Funcionário público**

**Carro de bois — ver Vaca**

**Cavalo**
O cavalo é o sétimo animal do zodíaco chinês (ver Zodíaco). Ele representa rapidez de ação, vivacidade de sentimentos e pensamentos, força e persistência, além de pureza e lealdade. Tal como no Ocidente, muitas lendas são associadas ao cavalo. Num famoso romance medieval, conta-se que um cavalo branco galopou em direção à Lua levando um futuro imperador e o mágico da corte. Ali, o imperador enfrentou várias provas para conseguir finalmente a pílula da imortalidade (ver Pílula da imortalidade).

**Céu / montanha do Céu / pontos cardeais**
A antiga concepção chinesa segundo a qual o céu é uma entidade masculina e a terra é feminina também era difundida, nessa mesma época, na Índia, na Pérsia e na Mesopotâmia — na verdade, em todas as culturas nas quais se estabeleceu uma sociedade patriarcal. "O céu procria e a terra dá à luz", diz um antigo provérbio chinês. Até o séc. XIX, afirmações parecidas podem ser encontradas nas introduções das mais diversas obras sobre ciência natural, astronomia, astrologia, medicina e filosofia.

Nas fases mais primitivas da história cultural das regiões centrais da China, o deus do céu Di era venerado como a maior das divindades. O imperador, ou "filho do céu", era considerado até o início do séc. XX o representante supremo do céu na Terra, e com esse atributo tinha de conduzir o destino dos súditos pelo caminho mais justo. Decisões e decretos imperiais eram mensagens celestiais que tinham de ser cumpridas pelos funcionários públicos (ver Funcionário público). Mais ou menos a partir da era cristã, a mitologia chinesa passou a incluir várias outras divindades que povoam o céu, comandando diferentes "ministérios celestes", de tal forma que o panteão mitológico dos chineses se tornou um reflexo da estrutura social terrena. Os missionários jesuítas não hesitaram em usar essas antigas concepções de céu para encontrar um equivalente chinês da palavra "Deus" que todos pudessem compreender e aceitar. Assim, o Deus cristão era chamado "Tien Zhu" ou "Senhor do Céu", e o cristianismo era chamado "religião do Senhor do Céu".

Quanto aos pontos (ou direções) cardeais, eram em número de cinco segundo a lógica peculiar dos chineses, pois incluíam também o ponto do "meio". Cada ponto cardeal era ocupado ou povoado por entidades simbólicas: o leste pelo dragão (ver Dragão), o sul por um "pássaro vermelho", o oeste pelo tigre (ver Tigre) e o norte, segundo concepções mais antigas, pela tartaruga terrestre, mais tarde por um "Guerreiro Sombrio e Solitário" (ver Tartaruga). Apenas o meio não era associado a um ente simbólico, pois se dizia que as influências dos outros quatro convergiam para ele ou se concentravam nele, como uma espécie de quintessência.

Essa cosmologia se converteu num sistema muito complexo e cheio de ramificações, cujos detalhes não cabe discutir aqui. Diga-se apenas que nela se baseiam a astronomia, a astrologia (ver Astrologia), a geomancia, a doutrina dos elementos (ver Elementos, doutrina dos), a mitologia e o simbolismo chineses.

**Cheia, Lua — ver Lua**

**Cíclicos, signos — ver Signos cíclicos**

**Ciclo lunar — ver Lua / calendário lunar / ciclo lunar**

**Cinco Elementos — ver Elementos, doutrina dos**

**Cobra**

A cobra, sexto animal do zodíaco chinês (ver Zodíaco), é considerada inteligente, rápida e esperta. Porém, ao contrário dos outros três animais "espertos" do zodíaco chinês, o macaco (ver Macaco), o rato (ver Rato) e o porco (ver Porco), a cobra também é traiçoeira, maliciosa e astuta. A pessoa que tem "língua de cobra" está mentindo ou fingindo. Um impostor tem um "coração de cobra" e "corpo de cobra" é uma das muitas expressões para designar as prostitutas.

Embora seja um animal associado mais às qualidades ruins do que às boas, a carne de cobra é apreciada na China. Algumas espécies, como a "cobra verde de bambu", muito venenosa e que só pode ser encontrada no sul da China, são servidas em restaurantes a preços elevados. Além disso, o fígado e a bile da cobra são remédios valiosos contra doenças de pulmão, especialmente contra bronquite crônica e asma. Por isso, em muitas regiões da China existem viveiros de cobras onde se criam as espécies cujas vísceras têm uso medicinal.

**Coelho / Coelho da Lua**

O coelho ou lebre, quarto animal do zodíaco chinês (ver Zodíaco), é associado à brandura, à índole pacífica, ao carinho e à feminilidade, a tal ponto que, até poucos séculos atrás, os livros chineses de ciências naturais afirmavam que a coelha ficava prenhe ao lamber o orvalho da manhã.

Essa crença se baseia na antiga lenda segundo o qual um coelho branco vive no lado visível da Lua (ver Lua) e ali fabrica a pílula da imortalidade (ver Pílula da imortalidade), triturando substâncias num almofariz. Por causa dessa lenda, o coelho também é um dos vários símbolos da longevidade.

As crenças ligadas ao coelho surgiram há mais de dois mil anos e têm raízes profundas na cultura popular, por isso até hoje os chineses não apreciam a carne de coelho ou lebre. As tentativas de Mao Tsé-Tung, que durante a Revolução Cultural lançou uma campanha para o consumo dessa carne rica em albumina e com baixo teor de gordura, não foram bem-sucedidas.

## Concursos públicos — ver Funcionário público

## Confúcio / confucionismo / confucionista

Mestre Kong Fu-tsé ou Kong-tsé (551-479 a.C.), cujo nome passou a ser conhecido pela forma latina Confúcio, foi o filósofo chinês que exerceu maior influência na estrutura social e na evolução política da China. Essa influência ainda pode ser sentida hoje em dia — tanto na República Popular da China quanto em Taiwan e nas comunidades de chineses em vários países do mundo. Descendente de uma família da baixa nobreza, Confúcio teve boa educação. Quando criança, seu interesse por textos antigos já impressionava os mestres. Depois de adulto, por muitos anos tentou conquistar um cargo executivo num dos estados feudais daquela época, para pôr em prática seus conhecimentos e suas idéias sobre a sociedade ideal. Assim, sua vida pode ser comparada à de Platão. Porém, Confúcio não conseguiu exercer nenhum cargo por muito tempo, e até sua morte suas idéias ficaram apenas no plano teórico. Esse fato foi usado como argumento contra suas idéias pelos filósofos e políticos contemporâneos e posteriores que se opunham a Confúcio: os taoístas (ver Lao-tsé), legalistas e moístas (sic).

Depois de muitas dessas decepções pessoais, Confúcio começou uma peregrinação pela China com um grande séquito de discípulos — existem relatos de que eram milhares —, pregando idéias que foram registradas em vários textos. Alguns desses textos provavelmente não foram escritos por ele, tal como aconteceu com grandes sábios da Antigüidade, mas Confúcio também reescreveu ou coligiu textos antigos que circulavam em versões diferentes, entre eles o I Ching. Essa versão comentada do I Ching se conservou até nossos dias e nela se baseiam todas as edições confiáveis do "Livro das Mutações" em chinês ou em traduções ocidentais (ver Bibliografia).

Não cabe aqui uma apresentação detalhada de seus pensamentos e conceitos de filosofia política e social. Basta dizer que Confúcio, ao contrário de seus muitos adversários, preocupava-se mais com o bem-estar terreno e social dos homens do que com idéias espirituais, tais como a "imortalidade da alma" ou a prática da "magia espiritual". Para proporcionar aos homens uma existência terrena mais agradável e satisfatória, eram necessárias certas qualidades morais e éticas, por exemplo as "Cinco Virtudes" e as "Quatro Normas de Conduta", defendidas por ele e seus seguidores. Embora sua atitude fosse bastante agnóstica, Confúcio nunca negou a existência de divindades sobrenaturais. Os ritos confucionistas de adoração do céu e da Terra, transformados em religião oficial do império por volta de 100 a.C., foram praticados até o início do séc. XX, apesar de todas as reviravoltas da história. Também sobreviveu muitos séculos sua concepção da necessidade de uma estratificação social — entre funcionários de vários escalões e subordinados de várias categorias, e suas relações mútuas de responsabilidade. Esse conceito estrutural da sociedade foi seguido quase sem alterações até os dias de hoje. Assim, não é de admirar que muitos chineses usem provérbios e expressões que são citações literais de Confúcio. Quando alguém lhes pergunta sobre o motivo de citar palavras do mestre, respondem geralmente que isso é muito natural, pois Confúcio foi o "pai" da cultura chinesa.

**Crescente, Lua — ver Lua**

**Crisântemo**

O crisântemo é uma flor de outono que resiste à geada e por isso simboliza a permanência e a capacidade de sobrevivência. É apreciado na China como a última flor que enfeita os jardins antes do inverno e também por suas propriedades terapêuticas. As flores com o máximo potencial curativo são colhidas no nono mês lunar, que corresponde ao mês de outubro, depois das primeiras geadas tardias. São ingeridas numa infusão ou misturadas à aguardente de arroz do ano anterior.

Existem na China cerca de cinqüenta variedades de crisântemos. Enquanto que as flores de pessegueiros e ameixeiras anunciam a primavera, os crisântemos são considerados um prenúncio da estação fria. Nos festejos populares das aldeias ao final do ciclo agrário, moças solteiras enfeitavam os cabelos com crisântemos brancos. Dessa forma deixavam claro que ainda eram livres.

Existe também o crisântemo Pankao, de receptáculo branco e pétalas com extremidades pretas, que embora seja uma flor bonita aos nossos olhos, na China era considerada de mau agouro em virtude de alguma superstição.

**Deuses — ver Céu / montanha do Céu / pontos cardeais**

**Direções cardeais — ver Céu / montanha do Céu / pontos cardeais**

**Dourada, pílula — ver Pílula da imortalidade**

**Dragão / tempestade**

Animal fabuloso com corpo de cobra, quatro patas e uma cabeça que lembra a dos quadrúpedes, como de um boi ou cavalo, conforme as diferentes representações visuais. Desde tempos imemoriais é considerado um mensageiro do céu e além disso o deus do trovão, das nuvens e da chuva, que traz fertilidade ao país. Servia aos outros deuses como animal de montaria ou de parelha.

"Na primavera, o dragão se eleva para o céu. Quando ele sobe alto demais, os campos ressecam. Tempestades se formam quando os dragões lutam entre si. Nuvens amarelas e pretas são golfadas de sangue dos dragões feridos. No final do outono, ele se esconde em águas profundas para dormir durante a estação seca do inverno. Nascido na água, pode encolher até o tamanho de um bicho-da-seda — ou aumentar até abarcar o céu e a terra", segundo um antigo texto chinês.

O dragão representa a soberania e o soberano. O estandarte imperial chinês exibia o emblema do dragão e a porcelana e o jade imperiais eram adornados com a imagem de um dragão de cinco garras. Sua morada é o trono. É o deus vivo do Império do Meio. O Portão do Dragão era a entrada do Palácio do Trono. Dragões brincando

## Os cinco elementos e suas analogias

| Cinco direções cardeais | Cinco energias climáticas | Cinco estações do ano | Cinco cores | Cinco sabores | Cinco elementos | Cinco órgãos acumuladores | Cinco órgãos ocos | Cinco aberturas do corpo | Cinco tipos de tecido | Cinco estados de espírito |
|---|---|---|---|---|---|---|---|---|---|---|
| leste | vento | primavera | azul | azedo | **madeira** | fígado | bile | olhos | tendões | ira |
| sul | calor | verão | vermelho | amargo | **fogo** | coração | intestino delgado | língua | vasos sangüíneos | alegria |
| meio | umidade | veranico | amarelo | doce | **terra** | baço | estômago | boca | músculos | reflexão |
| oeste | estiagem | outono | branco | picante | **metal** | pulmão | intestino grosso | nariz | pele e cabelos | tristeza |
| norte | frio | inverno | preto | salgado | **água** | rins | bexiga | ouvidos | medula | medo |

com uma "pérola" (ver Pérola) ou lutando por ela enfeitavam o sinete oficial dos altos funcionários públicos.

Também é importante lembrar que "Dragão Adormecido" era o nome esotérico de Zhuge Liang, autor desta obra, sempre representado com um manto estampado de dragões.

Na época de Mao Tsé-Tung, sobretudo durante a Revolução Cultural, era proibido comprar nas farmácias tradicionais os chamados "ossos de dragão" (fósseis de dinossauro). Hoje em dia, a proibição foi suspensa. Desde tempos antigos, esses ossos são considerados um calmante eficaz. Dentes de sáurios fossilizados também serviam para acalmar bebês na fase da primeira dentição e eram, amarrados ao pescoço da criança para proporcionar um sono tranqüilo.

**Elementos, doutrina dos**

Assim como os gregos, persas e hindus, os antigos chineses elaboraram uma teoria dos elementos com um complicado sistema de relações entre os mais diversos fenômenos naturais e humanos. Madeira, fogo, terra, metal e água, com suas respectivas cores: azul, vermelho, amarelo, branco e preto. Seguiam então as estações do ano, as direções dos pontos cardeais e as horas do dia. A cada estação do ano, os funcionários públicos observavam um ritual de usar roupas (ou pelo menos chapéus) de cor diferente.

No contexto deste livro, não cabe uma explicação mais detalhada sobre as muitas ramificações da doutrina chinesa dos cinco elementos. Note-se de passagem que, na medicina chinesa tradicional, ainda hoje essa doutrina tem função importante para definir diagnósticos e tratamentos.

Como se pode ver pela tabela acima, esse sistema de analogias abrange fenômenos dos mais diversos tipos, por exemplo as estações do ano, mencionadas com freqüência nos textos do oráculo.

A primavera é associada à direção leste, à energia do vento e à cor azul. Simboliza o despertar da natureza e o começo do ciclo agrário.

O verão é associado ao sul, ao calor e à cor vermelha. Simboliza os processos espontâneos de crescimento.

O veranico é o meio, associado à umidade ou às chuvas e à cor amarela. Simboliza a maturação, e conseqüentemente a colheita.

O outono, associado ao oeste, ao período de estiagem e à cor branca, assinala o fim do ciclo agrário.

O inverno é associado ao norte, ao frio e à cor preta. Simboliza o repouso da natureza, que se fecha em si mesma para se reabastecer de energias e brotar de novo na primavera.

**Encarnação**

Desde o início de sua história cultural, os chineses acreditavam no retorno cíclico da alma num estado físico renovado. No entanto, sua doutrina da encarnação se diferenciava bastante das tradições hindu e tibetana, já que para os chineses a alma individual era subordinada à alma do clã. Segundo essa concepção, assimilada pelo confucionismo popular (ver Confúcio) sem que o mestre Confúcio tivesse dito algo a respeito, a alma individual reencarnava periodicamente no seio da família. Essa crença tinha um papel importante para definir os nomes de cada membro dessa família.

Inspirados pelos ensinamentos de Bao Pu-tsé, os neotaoístas (ver Lao-tsé / Tao / taoísmo) esforçam-se para superar esse fatalismo solitário da doutrina da reencarnação. Com exercícios de respiração e ginástica, dieta e uso de medicamentos tradicionais, acreditavam que era possível elevar a alma individual até uma unidade para que, depois da morte, ela sobrevivesse ao processo de decomposição natural, isto é, se tornasse "imortal".

**Espelho**

Até o séc. XIX, era crença corrente na China que os espelhos tinham o poder de afastar demônios, por isso eram considerados objetos mágicos e colocados em certos locais da casa e dos túmulos. Durante a dinastia Chang (aprox. 2000 até 1200 a.C.), os espelhos eram fabricados com pedras de jade de várias cores. Mais tarde foram fundidos em bronze, com uma proporção de estanho, chumbo e prata maior do que os outros objetos de bronze, para aumentar o efeito de reflexo. Um espelho torto ou partido significava mau agouro: seu possuidor teria perdido os poderes mágicos que o protegiam. Um espelho perdido que fosse encontrado significava o contrário: a pessoa que o encontrasse teria recuperado suas forças mágicas.

**Estações do ano — ver Elementos, doutrina dos**

**Estado, estatal — ver Funcionário público**

**"Fadas-raposa" — ver Raposa / "fadas-raposa"**

**Fênix**

A fênix é um dos quatro animais fabulosos da antiga mitologia chinesa: o dragão ou leste, o unicórnio (substituído mais tarde pelo tigre) ou oeste, a tartaruga (substituída mais tarde pelo Guerreiro Sombrio e Solitário) ou norte, e a fênix ou sul, mais tarde substituída pelo corvo (ver Céu). A fênix é a rainha dos "360 seres emplumados". O resultado é que, segundo essa crença, existem 361 animais de penas, que correspondem aos dias do calendário lunar da China antiga.

Em Bangcoc, no ano de 1974, John Blofeld contou ao autor deste livro sua experiência com o mito da fênix que renasce das cinzas. Tudo aconteceu num bosque subtropical no sudeste do Tibete. Blofeld estava numa clareira quando um pássaro se aproximou voando e pousou num galho iluminado pela luz ofuscante do Sol. O brilho da plumagem vermelho-dourada era tão forte que Blofeld não conseguiu enxergar o pássaro. O que ele via era uma espécie de bola de fogo. Só quando uma nuvem cobriu o Sol ele percebeu que estava diante de uma espécie muito rara de ave: o faisão dourado do Tibete.

Com base em antigos pictogramas chineses, acredita-se que o ideograma "Feng", que significa "fênix", tivesse também o significado de "vento". Assim, a fênix é antes de tudo um espírito do vento, por associação sonora com o rumor de suas asas ao voar.

O mito da "afinação universal", segundo o qual o "Imperador Amarelo" ou Huangdi, considerado introdutor da cultura, teria soprado uma flauta cujo som serviu de base para a afinação de todos os instrumentos musicais, inspira-se na relação estreita entre a fênix e a música, sobretudo sua relação com a flauta.

Segue abaixo o trecho de um romance medieval:

"Huangdi, o Imperador Amarelo, assumiu o posto de soberano do mundo, praticou atos caridosos, seguiu a ordem divina, preservou a unidade do Caminho ou Tao (ver Lao-tsé), exerceu as virtudes e fez triunfar o humanismo. A concórdia e a igualdade imperavam no universo, mas ele não avistou a fênix. Meditava sobre sua forma à noite ao ir para a cama e de manhã ao se levantar.

Huangdi chamou o Ancião do Céu e perguntou:

— Como é o aspecto da fênix?

O Ancião do Céu respondeu:

— Bem, a fênix tem a seguinte forma: vista de frente é um cisne, por trás é um unicórnio, tem pescoço de cobra e cauda de peixe, escamas de dragão e corpo de tartaruga, queixo de andorinha e bico de galo. Na cabeça traz as virtudes, nas costas o humanismo. No peito guarda a fidelidade e sob as asas a honradez. Quando vira o pescoço e estende as asas, brilham as 'cinco cores' (ver Elementos, doutrina dos) com todo o vigor e os 'oito ventos' se levantam e se agitam.

Huangdi vestiu um manto amarelo, pôs um chapéu amarelo, meditou em seu palácio e avistou uma revoada de fênix que sobrepunha-se ao sol.

Huangdi desceu os degraus da face leste de seu palácio, voltou o rosto para oeste e disse:

— Céu brilhante, trazei-nos a felicidade. Quem se recusaria a seguir vosso comando?

As fênix pousaram no parque oriental em árvores de osmanto Dryandra e se alimentaram das frutas sagradas dos bambus ao redor.

Até o final da eternidade, não sairão dali."

**Funcionário público / carreira pública / concursos públicos**

Na China, os funcionários públicos sempre controlaram o poder, pois sua função social correspondia, no plano religioso a uma hierarquia celeste em princípio imutável. Eles eram mensageiros e executores das decisões e decretos do imperador ou "filho do céu" e, pelas próprias vestimentas que usavam, sobretudo o chapéu, destacavam-se facilmente dos demais cidadãos e eram reconhecidos por todas as pessoas ao redor.

Para um chinês, tanto naquela época como hoje em dia, o principal objetivo da vida consistia na carreira pública, depois da conclusão dos estudos e da aprovação no concurso, seja como professor, médico, cientista, economista, policial, soldado, artista ou político. Como se fazia desde aproximadamente 300 a.C., ainda hoje as listas dos candidatos aprovados são afixadas em locais públicos — talvez para que a população saiba com quem estará lidando no futuro.

**Ganso / ganso selvagem**

O ganso, sobretudo o ganso selvagem, é um antigo símbolo chinês da felicidade conjugal, pois se acredita que os gansos só tem um único parceiro ao longo da vida. Por isso, o ganso é um presente de casamento ideal. Quando dois jovens querem se casar, o noivo ou o pai do noivo manda um ganso vivo à casa da noiva, e então, se a proposta de casamento for aceita, uma gansa viva é mandada de volta. Depois de terminadas as cerimônias de casamento, o casal de gansos não pode ser abatido até sofrer morte natural.

Gansos selvagens são aves de arribação, por isso simbolizam a divisão das estações do ano. Quando se perdem ou se extraviam da revoada dos outros gansos, simbolizam a separação. Acredita-se que no séc. IV d.C. viveu um famoso calígrafo e pintor chinês que alimentava seus gansos com tinta.

**Gibão, macaco — ver Macaco**

**Grou**

O grou é um dos muitos símbolos da longevidade, pois se acredita que ele viva vários séculos. Além disso, ele representa uma das "Cinco Virtudes" pregadas por Confúcio (ver Confúcio), a da obediência dos filhos, mesmo depois de adultos, em relação aos pais. Quando o grou pai canta, o filho tem de responder, quando um se cala, o outro também tem de se calar, quando um chama, o outro tem de obedecer ao chamado, etc.

**Guerreiro — ver Céu / montanha do Céu / pontos cardeais**

**Horas duplas, doze**

Desde tempos imemoriais, os chineses dividiam o dia em doze horas duplas, sendo que a primeira hora ou início do dia correspondia às 23 horas, no nosso sistema de medição do tempo. As horas duplas eram numeradas segundo o ciclo dos doze "ramos terrenos" e, assim, aparecem nos calendários rurais chineses.

Na medicina chinesa tradicional, elas têm papel importante, pois em cada hora dupla a energia circula num meridiano diferente, que afeta a energia de outro órgão do corpo.

**I Ching — ver Apêndice**

**Imortalidade / imortal / pílula da imortalidade — ver Pílula da imortalidade**

**Inverno — ver Elementos, doutrina dos**

**Jade / pedras de jade**

Na cultura chinesa, o jade, do grupo mineral das jadeítas, é considerado o mineral mais precioso. As pepitas de maior valor têm coloração verde-clara. Porém, as jadeítas podem ter outras — branca, castanha, amarela ou violeta. As nefritas, que se parecem com as jadeítas, também são designadas pelo ideograma "Yi" ou "jade", e o mesmo acontece com os cristais de quartzo. Assim, o conceito acabou adquirindo um significado de "pedra semipreciosa" em geral.

Na Antigüidade chinesa, era costume colocar lâminas de jade talhadas em forma de cigarra na boca dos mortos, acreditando que com isso o morto iria ressuscitar, já que as larvas de cigarra ficam espalhadas na terra durante o inverno para se transformarem na primavera em insetos extremamente ágeis e barulhentos. Em túmulos do período entre 500 a.C. e 500 d.C., foram encontradas várias dezenas de milhares de "cigarras de jade", comprovando que esse ritual de sepultamento era muito praticado.

Por causa do toque macio de sua superfície, o jade também era sinônimo de erotismo e sexualidade. Uma mulher bela tem "pele de jade" e "brincar com jade" significa manter relação sexual. "Suco de jade" é a saliva de uma mulher, "essência de jade" designa o esperma masculino. "Porta de jade" ou "parede de jade" significam a vagina e "bastão de jade" é o pênis. — Essa lista de associações eróticas não termina aqui. Digamos apenas que, até hoje, são combinações de palavras muito comuns na linguagem popular e na literatura, mas sempre com conotação positiva.

Além disso, a divindade suprema da religião popular cantonesa se chama "Yi Wang" ou "Imperador de Jade". Os fiéis que podem se dar a esse luxo exibem em seus altares domésticos uma estatueta talhada em jade branco dessa divindade celeste.

**Kunlun**

Tal como a montanha Meru da tradução hinduísta, Kunlun é a "montanha sagrada" por excelência nas crenças populares chinesas. Não se tem provas de que ela tenha alguma relação alegórica com o maciço montanhoso chamado de mesmo nome e que existe hoje em dia, mas nesse último já se encontraram vestígios de escavações para extração de jade (ver Jade) em tempos antigos.

Kunlun reproduz a "hierarquia celeste" que, segundo a crença chinesa, consistia em oito níveis. No topo brilha o palácio de jade do "soberano do céu" Di, e nos outros sete níveis vivem e atuam divindades com vários atributos, na condição de "ministros" (ver Céu), com seu grande séquito de semideuses, almas do clã, espíritos de antepassados e animais, gnomos, fadas, santos e imortais. Embaixo, na planície que circunda a montanha, vivem demônios, fantasmas, diabos, diabretes, bruxas malvadas e almas penadas que se transformaram em animais grotescos e malignos. Claro que as plantas também têm características opostas na montanha e na planície, com todo tipo de formas fantásticas. Diante do palácio de jade há um pessegueiro imortal (ver Pêssego/Pessegueiro) cujas frutas amadurecem uma vez a cada mil anos. Nos terraços crescem árvores, arbustos, plantas cultivadas, ervas medicinais e cogumelos. Embaixo, na planície, estende-se o reino das "plantas daninhas": ervas venenosas e plantas de cor desagradável ou cheiro horrível, ou simplesmente inúteis.

É preciso acrescentar que essa representação da "montanha", tão confusa em seus elementos grotescos e fantásticos, pode variar bastante conforme a região da China. Assim, tendo em vista o tamanho e a disparidade cultural do país, não é de admirar que dezenas de milhares desses "seres", relacionados de uma maneira ou de outra com a montanha Kunlun, sejam descritos em textos populares de cunho religioso e esotérico, ou em romances e poemas clássicos de forma e temática variadas.

**Lao-tsé / Tao / taoísmo**

Juntamente com Confúcio (ver Confúcio), Lao-tsé, ou o "Velho Sábio", influenciou permanentemente a filosofia e o pensamento chineses. Foi o pioneiro da filosofia chinesa, pois nasceu em 604 a.C., 55 anos antes de Kong Fu-tsé. Foi o primeiro e o mais sábio dos sábios, como dizem seus adeptos ainda hoje, e encabeça a lista dos "Bai-tsé" ou "cem filósofos" apresentados nas enciclopédias chinesas.

Segundo a lenda, Lao-tsé escreveu um livro com as próprias mãos e não através de discípulos, como no caso de Confúcio. O Tao Te King, ou "Tratado sobre o Caminho e a Virtude", teve existência comprovada em fases primitivas da história cultural chinesa, através de descobertas arqueológicas de partes do texto e fragmentos que datam de 300 a.C. Se Lao-tsé realmente existiu, é uma questão histórica que provavelmente ficará sem resposta.

Acredita-se que não teve seguidores ou discípulos diretos como Confúcio. Levou uma vida de eremita na atual província de Chan-Tong e, ainda segundo a lenda, partiu aos 81 anos de idade, montado num boi, em direção à montanha Kunlun (ver Kunlun), no oeste da China. Um funcionário amável do serviço de fronteira pediu ao mestre que se identificasse num desfiladeiro, e a esse funcionário Lao-tsé teria entregue, como uma espécie de "documento", a única cópia de seu livro.

A pequena obra abrange 81 estrofes ou capítulos. Foi escrita numa linguagem simples mas de difícil interpretação, que até hoje desafia os estudiosos chineses e tradutores ocidentais. As dificuldades de compreensão resultam principalmente dos jogos de palavras. Lao-tsé empregava os ideogramas chineses de maneira muito pessoal, juntando conceitos opostos na mesma frase, pois segundo a doutrina do Tao ou "Caminho" os contrários têm de se fundir e se dissolver num todo. "O melhor governo é aquele que não governa", diz uma de suas frases mais conhecidas. Ou ainda: "Aquele que sabe não fala, aquele que fala nada sabe." A vantagem de seus versos simples, vigorosos e penetrantes é dar ao leitor uma margem infinita de interpretações. E a desvantagem é que não se consegue chegar a uma conclusão sobre as verdadeiras idéias e objetivos do mestre. Por esse motivo, muitos adeptos do taoísmo encaram o livro como uma obra de uso ritual, com exemplos de idéias escritas em linguagem poética que só podem ser entendidas pelos iniciados, capazes de transmitir ou explicar esses pensamentos aos alunos.

No cerne da obra se encontram os conceitos Tao e Te, "Caminho e Virtude", que também são os títulos das duas partes principais. Tao significa a lei universal que governa os caminhos do mundo ou os caminhos individuais de cada pessoa. Te significa virtude, diligência, honra, sinceridade e humanismo, condições essenciais para que as pessoas possam vivenciar o Tao. Este último só pode ser alcançado através do Wu Wei, o "não-agir" ou não se mexer, a suspensão de todas as ações e emoções.

Os frutos que essa obra trouxe para a história espiritual da China foram extremamente variados. Nos quatro séculos seguintes surgiram outros filósofos, como Zhuang-tsé no séc. IV a.C. e Lie-tsé cem anos depois, que perpetuaram a tradição taoísta. Eles eram fiéis às idéias do mestre, desenvolvendo-as e comentando-as sem alterar sua essência.

No séc. IV d.C., um certo Ke Hong, cujo nome esotérico era Bao Pu-tsé, afirmando ser taoísta e "verdadeiro" seguidor das doutrinas de Lao-tsé, provocou uma virada decisiva na história do taoísmo. Escreveu sobre as verdades e práticas que, na sua opinião, estavam "ocultas" entre os versos herméticos do texto original. Esses comentários tinham caráter místico e alquímico e tentaram explicar melhor as idéias do mestre, embora também incluíssem todo tipo de conselhos práticos para os seguidores do taoísmo. Exemplos disso são os exercícios de respiração, mais tarde incluídos no Qigong (ver Respiração, técnicas de), e uma infinidade de fórmulas e remédios da farmácia tradicional chinesa, que deveriam proporcionar ao discípulo melhores condições físicas para dissolver sua existência terrena no Tao e finalmente alcançar a imortalidade (ver Pílula da imortalidade). Esse caminho alquímico tem vários pontos de contato com a alquimia ocidental. Quanto a Bao Pu-tsé, acredita-se que depois de morto seu corpo não tenha sido encontrado, pois no seu lugar havia apenas um punhado de cinzas brancas.

Ke Hong, considerado fundador do "neotaoísmo", exerceu tanta influência na evolução posterior dessa doutrina que se pode falar em dois "taoísmos" bastante diferentes em essência: a corrente original, com sua inspiração quietista, filosófica e poética, centrada na realização do indivíduo e no fundo indiferente a qualquer comunhão social com outras pessoas, e a corrente posterior, organizada em grupos religiosos e comunidades secretas de vários tipos, que por diversas vezes tentaram conquistar o poder político na China, mas sem sucesso.

**Lebre / Lebre da Lua — ver Coelho / Coelho da Lua**

**Leste — ver Céu / montanha do Céu / pontos cardeais**

**Longevidade — ver Pílula da imortalidade**

**Lua / calendário lunar / ciclo lunar**

Tal como no Ocidente, a Lua é representada como uma entidade feminina e contemplativa, por isso pertence ao Yin (ver Yin e Yang). Sempre teve função mais importante que o Sol (ver Sol), pois o calendário chinês se baseia no ciclo lunar, sendo que a Lua nova assinala o início do ano e do mês, e a Lua cheia se dá em meados do mês.

Muitas lendas têm relação com a Lua. Acredita-se que um coelho branco (ver Coelho) viva em seu lado visível, onde prepara a pílula da imortalidade (ver Pílula da imortalidade) triturando ingredientes num almofariz. No lado oculto, vive uma tartaruga de três patas (ver Tartaruga de Três Patas) que "engole" a Lua na Lua nova. Também se fala muito numa árvore de osmanto (ver Osmanto) indestrutível que cresce diante do Palácio da Tartaruga. Se a árvore é derrubada, em pouco tempo cresce de novo. Além disso, a Lua é povoada por espíritos, fadas e demônios de vários tipos.

O mais importante para a interpretação dos textos do Oráculo dos Números Sagrados é o fato de que a Lua representa e influencia os sentimentos. Uma Lua coberta pelas nuvens significa dificuldades psicológicas, um luar claro sugere serenidade, alegria e bom humor, e a Lua nova ou eclipses da Lua têm interpretação geralmente negativa.

**Macaco**

Os macacos têm papel importante na mitologia local em todas as regiões da China onde vivem. Em *A Viagem para Oeste*, ou *Xiyou Ji*, famoso romance de inspiração budista (ver Budismo), o macaco é uma das personagens principais.

No zodíaco ou horóscopo chinês (ver também Zodíaco), ele é o nono animal e simboliza mobilidade, inteligência e uma associação estreita com a natureza. No idioma cantonês, um "homem-macaco" é um conquistador de mulheres, enquanto uma "mulher-macaco" é uma boa mãe que cuida de muitos filhos.

**Meio, Caminho do — ver Lao-tsé / Tao / taoísmo**

**Minguante, Lua — ver Lua / calendário lunar / ciclo lunar**

**Montanha do céu — ver Céu / montanha do Céu / pontos cardeais**

**Norte — ver Céu / montanha do Céu / pontos cardeais**

**Nova, Lua — ver Lua / calendário lunar / ciclo lunar**

**Oeste — ver Céu / montanha do Céu / pontos cardeais**

**Olhos de dragão / Longyan**

Designação que se dá às frutas de uma árvore cujo nome científico é *Nephelius dragonis max.*, da grande família da lichia. As frutas são consumidas frescas ou secas. Segundo a crença, servem para fortalecer a visão.

**Osmanto / árvore de osmanto / flores de osmanto**

O *Osmanthus sinensis* é uma pequena árvore das regiões centrais da China, famosa pelo aroma de suas flores. Com essas flores se fabrica um vinho aromático levemente doce, porém seco. O melhor vinho é fabricado na região de Pequim. O osmanto é conhecido desde a Antigüidade chinesa e também aparece na mitologia. Assim, acredita-se que na Lua (ver Lua) exista uma árvore de osmanto de vida eterna, com flores de aroma delicado. Periodicamente, um demônio derruba a árvore, mas ela cresce de novo em pouco tempo. É provável que essa lenda seja uma representação simbólica do ciclo lunar.

**Ouro**

Jin ("ouro" ou "metal") é um dos ideogramas chineses mais abrangentes, por causa de suas diferentes conotações e das diferentes maneiras de interpretá-lo. Em épocas primitivas, designava metais em geral. Mais tarde, foi identificado ao ouro, mas sem perder o espectro semântico anterior. Os especialistas da medicina chinesa tradicional discutem até hoje se na acupuntura devem ser usadas agulhas de ouro e prata, ou simplesmente de metal (em geral aço). Essa dúvida se deve às várias interpretações possíveis de textos antigos.

Embora o ouro fosse um metal precioso muito apreciado pelos chineses, a moeda oficial da China até o começo do séc. XIX era cunhada em prata, e o tesouro estatal consistia em reservas de prata. O ouro era usado como jóia, para fabricar objetos de adorno ou para exibir a prosperidade de uma pessoa.

**Outono — ver Elementos, doutrina dos**

**Ovelha / Cabra**

A ovelha ou cabra é o oitavo animal do zodíaco chinês (ver Zodíaco). Assim como os bovinos, os caprinos não são claramente identificados na antiga escrita chinesa. Ovelhas e cabras correspondem ao mesmo ideograma, e raramente se pode adivinhar pelo contexto de que espécie se trata.

Seja qual for a espécie do animal, a ovelha ou a cabra são símbolos de reverência filial, pois os cordeiros ou cabritos dobram as patas da frente para mamar. No caso de um "bode", quer dizer, de um homem nascido sob esse signo, o animal representa virilidade, coragem e vontade de se impor. Se uma mulher nasceu sob esse signo, deve tomar cuidado para não dar demais de seu "leite", ou seja, não ser usada ou explorada pelas pessoas ao redor.

**Pagode**

Tal como o Palácio do Imperador na capital, o verdadeiro centro de todas as cidades médias e grandes da China era o pagode. De início usado provavelmente como torre de vigia, a partir de 500 a.C. passou a simbolizar o poder central nas províncias e subdistritos. Decretos imperiais eram lidos ali em voz alta pelos funcionários públicos (ver Funcionário público) ou afixados nos muros em volta. No átrio diante do pagode, organizavam-se audiências judiciais, anunciavam-se o início das estações e as atividades dos camponeses e artesãos, celebravam-se ritos seculares e religiosos e inauguravam-se várias festas do calendário chinês. Diante dos muros em volta do pagode aconteciam feiras públicas, e para um artesão ou negociante era uma distinção especial ter sua oficina ou comércio nas proximidades do pagode.

Ao longo dos milênios, o estilo de construção dos pagodes sofreu mudanças. De início, tinham planta quadrada e eram construídos na direção dos pontos cardeais (ver Céu), com estrutura piramidal de quatro ou cinco andares. Nos primeiros séculos da era cristã, foi introduzida a planta de oito lados com oito andares, aumentados depois para dezesseis andares numa planta octogonal, como é o caso do pagode de Su-tcheu, considerado um dos mais belos e bem-conservados do país.

**Pedras de jade — ver Jade / pedras de jade**

**Pérola**

Desde tempos imemoriais, as pérolas são muito apreciadas pelos chineses como jóias e objetos de valor. As lâminas de jade (ver Jade) colocadas na boca dos mortos nas regiões centrais da China eram substituídas por pérolas nas regiões costeiras de Fujian e Cantão. O cultivo sistemático de pérolas remonta ali aos tempos pré-cristãos. Dragões (ver Dragão) que brincam com uma pérola ou lutam por ela são um símbolo bastante comum em brasões, esculturas e na fachada de edifícios chineses.

**Pêssego / Pessegueiro**

Segundo crenças antigas, a madeira de pessegueiro tem o poder de afastar demônios. Xamãs usavam bastões de pessegueiros para expulsar espíritos impuros de um corpo amortalhado, para que a família pudesse prestar a última homenagem ao morto sem sofrer prejuízos.

Para combater os demônios das doenças, na Antigüidade se fabricavam arcos de pessegueiro com os quais se disparavam flechas de sarças contra estatuetas de demônios. Como uma forma de proteção mágica, até hoje sinetes de pessegueiro com inscrições coloridas são pendurados nas portas das casas.

No dia de ano-novo, dois deuses coloridos são pendurados nos lados das portas. Na linguagem popular, são chamados de "deuses das portas". Acredita-se que na montanha Tushuo, perto do lago Azul, exista um grande pessegueiro cuja altura supera três mil milhas. Uma abertura no meio dos ramos a nordeste se chama "Portão do Diabo". Por ali entram e saem os "dez mil diabos". Dois deuses que vivem ali se encarregam de vigiá-los. Apanham com laços de junco aqueles que são malignos ou causam prejuízos e os atiram aos tigres para serem devorados.

Perto da "lagoa de jade" da montanha Kunlun (ver Kunlun) cresce um pessegueiro de galhos tortos e frutas que amadurecem a cada mil anos. Acredita-se que Xiwang Mu, mãe do rei do Ocidente, teria mandado quatro dessas frutas ao supersticioso imperador Wudi, da dinastia Han, para que ele conquistasse com elas os quatro pontos cardeais (ver Céu). O pêssego é assim um dos símbolos mais antigos de longevidade e imortalidade (ver Pílula da imortalidade).

**Pílula da imortalidade / imortalidade**

Um mito muito antigo é associado aos conceitos de imortalidade, dos Imortais e da pílula da imortalidade. É com certeza o ideal que os chineses da Antigüidade e da Idade Média mais desejavam e perseguiam. Muitas divindades populares são pessoas que se tornaram Imortais e vagueiam numa espécie de mundo híbrido entre a realidade material e terrena e um espaço feito de matéria espiritual.

Enquanto Confúcio (ver Confúcio) e seus seguidores no mundo inteiro concebiam a imortalidade como uma vida justa, digna de ser registrada nos livros de história do império ou biografias de heróis, os adeptos do taoísmo (ver Lao-tsé) viam na imortalidade um objetivo espiritual e esotérico que podia ser alcançado tanto por homens como por mulheres.

Além dos exercícios de respiração, a fabricação da pílula da imortalidade era, para os taoístas, o principal veículo para atingir a longevidade, e assim o Tao ou Caminho em si.

Dezenas de milhares de "receitas", com todas as instruções e caminhos para obter ingredientes muitas vezes impossíveis, são descritas no Dao Zang ou "Tesouro do Tao", uma enciclopédia de todos os escritos taoístas. Às vezes as receitas pedem "cogumelos sagrados das árvores" de um certo terraço da montanha Kunlun (ver Kunlun), depois um caroço de pêssego (ver Pêssego/Pessegueiro) do topo da montanha, ou ainda flores de osmanto (ver Osmanto) da Lua. Entre esses ingredientes também aparecem o cérebro de aves de rapina de vários tipos, olhos de coruja, bile de urso, as presas moídas de um veado almiscareiro, venenos de cobra, peles de tartaruga, carapaças de tartaruga e cigarra, larvas de bicho-da-seda, conchas de mariscos e vermes do mar. Junto com isso, as mais diferentes substâncias minerais e químicas: alume, antimônio, arsênico, sulfato de chumbo, o pó de vários cromatos, pedras preciosas de vários tipos, fósseis, pó de jade e todos os cristais: calcitas, quartzos, piritas, sais, etc. E várias dezenas de milhares de plantas medicinais, que só têm efeito se o adepto as plantar no próprio jardim: são chamadas Angélica, *Annamarhena, Dioscorea, Datura, Dryandra, Ephedra sinensi* e Ginseng. Muitos desses nomes não são identificados claramente nem pelos especialistas chineses.

Além de outras descobertas químicas e tecnológicas, as pesquisas relativas à "alquimia da imortalidade" tiveram como resultado casual a invenção da pólvora. Apesar de tudo o que se diz ou se escreve no Ocidente, a pólvora foi utilizada militarmente para fabricar bombas e granadas, poucos anos depois de sua descoberta, no séc. I a.C., e não servia apenas para fabricar fogos de artifício.

**Pinheiro**

Em toda a China, existem cerca de trinta espécies endêmicas de pinheiro. Assim, não é de admirar que os pinheiros sejam as árvores representadas com mais freqüência na pintura chinesa. Algumas espécies conseguem suportar a geada e a neve sem perder as agulhas, enquanto outras só crescem em clima subtropical. O pinheiro é considerado um dos símbolos da longevidade, mas também da constância, persistência e autodisciplina.

**Pontos cardeais — ver Céu / montanha do Céu / pontos cardeais**

**Porco**

O porco é o décimo segundo e, portanto, o último animal do zodíaco chinês (ver Zodíaco). Isso lhe confere um lugar especial, pois ele "encerra e fecha" o zodíaco, como se lê num antigo texto sobre astrologia (ver Astrologia). O porco é considerado um animal esforçado, trabalhador e inteligente, e também — ao contrário de sua fama no Ocidente — "limpo".

Existem cerca de 35 raças de porcos da China, mas a criação tradicional de porcos chineses se diferencia bastante da ocidental. De dia, os porcos são levados aos campos onde já se fez a colheita para se alimentarem dos restos, para escavarem a terra com seus focinhos e cascos e para adubá-la com seus excrementos. À noite, os porcos voltam sozinhos para os estábulos, onde comem restos de cozinha e farelo. No caminho de ida e volta, os porcos se alimentam também de animais daninhos como ratos, camundongos, caramujos, gafanhotos, larvas de besouro e vermes, e por esse motivo são muito valorizados pelos camponeses.

Deve-se acrescentar que a carne de porco é a mais vendida na China e que a culinária chinesa oferece variedade infinita de receitas que incluem carne de porco.

**Portão do Dragão — ver Dragão / tempestade**

**Primavera / início da primavera / primavera da vida — ver Elementos, doutrina dos**

**Quartos da Lua — ver Lua**

**Raposa / "fadas-raposa"**

Embora seja um animal conhecido por sua esperteza, a raposa tem um significado simbólico e mitológico na China que difere bastante das concepções européias mais comuns. Quando envelhece, o animal pode se transformar numa mulher, ou num ser de traços femininos, que costuma castigar ou prejudicar os homens em romances de amor ou libretos de ópera chineses. Quem dorme com uma "fada-raposa" geralmente fica impotente. Esses espíritos só podem ser distinguidos das mulheres de verdade pelo fato de que, em suas várias aparições, nunca trocam de roupa, mas a roupa está sempre limpa e vistosa.

Na região central e no norte da China, a raposa era muito comum como representação de um mito e da síndrome do medo, mas também como animal vivo. Por isso, havia em Pequim um tipo de funcionário chamado "funcionário-raposa", que dava conselhos aos homens sobre oferendas rituais para se protegerem das aparições noturnas de fadas-raposa. Se acreditarmos nos romances clássicos e nos libretos de ópera, esses conselhos não eram muito eficazes, pois as fadas-raposa são descritas como mulheres extremamente belas e eróticas, capazes de seduzir qualquer homem.

**Rato**

Primeiro animal do zodíaco chinês (ver Zodíaco), o rato representa para os chineses inteligência, esperteza e tenacidade. Nas mais diferentes situações de vida, é um animal capaz de sobreviver, de se adaptar e agir com coragem. Mas essas características positivas são apenas astrológicas. Na verdade, os ratos são caçados e mortos na China tanto quanto no Ocidente, perseguidos pelos gatos ou envenenados. Mas há uma diferença: no sudoeste da China a carne do "grande rato-de-bambu" é muito apreciada. Essa espécie de rato vive em bambuzais e se alimenta apenas das folhas e brotos de bambu.

**Respiração, técnicas de / Qigong**

As técnicas de respiração chinesas, que hoje em dia se tornaram comuns no leste da Ásia e no Ocidente, remontam a tradições xamanistas muito antigas. Os taoístas (ver Lao-tsé) as encaravam como um recurso para atingir o êxtase e transcender o mundo terreno. "Minha respiração se tornou o alento do mundo", escreveu no séc. IV d.C. Ke Hung ou Bao Pu-tsé, médico naturalista, filósofo, astrônomo e astrólogo, eremita versado em alquimia e fundador do neotaoísmo. Inspirados nesse princípio tão abrangente, muitos habitantes do leste da Ásia praticam a "ioga da respiração" como forma de auto-aperfeiçoamento.

Não cabe aqui uma discussão mais detalhada sobre as técnicas de respiração. Elas são complexas e variam bastante de mestre para mestre. Só se tornam úteis quando o professor ou mestre tem uma visão de conjunto dos alunos ou pacientes, baseada em diagnósticos prévios, para lhes ensinar os exercícios de respiração mais indicados à sua constituição energética. Se ele não identificar corretamente essa constituição do paciente ou aluno, os exercícios de Qigong podem provocar graves problemas de saúde.

**Sacerdote — ver Funcionário público**

**Selvagem, ganso — ver Ganso**

**Signos Cíclicos**
Os "signos cíclicos" são o fundamento do calendário lunar chinês (ver Lua). Desde aprox. 2000 a.C. se conhecem dois ciclos: os dez "troncos celestes" e os doze "ramos terrenos". Juntos, eles formam o ciclo diário de doze horas duplas, o ciclo semanal de dez dias, o ciclo anual de 360 dias e o "grande ciclo anual" de sessenta anos. Não cabe no contexto deste livro uma explicação detalhada desse sistema de medição do tempo, que mesmo para os chineses cultos não é nada simples. Basta dizer que os "signos cíclicos" determinam todas as horas do calendário e, assim, todo cálculo astrológico e geomântico.

**Sol**
O Sol, expressão yang (ver Yin e Yang), sempre teve importância secundária para os chineses, pois o tempo era determinado pela Lua e pelo ciclo lunar (ver Lua). O Sol, em seu ritmo fixo, só servia para modificar as tonalidades do céu. Em épocas primitivas, o Sol provavelmente simbolizava o imperador e o império. É o que faz supor a lenda pré-histórica do herói e imperador Hou Yi, que, com seu arco mágico, teria disparado nove flechas contra "dez sóis" ou senhores feudais. Esses senhores teriam trazido para o país a estiagem e as guerras, antes que Hou Yi assumisse o mandato imperial e adotasse o símbolo do Sol, pela primeira vez na história chinesa.

**Sul / sudoeste — ver Céu / montanha do Céu / pontos cardeais**

**Tao / taoísmo / taoísta — ver Lao-tsé**

**Tartaruga aquática / tartaruga de água doce**
As tartarugas de água doce, com seus cascos macios, pertencem à família zoológica dos trioquenídeos e vivem em todas as grandes extensões de água ao sul do rio Yang-tsé. Esses animais não correspondem muito à imagem que se faz normalmente da tartaruga pacata e inofensiva. São predadores muito rápidos e agressivos, de pescoço comprido, focinho pontudo, dentes afiados e uma carapaça macia, coberta de inúmeras veias, que funcionam como um órgão de respiração a mais, pois a tartaruga absorve por meio delas o oxigênio dissolvido na água e pode assim ficar embaixo d'água indefinidamente.

A carne dessas tartarugas é muito apreciada na China desde a Antigüidade, e as carapaças servem para o preparo de vários medicamentos tradicionais que servem como antídoto para certos venenos. Hoje elas servem para fabricar remédios profiláticos e terapêuticos de tratamento do câncer, por isso esses animais são criados em viveiros especiais. Desde o final dos anos de 1980, os trioquenídeos que vivem em estado selvagem são protegidos pela lei.

As tartarugas de água doce simbolizam agilidade mental e física, coragem e agressividade, esperteza e capacidade de adaptação. São encontradas freqüentemente em lagoas e tanques próximos aos templos, destinados à pesca de água doce.

**Tartaruga de Três Patas / tartaruga**

Acredita-se que, no lado oculto da Lua, viva uma Tartaruga de Três Patas que "engole" o satélite durante a Lua nova, para expeli-lo de novo lentamente. Ela vive no "Palácio da Escuridão", onde é tratada e servida por elfos e fadas. É considerada um ser capaz de realizar todos os desejos no âmbito das emoções ou sentimentos.

Na medicina chinesa, a carne de tartaruga comum serve para fabricar remédios que dissolvem tumores. Os camponeses comem sua carne cozida com ervas para se protegerem dos maus espíritos.

**Tartaruga-do-mar — ver Tartaruga aquática**

**Tempestade — ver Dragão / tempestade**

**Tigre**

Terceiro animal do zodíaco chinês (ver Zodíaco), o tigre está presente em toda parte da China — como "divindade da porta". Ele é pendurado no batente das portas para proteger a casa dos demônios e outras influências malignas, e também é encontrado na forma de estatuetas de porcelana e pedra na entrada das casas e fachadas dos edifícios, e na forma de amuletos e talismãs. É um símbolo da força original, mas também da violência e fúria destrutiva, já que é o animal do oeste (ver Céu) e do outono (ver Elementos, doutrina dos), época em que termina o ciclo agrário.

É um animal ao mesmo tempo apreciado e odiado, adorado e desprezado, ou caçado. O I Ching (ver Apêndice) afirma que não convém montar no lombo de um tigre, pois a melhor maneira de dominar esse animal é agarrá-lo pela nuca. De acordo com a farmacopéia tradicional chinesa, os testículos do tigre macho, curtidos em aguardente, são um dos remédios mais eficazes contra a impotência.

**Três Céus — ver Céu**

**Três Impérios — ver Apêndice**

**Tripé**

No período neolítico já se fabricavam tripés de cerâmica na China central. Por volta do ano 2000 a.C., a mesma forma foi adotada em recipientes de bronze. Tais recipientes eram utilizados em rituais de adivinhação ou quiromancia, durante os quais cascos de tartaruga ou fragmentos da omoplata de bois e ovelhas eram aquecidos sobre o recipiente ou dentro dele. As fendas ou fissuras que se formavam nos ossos devido ao aquecimento serviam para predizer o futuro.

Tripés de bronze de grande beleza podem ser admirados no Museu do Palácio Nacional de Taipé, em Taiwan. Alguns deles, fundidos numa única peça de bronze, chegam a medir 2,2 metros e pesam várias toneladas.

**Unicórnio**

Na China, o unicórnio representava o espírito pacífico e a bondade. A palavra chinesa "unicórnio" tem um ideograma masculino e um feminino. "Cascos de unicórnio" significam uma prole numerosa. Um quadro com a representação de um rapaz montado num unicórnio é um presente ideal de casamento, para enfeitar o quarto do casal.

Esse animal fabuloso, cuja origem remonta a cerca de mil anos, tem corpo de veado, rabo de boi, patas de cavalo, escamas de peixe e um único chifre. Seus movimentos são tão cuidadosos que não ferem nem mesmo um inseto. Ele também protege plantas raras. O unicórnio dourado simboliza ganhos materiais.

**Vaca / boi / búfalo**

A vaca é o segundo animal do zodíaco chinês (ver Zodíaco), embora a língua chinesa escrita não diferencie as várias raças e sub-raças de bovinos. Assim, Lao-tsé (ver Lao-tsé), em sua última viagem pela China, teria viajado em direção ao norte, para a montanha Kunlun (ver Kunlun), montado no lombo de um boi, para oeste, montado num zebu e, para sudeste, montado num búfalo.

A vaca representa a força de trabalho, pois esse animal puxava o arado da parelha imperial na "cerimônia do arado", no início da primavera, num campo simbólico, a leste do Palácio Imperial. Essa cerimônia marcava ao mesmo tempo o início do ciclo agrário e do trabalho nos campos. Só depois de terminada a cerimônia, que podia durar vários dias, as pessoas tinham permissão para trabalhar nas lavouras.

A vaca também significa força, capacidade de se sacrificar, riqueza e influência e ainda boa vontade, ingenuidade e, em relação ao sexo masculino, teimosia, impaciência, ciúme e força para lutar. Até hoje, o grupo folclórico Meos promove touradas nas quais os touros são trazidos para a arena para ali se atracarem numa luta de vida ou morte.

**Veado**

Na mitologia chinesa, o veado é um dos animais mais populares e mais carregados de simbologia. Até hoje, os chifres novos de veado, extraídos do animal macho nos meses de junho ou julho, ainda manchados de sangue, são vendidos nas farmácias naturalistas chinesas como fortificante e afrodisíaco. O extrato fabricado da armação do veado, extraída no final do outono, é receitado contra esgotamento físico e perda de memória. Além disso, os genitais do veado macho misturados à aguardente de arroz ou sorgo aumentam a potência sexual. O leite de veado é um remédio que prolonga a vida e desintoxica o organismo.

Assim, o veado foi incorporado nas crenças populares chinesas como símbolo de riqueza e longevidade. Funcionários públicos de alto escalão eram representados de preferência ao lado de um veado, que significava fama e riquezas materiais. Num romance popular da Idade Média chinesa, o protagonista surge várias vezes montado num veado. Também a divindade popular "Lao Jin" ou "Senhor da Velhice", que representa saúde e longevidade, costuma ser acompanhado por um veado nas imagens ou estatuetas de porcelana de muitos altares domésticos do sul da China.

**Verão — ver Elementos, doutrina dos**

**Vermelho — ver Elementos, doutrina dos**

**Vida longa — ver Pílula da imortalidade**

**Yin e Yang**

A doutrina do Yin, que significa o passivo, o escuro, o frio, o feminino e o oculto, e do Yang, que representa o ativo, o claro, o quente, o masculino e o visível, é um elemento essencial da cultura chinesa. Não se sabe exatamente quando foi descoberta ou inventada, mas é provável que isso tenha acontecido na pré-história da China. É o princípio básico do I Ching (ver Apêndice) e de toda a cosmologia chinesa.

**Zen / Chan**

Segundo afirmam seus adeptos, o budismo Zen ou Chan é a quarta e última manifestação do pensamento de Buda (ver Budismo) na Terra. O ideograma chinês e japonês que representa o zen-budismo é associado ao conceito budista Dhyana, que significa "meditação". A doutrina tem início com a aparição de Bodhidarma na China, que se acredita ter acontecido no séc. VI d.C. Por isso, parece impossível que já existissem correntes zen-budistas à época do autor do Oráculo dos Números Sagrados. No contexto desse livro, é mais provável que o termo signifique "meditação profunda". Outra possibilidade é que o ideograma tenha sido introduzido posteriormente nesse livro.

**Zodíaco / signos do zodíaco**

O ano lunar chinês tem um ciclo de doze fases representadas pelos signos do zodíaco, que também correspondem às doze "horas duplas" (ver Horas duplas, doze) do dia. A seqüência dos signos é a seguinte: rato, vaca, tigre, coelho, dragão, cobra, cavalo, ovelha ou cabra, macaco, galo, cão e porco. Cada pessoa pertence a um desses signos, que pode ser determinado com base em cálculos astrológicos. A cada um dos signos corresponde um elemento (ver Elementos, doutrina dos).

# Apêndice

## O oráculo chinês, berço da escrita

Em todas as civilizações avançadas da Antigüidade, a escrita teve uma origem ritual. Os primeiros exemplos de escrita foram inscrições rupestres feitas há cerca de 15 mil anos, no período Neolítico. Nos Pireneus, nos Alpes, no maciço montanhoso do Tibesti, no Cáucaso, nas cordilheiras de Altai e Kunlun, no oeste e também no sudoeste da China, no sudeste da Ásia e até mesmo na Austrália foram encontradas inscrições que tinham aspecto e temática semelhante: as estrelas, o nascimento e a morte, a caça, o homem e a mulher, a prole, a comunidade, o xamã ou mago, às vezes também a feiticeira. Nesse longo e importante período que marcou a evolução da humanidade moderna, parece ter existido uma espécie de cultura "universal", embora não se saiba praticamente nada sobre as possibilidades de comunicação entre povos que viviam em lugares tão distantes entre si.

Os cultos, os rituais e posteriormente as religiões nasceram da ânsia do ser humano de penetrar mais profundamente nos segredos da natureza e do mundo, segredos que o envolviam, influenciavam e condicionavam diariamente. O xamã, o curandeiro, o druida, a feiticeira e, em épocas mais recentes, o sacerdote e a sacerdotisa encarregavam-se da realização do culto, alguns dedicando-se exclusivamente a essa tarefa e outros realizando-a como uma ocupação adicional.

Inseguranças, perigos, ameaças de origem natural ou social foram fatores importantes no surgimento desses fenômenos. Mas certamente desempenhou papel decisivo o ímpeto humano de buscar o sentido da vida e dos fatos interiores e exteriores que cercam sua existência. Em épocas remotas, o homem sentiu crescer dentro de si a necessidade insaciável de compreender melhor os fatores que o condicionavam e limitavam sua ação e percepção. Queria saber por que estava constantemente à mercê dos tormentos da doença, da morte de parentes e conhecidos, das catástrofes naturais, das guerras e contradições de seus próprios sonhos e sentimentos. Queria saber por que conseguia ver ou intuir os deuses e espíritos e que influência exerciam em sua vida. Queria saber como atrair para si a ajuda dos deuses ou como se proteger deles.

Foi dessa multiplicidade de fatores, em que predominavam o sofrimento e a sede de conhecimento — companheiros fiéis do homem ao longo de toda a sua história —, que surgiram as primeiras manifestações de oráculo ou profecia, assim como os adivinhos, quiromantes, videntes e profetas.

## O antigo oráculo chinês

Diferentemente do que ocorreu nas culturas do Mediterrâneo, do Oriente Próximo e de algumas regiões da Índia e da Indonésia, onde o oráculo era transmitido verbalmente por uma pessoa "iluminada", desde os primeiros estágios da evolução cultural chinesa o oráculo era consultado por homens e mulheres cultos e alfabetizados, que aqueciam o casco de tartarugas ou ossos de animais em recipientes de três pés (de início fabricados de cerâmica e depois de bronze). As fendas ou fissuras que se formavam no casco ou nos ossos, em virtude desse aquecimento, eram interpretadas de acordo com quatro categorias, a depender da pergunta que tivesse sido formulada:

Sim > favorável < > desfavorável < Não

Em seguida, o resultado da consulta era gravado no próprio objeto de culto, ao passo que o casco ou ossos tinham de ser cozidos numa infusão de alume para que sua superfície ficasse macia. Centenas de milhares de ossos e cascos utilizados para a consulta ao oráculo já foram encontrados na China.

Os mais antigos, que consistiam em quatro seções ou tiras de uma carapaça de tartaruga, foram localizados na província de Chan-Tong e datam aproximadamente de 7.500 anos. Esses fragmentos de carapaça são considerados os exemplos mais antigos de escrita da história da humanidade, pois datam de uma época muito anterior — cerca de 2 mil anos — ao surgimento da escrita cuneiforme na Mesopotâmia e dos hieróglifos no Egito.

Uma vez terminada a consulta, os ossos utilizados para o oráculo eram conservados em cavas ou porões, no interior de recipientes especiais, provavelmente para que fosse possível confirmar mais tarde as previsões do oráculo ou para servirem como uma espécie de arquivo dos acontecimentos sociais importantes.

Embora já fosse conhecida nos primórdios da evolução cultural chinesa, essa forma de oráculo só se tornou culto oficial na dinastia Chang (cerca de 1700 — 1100 a.C.).

O teor das perguntas refletia de maneira clara e detalhada as relações sociais, as crenças e as superstições dos antigos chineses. Havia perguntas sobre as maldições dos espíritos dos mortos, que, segundo se acreditava, causavam doenças; sobre o significado de acontecimentos vividos em sonhos, sobre os sacrifícios que convinha oferecer aos espíritos dos antepassados e do clã, sobre pedidos rituais ou mensagens enviadas aos antepassados; sobre rituais de conciliação, sobre divindades dos rios, das montanhas, da terra e do ar e outros deuses e deusas, sobre cerimônias ligadas à agricultura ou de invocação da chuva e sobre a divindade suprema que governa o céu, conhecida como "Di". Muitos dos cascos e ossos utilizados para o ritual do oráculo não apresentavam apenas inscrições em forma de perguntas, mas também de respostas. Seguem alguns exemplos característicos:

No dia Renyin foi feita a seguinte consulta ao oráculo: "Deve-se oferecer aos antepassados Shiren uma súplica ritual em favor da colheita do milho? A súplica deve incluir danças e uma oferenda de vinho?" E a resposta afirmativa: "Assim seja feito!"

No dia Kangwei, consultou-se o oráculo acerca da necessidade de uma súplica ritual por chuva, dirigida às dez divindades dos antepassados, e se nesse ritual deveria-se estrangular um carneiro para servir como oferenda. Resposta: "Favorável, assim seja feito!"

No dia Gengchen, foi feita ao oráculo a seguinte pergunta: "Houve um eclipse solar. Isso significa desgraça ou está tudo em ordem? Deve ser feito um comunicado ritual a Ho, espírito dos rios?" Resposta: "Desfavorável, sim!"

"É preciso oferecer um sacrifício coletivo para a divindade suprema 'Di' e para o Deus do Leste? É preciso enterrar um cão preto, queimar três casais de ovelhas e sacrificar uma vaca amarela por meio da fratura ritual do crânio?" A resposta talhada no objeto de culto: "Não, cerimônias diferentes."

Esse tipo de consulta ao oráculo, baseado numa combinação de quatro respostas possíveis, é indício claro de uma concepção do mundo pautada nos quatro pontos cardeais, o que no período seguinte daria origem ao I Ching* e à doutrina do Yin e do Yang. A partir dessa data, o "sim" passou a ser identificado com o Grande Yin ou norte; a resposta "desfavorável", com o Pequeno Yin ou oeste; o "favorável" com o Pequeno Yang ou leste; o e "não" com o Grande Yang ou sul.

## I Ching, o Livro das Mutações

A dinastia Chang teve um fim violento com a invasão dos Tcheu, povo vindo do oeste que provavelmente já havia assimilado a cultura, a escrita e o idioma dos Chang graças a contatos que se estenderam por séculos. Os Tcheu governaram a China aproximadamente de 1100 a 300 a.C., no início com firmeza e autoridade e nos últimos três séculos de maneira negligente e nominal.

Nesse período foi escrito o I Ching*. Acredita-se que os textos do I Ching* tenham sido reunidos por Wen Wang, "imperador das artes" e fundador dessa dinastia, que teria se baseado em documentos já existentes e em relatos orais, ao menos no que diz respeito ao corpo central do livro conhecido como Tuan, ou "Imagens Principais". Seja como for, até hoje não foi possível encontrar o manuscrito original, ou partes dele, para que se pudesse comprovar essa antiga lenda de importância capital para a história da escrita.

Por volta de 500 a.C., o mestre Confúcio acrescentou uma seção ao livro, conhecida como Hsiang ou "Manifestações", além de organizar o texto numa obra lógica e coerente, editando-o verso por verso com base em fontes diferentes e acrescentando comentários detalhados.

Certamente, a versão de Confúcio é autêntica e confiável em diversas partes do texto, mas ao longo dos séculos foi freqüentemente "revista" ou "corrigida", o que não contribuiu para que seu conteúdo e significado originais chegassem até nós. Apesar disso, ela ainda é considerada a versão básica na qual se baseiam todas as edições posteriores em idioma chinês e suas traduções em idiomas ocidentais.

Depois de 25 anos estudando o I Ching* em seu idioma original e em outras que conheço, para os quais foi traduzido, somente a versão chinesa, incluindo seus comentários, pareceu-me confiável. Como não podia deixar de ser, entre todas as demais, ela é a mais fiel ao espírito e ao texto originais.

A melhor tradução está esgotada há várias décadas: é a edição inglesa de S. T. Sung, de 1934. Nela, tudo o que o tradutor acrescentou em termos de interpretação ou notas sobre gramática e sintaxe aparece entre parênteses. Richard Wilhelm e John Blofeld, para mencionar apenas dois dos estudiosos mais conhecidos, não tomaram a mesma precaução em suas traduções. Os acréscimos, que às vezes chegam a um terço (!) do texto, não estão assinalados, e suas próprias observações não aparecem separadas dos comentários antigos e recentes, feitos pelos chineses. Assim, o consulente não tem condições de avaliar em que local e até que ponto as concepções e opiniões pessoais dos tradutores estão presentes no texto.

A tradução de Sung é especialmente valiosa por ser bilíngüe, isto é, o texto original em idioma chinês é apresentado sobre cada um dos versos da tradução, possibilitando um cotejo entre os dois. É uma grande vantagem para os especialistas do I Ching, que assim podem comparar as diferentes versões textuais chinesas em função das traduções e interpretações existentes.

O I Ching* consiste em 64 hexagramas de seis linhas cada um, que resultam, portanto, em 384 linhas variáveis. Estas se dividem em duas categorias: linhas contínuas Yang ( — ) ou linhas partidas Yin ( – – ). Um conjunto de seis linhas dispostas umas sobre as outras forma um hexagrama. A consulta a um dos hexagramas se dá por meio da contagem de 49 talos de milefólio, ou jogando-se três moedas. Os detalhes desse procedimento não cabem no contexto deste livro.

Na China imperial, I Ching não servia apenas para revelar o destino das pessoas, mas também era utilizado em previsões ou profecias de vários tipos: assuntos de política e guerra, diagnósticos médicos, conflitos ou crimes não-esclarecidos pela justiça.

Tendo em vista as condições sociais rígidas (e em várias épocas brutais e repressivas) da China antiga, não é impossível que o livro tenha servido de pretexto para todo tipo de abusos. Por exemplo, muitas pessoas inocentes podem ter sido condenadas à prisão ou até à forca com base numa "consulta" ao livro. Talvez por um desses motivos o I Ching quase não seja mais utilizado hoje em dia como livro de profecias na China, ficando restrito às pesquisas acadêmicas de alguns poucos estudiosos.

Além disso, o I Ching é um livro de leitura difícil, redigido na antiga linguagem erudita, e por isso inacessível para a maioria dos chineses de hoje devido à complexidade e ao caráter abstrato das interpretações.

Quem já viveu na China conhece a linguagem metafórica dos chineses e os sentimentos associados a ela, muitas vezes românticos e de certa forma ilusórios. Assim, não é de admirar que uma obra como o I Ching, com sua estrutura quase matemática e sua construção rigorosa, não encontre muita receptividade numa cultura carregada nas tintas emocionais.

## Zhuge Liang, o autor do Shen Shu

Zhuge Liang, também conhecido como Zhuge Kongming, nasceu em 181 d.C. em Yangdu, na província de Chandong, situada no nordeste da China. Depois da morte precoce do pai, ele recebeu uma educação esmerada na casa de um tio. Na adolescência já se manifestava nele o gênio literário. Escrevia poemas místicos e mitológicos que impressionaram profundamente seus contemporâneos e tornaram seu nome famoso.

Durante muitos anos, levou uma vida de eremita, morando numa cabana coberta de juncos, ao pé de uma montanha chamada "Dragão Adormecido". Foi esse o nome esotérico que ele adotou — ou recebeu.

Liu Pei, que era então o descendente mais poderoso da dinastia Han, em fase de decadência, tinha ouvido falar que Zhuge Liang era o homem mais extraordinário da época, versado em magia espiritual, filosofia, política e artes marciais. Assim, foi procurar Zhuge Liang ao todo por três vezes, tentando convencê-lo a assumir o posto de chanceler da recém-fundada província Shu-Han, no sul da China.

Finalmente, Zhuge Liang aceitou o encargo, não sem algumas restrições. Em sua nova função de chanceler e ministro da Guerra de Shu-Han, ele comandou várias campanhas militares que o teriam levado da província ocidental de Sichuan até a Birmânia e o Tibete, onde se familiarizou com o budismo, que naquela época ainda não havia se difundido pela China.

Zhuge Liang morreu no ano 234 d.C., numa batalha contra o exército de Sima Yi, seu inimigo pessoal e político. Sima Yi era marechal da corte da província Wei, no norte do país, governada pelo "usurpador do império" Cao Cao.

Além dos méritos literários, que costumavam impressionar os rivais, atribuem-se a Zhuge Liang alguns inventos de tecnologia militar. Segundo esses relatos, ele teria inventado uma arma de três lâminas utilizada em carros de combate e uma besta (arma formada de arco, cabo e corda) capaz de disparar uma dúzia de flechas ao mesmo tempo.

A julgar pelos testemunhos existentes, ele também tinha os poderes mágicos de mover montanhas, controlar o vento e as ondas, tornar invisível a si mesmo e às outras pessoas, além de conseguir enganar os inimigos com ilusionismos, como por exemplo fazê-los acreditar que um exército pequeno e mal-equipado era poderoso e temível. Por fim, Zhuge Liang era iniciado nos mistérios dos sacrifícios rituais, que apesar de sua complexidade tinham grande importância social.

Por causa desses dons sobre-humanos, Zhuge Liang recebeu o título de "Zhonghou" ou "Duque do Centro Interior", e com esse nome até hoje é cultuado em templos do sul da China e no sudeste da Ásia.

## Os "Três Impérios"

Depois de passar por cinqüenta anos de decadência política na última fase da dinastia Han (25-220 d.C.), decadência essa causada pela corrupção, pelo descomprimento das regras e costumes e pelo ódio popular sob a forma de revoltas camponesas e tentativas de golpe por parte de associações secretas taoístas como os "Boinas Vermelhas" e os "Turbantes Amarelos", um certo Cao Cao, último ministro da Guerra da dinastia Han, assumiu o poder no norte do país e fundou a dinastia Wei (220-265 d.C.). Uma vez que ele não pertencia à venerável família imperial por herança de sangue, Cao Cao foi chamado desdenhosamente de "Usurpador".

Um ano depois, o sobrinho do último imperador Han estabeleceu na província ocidental Chu, hoje Sichuan, a dinastia Shu-Han, ou "Pequena Han". E novamente um ano depois, a dinastia Wu foi fundada em Hangkou, às margens do rio Yang-tsé.

Assim, os "Três Impérios" surgiram da desintegração do império Han, que havia governado a China por mais de 400 anos e deixara uma marca mais profunda que qualquer outra dinastia. Até sua anexação pelo império Jin (280-430 d.C.), que se originou no norte da China a partir da dinastia Wei, os "Três Impérios" viveram em guerra permanente, sendo que Zhuge Liang, o autor deste oráculo, teve papel importante nos conflitos, na condição de chanceler e de ministro da Guerra do imperador Liu Pei, pertencente à dinastia Shu-Han. Para usar um termo da historiografia moderna, foi uma época de guerra civil permanente. As três casas reinantes, em suas respectivas zonas de influência, combatiam com energia e crueldade o "anarquismo taoísta" das associações secretas já mencionadas. Mobilizavam grandes exércitos para guerrear entre si e restabelecer a unidade do império, ou faziam pactos para se garantir contra aquela dinastia que tivesse mais poder num determinado momento. Apesar disso, nenhuma delas conseguiu obter vantagem decisiva em termos estratégicos.

O próprio autor morreu no ano 234 d.C., lutando contra o império Wei, no norte da China, numa das campanhas militares que tanto consumiram as forças populares. Assim, provavelmente sua personalidade ficará para sempre como um enigma da história ou da alma popular chinesa. Zhuge Liang, apesar de seus fracassos políticos e da época conturbada em que viveu, tornou-se um herói popular, celebrado e venerado até hoje em romances, libretos de ópera e em templos religiosos.

## O Oráculo dos Números Sagrados

O Oráculo dos Números Sagrados, ou Zhuge Wuhou Shenshu, foi escrito por Zhuge Liang, uma das personagens mais famosas dos romances épicos e libretos de ópera chineses. Sua biografia pode ser traçada com base em inúmeras fontes e seu nome é bem conhecido por todos os chineses cultos. O texto provavelmente surgiu por volta de 220 d.C. Porém, é quase certo que as versões posteriores tenham sofrido alterações significativas, tal como aconteceu com todos os clássicos chineses, inclusive o I Ching.

A originalidade do Oráculo dos Números Sagrados está no fato de representar um contraponto espiritual e literário ao I Ching, um texto que se caracteriza pela estrutura interna rígida e intelectualizada.

O autor dos Números Sagrados se inspirou no I Ching apenas quanto ao número de estrofes, que totalizam 384 — equivalentes às 64 x 6 linhas ou versos dos hexagramas do I Ching. Mas o texto tem um teor inteiramente diferente, com sua linguagem poética e suas imagens vigorosas, inspiradas na variedade dos fenômenos naturais e nos acontecimentos corriqueiros da vida social. Ao contrário do Livro das Mutações, que se baseia em teorias cosmológicas, filosóficas e de hierarquia social, os Números Sagrados se inspiram nas crenças populares, na mitologia e num tipo de sabedoria atemporal, acessível a qualquer consulente.

Assim, não é de admirar que o Oráculo dos Números Sagrados, estreitamente ligado à vida e à cultura populares, seja até hoje o livro de profecias mais consultado no sul da China e no sudeste da Ásia, superando o I Ching, um livro de leitura difícil.

## Como formular as perguntas

As pessoas vivem formulando perguntas sobre os vários aspectos de sua vida cotidiana, ao mesmo tempo que se vêem confrontadas por todo tipo de questionamento em seu meio social. Na maioria das vezes, a pergunta se refere ao comportamento mais adequado que devem assumir em situações de vida complexas, relacionadas com o mundo interior ou exterior.

O modo como a pergunta ao oráculo é formulada e o momento em que ela é feita influenciam a resposta. "A consulta ao oráculo deve ser como o passarinho que voa em direção ao ninho ou o bebê que pula para o colo da mãe", diz um antigo provérbio do leste da Ásia.

Ao examinarmos mais detidamente os textos do oráculo, veremos que a linguagem poética e metafórica de cada verso está associada a um potencial mágico que abriga em si, direta ou indiretamente, todas as circunstâncias de vida a que o texto se refere. Deve-se meditar sobre isso com o máximo cuidado.

Perguntas diretas do tipo "SIM ou NÃO" devem ser evitadas se incluírem várias polaridades de força que o consulente, no momento da consulta, ainda não consegue enxergar e avaliar por completo. Por exemplo, num determinado momento pode-se fazer a seguinte pergunta: "Estou doente?" Ou: "Qual a gravidade de minha doença?"

Porém, seria imprópria a pergunta: "Algum dia ficarei doente?"

Pergunta apropriada: "Meu amigo morreu nesse acidente de carro?"

Pergunta imprópria: "Meu amigo vai morrer num acidente de carro?"

Pergunta apropriada: "A pessoa que amo também me ama?"

Pergunta imprópria: "Será que vou me apaixonar algum dia?"

Durante a consulta, qualquer desejo de enriquecimento pessoal deve ser colocado em segundo plano, sem que isso implique uma atitude passiva em relação ao lado material da vida. Assuntos de dinheiro e negociações comerciais, acordos e contratos podem e devem ser objeto de consultas ao oráculo.

No entanto, é preciso ter cautela quanto a isso, pois muitas coisas dependem da disposição íntima e do estado de espírito do consulente: se ele quiser enganar a si mesmo, ou enganar outra pessoa, a mensagem mais positiva do mundo lhe parecerá negativa. Porém, se ele tende a praticar o bem ou empregar suas potencialidades num projeto útil, uma mensagem negativa (ao menos aparentemente) poderá lhe trazer clareza interior.

A responsabilidade pelas perguntas cabe unicamente ao consulente, não ao oráculo. Em outras palavras, ao refletir sobre as perguntas, ao tirar as moedas e consultar o texto correspondente, o consulente está agindo por sua própria conta e risco. O texto e os comentários só têm efeito esclarecedor, até o limite da própria clareza interior do consulente.

## A autoria do texto

Acredita-se que Zhuge Liang seja o autor do texto. Assim, o oráculo pode ser encarado como uma obra sua. Se Zhuge Liang não foi o verdadeiro ou único autor do texto, esse é um tipo de especulação que tem importância apenas secundária — da mesma forma como, para um amante das artes, é irrelevante provar que Michelangelo, Rubens, Picasso ou Dalí pintaram com as próprias mãos os quadros que ele adquire ou pretende adquirir ou contempla num museu. O valor artístico dos quadros supera todos os demais critérios. Como sabem os especialistas e historiadores da arte, vários pintores conhecidos não poderiam ter criado todas as suas obras sem a ajuda de discípulos, simplesmente porque a produção material de todas as obras que lhes são atribuídas estaria além dos limites e da capacidade humana.

O mesmo acontece com os livros sagrados da humanidade: o I Ching (ou Livro das Mutações) em suas edições confucionistas, taoístas e sincretistas, que diferem apenas nos detalhes; o Velho e o Novo Testamentos em suas versões judaicas, católicas, ortodoxas, monofisistas, coptas e protestantes, os cânones budistas, bastante diferentes entre si, ligados às tradições do lamaísmo tibetano, do budismo Mahayana (também chamado Grande Veículo e difundido na China e no Japão) e do budismo Hinayana (ou Pequeno Veículo, difundido no Ceilão e sudeste da Ásia), por fim o Corão em suas diferentes versões e interpretações sunitas e xiitas, etc. Nesses textos sagrados, a questão da autoria é indissociável da figura de um fundador ou patriarca, pois se acredita que suas palavras tenham sido registradas pelos seguidores ou discípulos. Porém, ninguém contesta seriamente o fato de que, ao longo de séculos e milênios, muitas mentes humanas modificaram os textos, adaptaram sua linguagem, fizeram cortes ou acréscimos e às vezes até inverteram o sentido de algumas frases para adequá-las ao dogma.

O mesmo se passa com o Oráculo dos Números Sagrados. Embora as coletâneas literárias afirmem que Zhuge Liang foi seu único autor, certos indícios que ficam claros numa análise cuidadosa nos levam a pensar o contrário. Enquanto as frases essenciais das estrofes estão redigidas no estilo corrente do período dos Três Impérios, outras frases mencionam temas mais modernos, fazendo supor que certas modificações e acréscimos foram feitos mil anos mais tarde, provavelmente porque o estilo arcaico de alguns textos se tornara incompreensível para os consulentes das dinastias Song e Yuan. Os textos tinham que proporcionar profecias inteligíveis ao longo dos séculos, e assim foram feitas intervenções que nem sempre sabemos se serviam para melhorar a compreensão textual, se modificavam ou até mesmo distorciam a mensagem original.

## Análise do estilo

Escrito em versos, o texto se insere estilisticamente na tradição poética que vai da fase tardia da dinastia Han até os períodos Sui e Tang. Essa tradição apresenta certas características, como o número de ideogramas em cada verso e o total de ideogramas como medida ideal das estrofes, além da pronúncia ou tonalidade dos ideogramas finais de cada verso, que serviam para conferir ao texto um caráter musical. Evidentemente, o próprio "desenho" ou aspecto visual dos ideogramas desempenha um papel importante na construção dos versos, pois a escrita literária da época do autor tinha um caráter mais fortemente imagético do que a escrita chinesa moderna.

Embora essas características genéricas estejam presentes numa grande variedade de versos distintos, é fácil perceber que o estilo é bastante homogêneo em termos expressivos. O texto trata de assuntos que incluem a representação de fenômenos naturais, o simbolismo religioso e folclórico, referências históricas variadas ou a descrição das condições sociais da China antiga. Porém, como todos os textos da literatura clássica chinesa, ele dá margem a muitas interpretações, pois os elementos de função principalmente sintáticas, como artigos, preposições, conjunções e advérbios, são extremamente raros. Assim, cada um dos ideogramas do texto — substantivos, adjetivos, verbos, advérbios descritivos e as poucas conjunções, partículas interrogativas e imperativas — são importantes para a compreensão textual.

Para complicar ainda mais, na literatura clássica chinesa, as classes gramaticais nem sempre podem ser claramente identificadas, fazendo com que o mesmo ideograma, ou combinação de ideogramas, desempenhe funções diferentes em versos de construção ou contexto semântico distintos. Vejamos por exemplo o ideograma "Cheng", que surge de diversas maneiras ao longo do texto. Às vezes, em sua função verbal, ele significa "completar" ou "transformar", como adjetivo ou advérbio, ele significa "terminado" ou "perfeito", e como substantivo pode significar "maturidade", "qualidade" ou ainda o fim ou conclusão de uma ação ou empreendimento.

Além disso, a poesia chinesa tem a peculiaridade de concentrar ou condensar num único ideograma ou numa combinação de ideogramas uma complicada cadeia de acontecimentos. Uma vez que os escritores daquela época não se preocupavam tanto com a compreensão literal do consulente ou ouvinte, procurando ao contrário estimular seu subconsciente e sua fantasia, os elementos de função puramente sintática, que estabelecem a conexão nos intervalos do texto vazios de sentido, eram considerados supérfluos.

O Oráculo dos Números Sagrados não é um poema escrito com preocupações exclusivamente literárias. É um livro de presságios ou profecias. Se fosse submetido ao espartilho sintático dos textos em prosa da mesma época, o autor do oráculo, assim como o consulente, não teriam liberdade de usar a própria intuição para ler, ouvir e interpretar os textos.

## Observações sobre a tradução alemã

Depois de receber o texto de uma amiga, por muitos dias e noites eu me senti um cego diante dele, até perceber que sua leitura exigia um procedimento diferente daquele que eu aprendera em meus estudos de sinologia. Era preciso evitar a todo custo "ler e pensar em alemão", se eu quisesse captar o sentido dos ideogramas e transformá-los em linguagem acessível para os consulentes ocidentais de hoje. Assim, comecei uma tradução literal dos ideogramas de cada verso, examinando-os não apenas segundo seu teor semântico e função sintática, mas comparando-os também nas várias situações em que aparecem. Por esse caminho consegui finalmente decifrar uma espécie de código secreto que, como um fio condutor, atravessa o texto em todas as suas partes integrantes.

Vejamos por exemplo o texto nº 63, que consiste num verso de cinco ideogramas, seguido por um verso de quatro. Nos dois versos finais, repete-se o esquema de cinco ideogramas. A tradução literal seria mais ou menos a seguinte:

"Lago — mar — sensação — melancólica — melancólica /
enevoada — margem — para baixo — anzol /
Se — encontrar — dragão — junto — lebre / fama — riqueza — uma — unidade
— abranger."

Isso equivale à seguinte tradução fluente:

"Os lagos e mares [inspiram] uma sensação de grande melancolia. Joga teu anzol [nas águas] da margem enevoada. Se [tu] encontrares um dragão e uma lebre juntos, [tua] fama e [tua] prosperidade serão consideráveis."

É fácil perceber que a tradução, por mais clara e acessível que tenha se tornado aos olhos do consulente, permanece fiel à estrutura verbal dos ideogramas. Os eventuais acréscimos, que podem ser identificados pelos colchetes [ ... ], baseiam-se numa análise cuidadosa do original e possibilitam uma leitura mais fluente. Apenas a conjunção aditiva "e" e o verbo auxiliar "ser", em seus diferentes tempos verbais, não foram colocados entre colchetes, já que não interferem, ou interferem pouco, no sentido e no enunciado do texto, por serem formas básicas dos idiomas ocidentais.

É outra a função do pronome pessoal "tu", inserido em quase todos os textos do oráculo em declinações ou casos distintos. O "tu" é uma referência direta ao consulente, pois era de maneira direta que os adivinhos chineses daquela época, assim como nos dias de hoje, costumavam ler os textos do oráculo. O uso desse pronome torna o texto mais pessoal e convincente, efeito que não se atingiria com pronomes indefinidos como "alguém", "se" ou "uma pessoa".

Infelizmente, nos estudos de sinologia nem sempre se adota a identificação clara de acréscimos ou comentários ao texto original. Para evitar qualquer distorção, utilizei o método descrito acima. Dessa forma, o consulente do oráculo não fica reduzido a uma interpretação prévia e tem mais liberdade para dar sua própria contribuição.

## Zhuge Liang, personagem de romance

Tal como me aconteceu durante a leitura de outros textos espirituais como o Livro Tibetano dos Mortos e o I Ching, ao estudar o Oráculo dos Números Sagrados tive várias vezes a sensação de entrar em contato com a pessoa de seu autor. O ato de ler ou consultar os oráculos do livro provocava uma sensação palpável de que Zhuge Liang em pessoa conversava comigo.

Para que o consulente tenha ao menos uma breve noção da vida e da personalidade do autor Zhuge Liang, apresento a seguir alguns capítulos de um romance da Idade Média chinesa, a extensa *Epopéia dos Três Impérios*, escrita no séc. XIII (ver Bibliografia), que trata com detalhes da biografia pessoal e das idéias do autor.

Note-se de passagem que todas as biografias de Zhuge Liang, escritas por chineses ou sinólogos estrangeiros, baseiam-se nesse romance como fonte principal. Isso se deve, entre outros motivos, ao fato de que a época dos Três Impérios, conturbada por uma sucessão de guerras civis, revoltas, banditismo, atentados e assassinatos, não nos deixou outras fontes fidedignas. Liu Pei, último herdeiro de sangue da gloriosa dinastia Han, é celebrado nessa obra como o "bom imperador", enquanto Zhuge Liang é descrito como um súdito leal, que desempenha as funções de chanceler e ministro da Guerra, demonstrando qualidades de astúcia, esperteza e sabedoria de inspiração divina. Ele revela um mestre na relação com outras pessoas e no comando da máquina de guerra de seu tempo, conjugando numa única personalidade o eremita taoísta e o comandante supremo das forças armadas.

Lo Guan-shi, autor do romance, certamente teve dificuldades para enquadrar em sua obra uma personalidade tão variada, que a cada hora pendia para um lado da linha tênue que separa o bem do mal. Muito mais simples deve ter sido a caracterização de seu inimigo, o "usurpador" Cao Cao, cujo nome está associado a assassinatos, infanticídios, brutalidade, sede de vingança e sede de poder.

## O romance — Capítulo 36

[...] Examinando seu cavalo, Xi Shu disse:

— Estou tão confuso que me esqueci de dizer uma coisa. Conheço um homem de talentos prodigiosos que vive a cerca de vinte milhas de Xiangyang. Por que não saímos à procura dele?

— Posso te importunar sugerindo que vás até ele e lhe peças que me visite?

— Ele nunca se dignará a visitá-lo. É o senhor que deve ir até ele. Porém, se ele concordar em ajudá-lo, o senhor se sentirá tão feliz quanto Tcheu ao receber a ajuda de Li Wang, ou Han quando Chang Liang veio em seu auxílio.

— Como pode um desconhecido pertencer à tua categoria social?

— Minha? Comparado a ele sou um velho rocim de puxar carroça diante de um unicórnio, ou uma gralha velha diante de uma fênix. Aquele homem é feito da mesma cepa de um Guan Zhong ou um You, mas na minha opinião ele os supera facilmente. Tem o dom de medir o céu e delimitar a terra. É um homem cuja sombra se projeta sobre todos os seres vivos.

— Gostaria de saber seu nome.

— Nasceu em Yangdu, na província de Langya, e seu nome tem duas palavras, Zhuge Liang. O sobrenome é Kongming. Descende de boa família. Seu pai foi um funcionário público que morreu jovem. O rapaz se mudou para Jing-tcheu juntamente com o tio, que era um velho amigo do prefeito daquela cidade. Então, o tio morreu também. Zhuge Liang e o irmão mais novo Zhuge Jun se tornaram camponeses. Nessa fase da vida, contentavam-se em escrever composições no estilo clássico.

"Na região em que viviam havia uma serra conhecida como 'Dragão Adormecido', e assim o mais velho dos irmãos se apropriou desse nome, chamando a si mesmo 'Mestre do Dragão Adormecido'. É esse o homem que lhe convém conhecer. É um verdadeiro gênio. Se ele o ajudar, não precisará mais se preocupar com a paz do reino."

— "Espelho das Águas", um mago da corte, me falou certa vez de dois homens, Fulong e Fengchu, dizendo que se um deles pudesse me ajudar, tudo iria bem. Com certeza, devem ser os eremitas que acabas de mencionar.

— Fengchu, ou a "Fênix que Alça Vôo", é Pang Tong. Fulong, ou o "Dragão Oculto", é Zhuge Kongming.

Liu Pei deu um salto de alegria:

— Agora sei finalmente quem são os Misteriosos. Gostaria que estivessem aqui! Mas deves achar que tenho sido um cego — disse ele.

Alguém transcreveu esse diálogo em versos solenes, quando Xi Shu, montado em seu cavalo, transmitiu o conselho a Kongming:

*Liu Pei ouviu dizer que seu querido amigo*
*tinha de deixá-lo com o coração aflito.*
*Eles se haviam tornado muito próximos*
*e ambos choraram no instante da separação.*
*Porém, o hóspede que partia mencionou um nome*
*que repercutiu nos dois profundamente*
*como o ronco de um trovão num céu de primavera,*
*e [assim] eles despertaram*
*um dragão de seu sono.*

Dessa forma, o famoso Kongming for recomendado ao soberano que ele devia servir, e Xi Shu partiu a cavalo.

Agora, Liu Pei compreendia as palavras do eremita Sima Hui. Sentia-se como quem acorda de um sono de embriaguez. À linha de frente de seus oficiais, ordenou o retorno à cidade. [...]

Obedecendo ao impulso de seus sentimentos, Xi Shu, antes de partir, mencionara o nome de seu amigo, traindo assim o lugar em que este vivia recolhido. Agora lhe ocorria a possibilidade de que Kongming se recusasse a ajudar Liu Pei, e por isso decidiu visitá-lo. Assim, tomou o caminho em direção à serra do Dragão Adormecido e só desceu do cavalo diante da choupana do amigo. Quando este perguntou o motivo de sua chegada, Xi Shu respondeu:

— Queria ajudar Liu Pei, de Xiang-tcheu, mas Cao Cao tomou minha mãe como refém e ela mandou chamar por mim. Por isso, tive de deixar o imperador. No momento de partir, recomendei-lhe teu nome. Em breve ele passará por aqui. Espero que não recuses ajuda, concordando em empregar teus grandes talentos para servi-lo.

Kongming, que parecia transtornado, disse:

— E assim, fizeste de mim a vítima de tua vítima?

Dizendo isso, sacudiu as mangas do traje e saiu do quarto. Com o rosto rubro de vergonha, o hóspede se afastou depressa, montou a cavalo e partiu em disparada em direção à capital, para ver sua mãe. [...]

## O romance — Capítulo 37

[...] Liu Pei disse:

— Justamente quando teu amigo estava de partida, mencionou o nome de um tal Zhuge Liang. O que achas dele?

Hui deu uma risada e disse:

— Quando Xi Shu quis partir, ninguém o impediu. Mas por que esse capricho, no momento da partida, de mostrar piedade por alguém?

— Como assim? — perguntou Yuande.

Ele respondeu:

— Cinco homens, entre eles Kongming, eram amigos íntimos. Formavam um pequeno círculo e se dedicavam ao aperfeiçoamento interior pela meditação. Porém, somente Kongming conseguiu alcançar uma percepção transcendental. Normalmente, ficava sentado entre eles com armas ao redor dos joelhos, murmurando longamente, e depois dizia: "Sim, os senhores poderiam se tornar governadores ou prefeitos, se escolhessem a vida pública."

Quando eles lhe perguntavam sobre suas ambições, Kongming apenas sorria e sempre se comparava aos grandes eruditos Guan Zhong e You Yi. Ninguém consegue competir com seus talentos.

— Como se explica que a região de Ying-tcheu tenha produzido tantos homens capazes? — perguntou Yuande.

— Um velho astrólogo disse que as estrelas se concentram sobre esse distrito, e por isso muitos homens sábios vivem ali.

Guan Yi se aproximou e, ao ouvir os outros louvarem Kongming, disse: — Guan Zhong e You Yi são as personalidades mais famosas registradas nos anais de primavera e outono. Sobrepujaram facilmente o resto da humanidade. Não seria exagero afirmar que Kongming se compara a eles?

— Na minha opinião, ele não devia ser comparado a esses, e sim a outros dois — disse Hui.

— Quem são os outros dois? — perguntou Guan Yi.

— O primeiro foi Jiang Ziya, que fundou a dinastia Tcheu sobre bases tão firmes que ela durou oitocentos anos, e o segundo foi Zhang Zifang, que elevou a dinastia Han a quatro séculos de glória.

Antes que se manifestasse surpresa sobre suas observações extraordinárias, o hóspede desceu a escada e se afastou. Liu Pei o teria detido de bom grado, mas o visitante era teimoso. Ao montar o cavalo, ergueu a cabeça e disse:

— Embora o Dragão Adormecido tenha encontrado seu soberano, não nasceu na época certa. Que pena!

— Um eremita sábio! — disse Liu Pei.

Pouco depois, os três irmãos partiram a cavalo em direção à choupana do sábio. Quando se aproximavam daquela região, viram um grupo de camponeses que trabalhavam num campo, cortando grama com foices e cantando:

*A terra é um campo colorido*
*e o céu paira acima de tudo.*
*Embaixo lutam os homens,*
*alguns prosperam, mas muitos fracassam.*
*Para os vitoriosos, isso é bom,*
*mas é duro para os que se afundam.*
*Há um Dragão Adormecido aqui perto,*
*mas seu sono não é profundo o bastante.*

Os irmãos pararam para ouvir a canção, chamaram um dos camponeses e lhe perguntaram quem tinha composto aquela canção.

— Foi composta pelo Mestre do Dragão Adormecido — disse o agricultor.

— Então, ele vive aqui perto. Mas onde?

— Ao sul daquela colina há uma serra conhecida como Dragão Adormecido, perto de uma clareira num bosque. Naquele local há uma modesta choupana. É ali que vive Mestre Zhuge.

Liu Pei agradeceu e o grupo seguiu caminho. Depressa chegaram à serra que, com seu nome incomparável, surgiu numa atmosfera de grande beleza. [...]

Liu Pei logo alcançou aquele refúgio, desceu do cavalo e bateu na madeira tosca da porta da choupana. Um rapaz veio atender e perguntou o que ele queria.

Ele respondeu:

— Sou Liu Pei, general da dinastia Han, duque de Yizhenting, juiz de You-tcheu e tio do imperador. Vim para saudar o mestre.

— Não consigo decorar tantos títulos — disse o rapaz.

— Então, diga simplesmente que Liu Pei está aqui perguntando por ele.

— O mestre partiu hoje de manhã.

— Para onde ele foi?

— Seus movimentos são tão furtivos que não sei dizer para onde foi.

— E quando voltará?

— Isso também é um enigma. Talvez em três dias, talvez em dez.

A decepção foi grande.

— Se não podemos falar com ele, vamos embora — disse Zhang Fei.

— Espere mais um pouco — disse Liu Pei.

— Seria melhor regressarmos — disse Guan Yi —, mais tarde podemos enviar alguém para descobrir quando esse homem estará em casa novamente.

Liu Pei concordou com a sugestão e disse ao rapaz:

— Quando o mestre voltar, diga-lhe que Liu Pei esteve aqui.

Eles partiram a cavalo. Um pouco depois, Liu Pei se deteve e olhou para trás, admirando aquela parte da floresta onde ficava a pequena choupana.

As montanhas eram pitorescas, mais que grandiosas, as águas do rio eram claras, mais que profundas, a planície era mais uniforme que extensa e os bosques eram exuberantes, mas não cerrados. Macacos gibão trepavam pelas árvores e grous vadeavam as águas rasas. Os pinheiros e bambuzais competiam entre si para exibir a coloração mais verde.

Enquanto Liu Pei contemplava a paisagem, avistou um homem que descia por uma trilha na montanha. Sua postura era orgulhosa e seu aspecto era belo e digno. Usava um chapéu que parecia assentar confortavelmente na cabeça e um hábito preto, ligeiramente dobrado ao redor do corpo. Um bastão lhe servia de apoio para descer pelo caminho íngreme.

— Deve ser ele — disse Liu Pei.

Desceu do cavalo e se adiantou para saudar o estranho, dirigindo-lhe respeitosamente as seguintes palavras:

— O senhor não é o Mestre do Dragão Adormecido?

— E quem é o senhor, general?

— Sou Liu Pei.

— Não sou Kongming, sou um amigo dele. Meu nome é Cui Tcheuping.

— Há muito tempo ouço falar do senhor! É um grande prazer conhecê-lo — respondeu Liu Pei —, e agora lhe peço que se sente aqui onde estamos, para que eu possa receber seus ensinamentos.

Os dois se sentaram numa pedra no meio do bosque, e cada um dos irmãos se colocou de um dos lados de Liu Pei.

Tcheuping entabulou a conversa com as seguintes palavras:

— General, por que deseja ver Kongming?

Liu Pei respondeu:

— O império está em desordem e tumultos se levantam por toda parte. Eu gostaria de perguntar a seu amigo como se pode restabelecer a ordem.

— General, o senhor gostaria de dar um fim à atual situação de desordem, mas para isso — e sua índole é benévola demais — medidas muito severas teriam sido necessárias tempos atrás. A partir do dia em que o fundador da dinastia Han assumiu o comando e derrotou o malvado soberano de Tchin, a ordem substituiu a desordem. Um bom governo teve início com seu fundador (206 a.C.) e durou duzentos anos — dois séculos de paz. Então, estourou a rebelião de Wang Meng e a desordem ocupou de novo o lugar da ordem. Pouco tempo depois, Guang Wu se insurgiu e restaurou a dinastia, e a ordem voltou a prevalecer. Tivemos dois séculos de ordem e tranqüilidade, mas depois se instaurou uma época de desordem. Para restabelecer a paz é preciso tempo; não é algo que se possa fazer às pressas. O senhor, general, gostaria de conquistar Kongming para que ele regule o tempo e as estações do ano e ponha o universo no lugar. Mas temo que essa tarefa seja extremamente difícil, e provocaria um desperdício de energias espirituais. O senhor sabe muito bem que o viajante que atrai para si as graças do céu encontra caminhos fáceis, mas de outra forma topa com dificuldades. Ninguém consegue escapar de sua sorte ou fugir de seu destino.

— Mestre — respondeu Liu Pei —, sua alma é profunda e suas palavras são sábias. Porém, descendo da casa Han e tenho de fazer alguma coisa. Não posso ficar conversando sobre o inevitável e me conformar com fatalismos.

Tcheuping respondeu:

— Um simples habitante de montanhas selvagens não tem condições de discutir sobre assuntos de Estado. Porém, o senhor me pediu uma conversa, e eu concordei, embora talvez tenha dito tolices.

— Mestre, eu lhe agradeço pelos ensinamentos. Sabe aonde foi Kongming?

— Também estou aqui para vê-lo, mas não sei onde se encontra — disse Tcheuping.

— Mestre, se eu lhe pedir que me acompanhe até meu humilde pedacinho de terra, o senhor aceitaria?

— Sou uma pessoa acomodada, aprecio o ócio e a tranqüilidade. E também já desisti de todas as ambições. Porém, nós nos veremos mais uma vez.

[...] (Depois de voltar para a sede do governo, Liu Pei enviou mensageiros até a choupana de Kongming. Eles voltaram dizendo que o mestre estava de novo em casa. Assim, Liu Pei se preparou para mais uma expedição.) [...]

[...] Assim cavalgou Liu Pei — como da primeira vez — em companhia de seus dois irmãos para lhe fazer mais uma visita. Era inverno e fazia muito frio, e nuvens ameaçadoras cobriam todo o céu. Quando ainda não tinham se afastado muito, um vento gelado soprou em seus rostos e uma tempestade de neve se desatou sobre eles. Logo as montanhas ficaram com o aspecto de jade branco e as árvores pareciam cobertas de prata.

— Faz muito frio e a terra congelou. Agora, nenhuma batalha é possível — disse Zhang Fei — e no entanto temos um longo caminho pela frente em busca de conselhos que, em última análise, serão inúteis. Para que isso? É melhor voltarmos para Xianye — longe do frio!

Liu Pei respondeu:

— Faço questão de mostrar a Kongming que sou uma pessoa zelosa. Se tu, meu irmão, detestas o frio, podes voltar agora mesmo.

— Nem mesmo da morte tenho medo. Achas que o frio me incomoda? Mas me preocupa saber que meu irmão dissipa suas energias inutilmente — disse Zhang Fei.

— Não digas mais nada — respondeu Liu Pei. E assim seguiram viagem.

Quando se aproximavam do pequeno bosque, ouviram canções numa taverna à beira da estrada e pararam para escutar:

*Embora fosse dono de raros talentos,*
*aquele homem não atingiu a fama.*
*Que pena! O dia chega depressa ao fim!*
*E sua fama é ter mostrado isso!*
*Amigos, vós conheceis a lenda,*
*o velho foi forçado*

*a abandonar a choupana perto do lago*
*para ser conselheiro*
*no séquito de um príncipe.*
*Vieram então oitocentos senhores feudais*
*para entrar em acordo...*

*Tivemos um imperador glorioso*
*que ergueu uma espada luminosa*
*e purificou todos os países entre os mares*
*para se tornar seu soberano.*
*No momento certo seu filho o seguiu*
*e depois o seguiram filho após filho*
*e a soberania mudou de mãos e continuou*
*até se passarem quatrocentos anos.*
*Então, os tempos trouxeram filhos mais fracos*
*e as virtudes ardentes perderam o valor.*
*Os ministros traíram sua lealdade e fé,*
*e a vulgaridade das intrigas da corte tomou conta de tudo.*
*E vieram maldições:*
*uma cobra preta*
*se espreguiça até o Trono do Dragão*
*enquanto, na sala de recepção,*
*se ouvem gritos profanos de algazarra.*
*Agora, bandidos infestam todo o país,*
*os nobres disputam com os donos de terras*
*e o povo simples, transtornado,*
*não encontra socorro em parte alguma.*
*Vamos afogar as dores num copo de vinho*
*e ser felizes até onde ainda for possível.*

Os dois cantores começaram a rir e aplaudiram. Liu Pei ficou convencido de que o homem sagrado que ele procurava estava no meio daquela gente. Assim, desceu do cavalo e entrou na taberna. Percebeu que os dois homens que se destacavam no grupo estavam sentados a uma mesa um diante do outro. O primeiro tinha uma barba comprida e parecia pálido, o segundo tinha um rosto de traços extraordinariamente finos. Liu Pei os saudou e perguntou:

— Quem entre vós é o Mestre do Dragão Adormecido?

— E quem é o senhor? — perguntou o de barba comprida. — Por que pergunta sobre o Dragão Adormecido?

— Meu nome é Liu Pei. Quero perguntar a ele como se restaura a paz no império.

— Muito bem, nenhum de nós é o homem que o senhor procura, mas somos amigos dele. (Cada um se apresenta e diz o nome.) [...]

— Conheço a fama dos senhores — disse Liu Pei, sorrindo. — Apesar de tudo eu me alegro em tê-los conhecido por acaso. Não querem nos acompanhar até o refúgio do Dragão Adormecido, para conversarmos algum tempo juntos? Tenho cavalos à disposição.

— Nós, pessoas desocupadas do deserto, não temos a menor idéia de como pacificar Estados. Não perca tempo conosco. Reze uma oração diante da montanha e continue em sua busca do Dragão Adormecido.

Assim, Liu Pei montou a cavalo e seguiu caminho. Chegou à pequena cabana, desmontou e bateu à porta. O mesmo criado que ele já conhecia respondeu ao chamado, e Liu Pei perguntou se o mestre estava de volta.

— Ele está lendo em seu quarto — foi a resposta do rapaz.

Liu Pei ficou realmente alegre ao seguir o criado. [...] Ele entrou e o saudou com as palavras:

— Mestre, por muito tempo tentei conhecê-lo mas não encontrava uma oportunidade. Recentemente, alguém se lembrou de seu nome e então viajei depressa até sua casa, somente para voltar decepcionado. Minha recompensa está aqui: vejo seu rosto e me sinto realmente feliz.

O jovem respondeu depressa à saudação e disse:

— General, o senhor deve ser Liu Pei, de Yu-tcheu, que está à procura de meu irmão.

— Mas então, mestre, o senhor não é o Dragão Adormecido?

— Sou Zhuge Jun, o irmão mais novo...

— Seu irmão está?

— Ele partiu ontem por alguns dias, junto com um amigo.

— Para onde foram?

— Ninguém saberia dizer! Talvez pegaram um barco e foram velejar nos lagos. Ou conversam com um sacerdote em algum templo bem longe nas montanhas. Ou estão a caminho para visitar um amigo numa aldeia distante. Ou estão sentados numa caverna, diante de um alaúde ou um tabuleiro de go. Seus movimentos são imprevisíveis. Ninguém pode especular sobre isso.

— Que azar o meu! Por duas vezes não foi possível conhecer o grande sábio!... Mas vou voltar daqui a alguns dias. Se puderem me dar papel, pincel e tinta, deixarei uma carta para ele.

E assim fez.

### O romance — Capítulo 38

Nem um pouco desanimado pelas duas visitas inúteis ao esconderijo do sábio cujos conselhos queria ouvir, Liu Pei se aprontou para uma terceira visita. Os dois irmãos, porém, não estavam de acordo. Por fim, todos os três partiram em viagem.

Quando chegaram a cerca de meia milha da pequena casa de campo, Yuande desceu do cavalo. Para mostrar respeito, decidira se aproximar da casa a pé. Logo avistou Zhuge Jun, o irmão mais novo, e o saudou com demonstrações de grande respeito, perguntando se o irmão dele, Kongming, estava em casa.

— Ele voltou ontem à noite. Hoje o senhor pode vê-lo, general!

Dizendo isso, Zhuge Jun se afastou a cavalo, num movimento elegante.

— Agora a sorte está do meu lado — exclamou Liu Pei. — Vou me encontrar com o mestre!

— Mas que rapaz bronco — disse um dos irmãos —, podia perfeitamente ter nos levado até a casa. Por que desapareceu assim?

— Cada pessoa tem seus costumes — retrucou Liu Pei —, não podemos fazer nada.

Em breve, os três foram até a porta e bateram. O criado apareceu e perguntou o que queriam. Ele disse com todo o respeito: — Nobre escudeiro, permita incomodar o servidor dessa grande alma pedindo-lhe que diga a seu mestre que Liu Pei apresenta seus respeitos.

— O mestre está em casa, mas dorme neste momento.

— Então, é melhor não me anunciar.

Pediu a seus irmãos que esperassem diante da porta e entrou a passos cuidadosos. Lá estava o homem que ele procurava, num divã, estendido sobre uma simples esteira de junco. Liu Pei o saudou em silêncio, com as mãos postas, parando a uma distância respeitosa.

O tempo passou sem que o homem adormecido despertasse. Lá fora, os irmãos começaram a ficar inquietos. Por fim, um deles entrou na casa. Não lhe agradou ver seu irmão mais velho, que ele tanto venerava, de pé em atitude de respeito diante de um homem dormindo.

— Mas que homem arrogante é esse mestre? — perguntou ele. — Nosso irmão está esperando, enquanto esse despreocupado dorme um sono profundo! Vou agora até os fundos da casa e faço explodir uns fogos de artifício. Vamos ver se isso o acorda finalmente!

— Não, não! Nem pensar numa coisa dessas! — murmurou o outro irmão. E Liu Pei mandou os dois para fora.

Justamente nesse momento, percebeu que o mestre se mexia. Parecia que ia se levantar, mas caiu novamente na cama, o rosto voltado para a parede. Então o criado tentou despertar o mestre, mas Liu Pei lhe fez sinal para que não o incomodasse, e assim esperou mais uma hora aborrecida. Então, Kongming despertou, recitando os seguintes versos:

*Alguém sabe dizer que destino é esse*
*que senti ao longo de toda a vida?*
*Mais cedo ou mais tarde chegará o dia*
*em que deixarei meu tranqüilo eremitério*
*para procurar trabalhos e conflitos [...]*

Quando terminou, perguntou ao criado se alguém o tinha procurado. Este respondeu:

— Liu Pei, o tio do imperador, está aqui. Está esperando há algum tempo...

— Por que não me contou? — exclamou ele, levantando do divã. — Tenho de me vestir.

Ele se levantou e foi para um quarto nos fundos da casa para se vestir. Pouco depois, voltou usando roupas vistosas para receber os visitantes.

Então, Liu Pei viu um homem de altura modesta e rosto estreito. Usava um xale que lhe cobria a cabeça e um hábito da cor branca de um grou. Seus movimentos inspiravam grande dignidade, como se não fosse um simples mortal.

Liu Pei se inclinou e disse: — Sou descendente da família Han. Há muito tempo ouvi comentários sobre a fama do mestre, que ecoam até agora em meus ouvidos. Por duas vezes tentei visitá-lo, mas em vão. Da última vez, deixei meu nome escrito na mesa de trabalho. Talvez o senhor tenha recebido minha mensagem.

Zhuge Liang respondeu:

— Eu, um eremita, sou desocupado por temperamento. Agora vejo que lhe devo gratidão pelas duas visitas sem resultado. Só de pensar nisso fico rubro de vergonha.

Depois dessas observações gentis e das mesuras correspondentes, os dois se sentaram em suas posições de hóspede e anfitrião, e o criado trouxe chá. Então, Zhuge Liang disse:

— Lendo sua carta, compreendi sua preocupação com o povo e o governo. Se eu não fosse tão jovem e tão desprovido de talentos, ousaria lhe fazer algumas perguntas.

Liu Pei respondeu:

— Dois sábios me falaram a seu respeito. Não é possível que tenham dito palavras vazias. Espero, mestre, que não se deixe intimidar por minha pessoa sem valor e concorde em transmitir seus ensinamentos.

— Os dois sábios de quem o senhor falou são verdadeiros eruditos. Quanto a mim, não passo de um agricultor, um camponês. Por que justamente eu teria condições de conversar sobre política? O senhor se enganou sobre os dois, quando disse tantas coisas a meu respeito. Por que recusa assim duas jóias, em troca de um pedregulho sem valor?

— Suas capacidades, senhor, são universais e prodigiosas. Como pode deixar que o tempo se escoe enquanto permanece aqui, neste lugar solitário? Mestre, eu lhe peço encarecidamente, lembre-se dos habitantes deste mundo e me livre dessa ignorância absoluta, compartilhando seus ensinamentos comigo!

— Mas o que deseja então, general?

Liu Pei trouxe sua cadeira para mais perto do anfitrião e disse:

— A dinastia Han está afundando. Ministros intrigantes roubam sua autoridade. Embora eu seja fraco, sonho em restaurar o Estado em sua verdadeira glória. Mas minha ignorância é grande demais e meus recursos são pequenos. Assim, não sei por onde começar. Só o senhor, mestre, pode iluminar minha escuridão e me proteger da queda. Como eu me alegraria se pudesse me ajudar!

Kongming respondeu: — Um homem atrevido após o outro tomou o poder em várias regiões do país. Um dos mais poderosos é Cao Cao, que controla a região norte com um exército imenso e assim tem autoridade sobre os senhores feudais. Não pense em medir forças com ele! Além disso, a família Sun já controla as regiões ao sul há três gerações. Sua posição militar não parece forte, mas são muito queridos pela população. Poderiam receber apoio dela, mas não derrotá-la. [...] Yi-tcheu é uma região importante, extensa e fértil, uma terra invejada pelos céus. A partir dali, os fundadores da dinastia Han construíram seu império. Seu atual soberano é ao mesmo tempo fraco e estúpido. Porém, o povo é nobre e a terra é rica. [...] Assim, as pessoas daquela região sonham com um príncipe iluminado. Como o senhor é descendente da família Han, conhecido em toda parte como homem justo e confiável, com verdadeira fama de herói, que tenta de tudo sob seu alcance para conquistar o apoio do sábio do país, [...] deve submeter aquela região pela força e se aliar com seus vizinhos a sudeste e ao sul! Então, certamente chegará o dia em que o céu não lhe negará a oportunidade tão esperada de ser o imperador de uma China unificada. [...] E assim poderá restaurar a dinastia Han. Se é somente isso o que o preocupa, pode contar comigo como seu conselheiro! [...]

*Sozinho e pobre, Liu Pei vagava a esmo.*
*Até encontrar o céu em Xianye,*
*as aflições dos homens o abalavam profundamente.*
*O Dragão Adormecido recebeu dele*
*uma incumbência realmente honrosa.*
*Em seu ânimo se agitavam pensamentos*
*sobre grandes tarefas*
*a serem cumpridas pela força das armas.*
*Então, com as palavras de um sábio que parte*
*dirigiu-se três vezes para seu retiro de eremita*
*até que o grande herói encontrou seu conselheiro.*
*Tinha então 27 anos de idade.*
*Deixou seus livros e seu alaúde*
*e os campos serenos que amava.*

*Sob seu comando*
*o País de Shu foi ocupado*
*e o País dos Quatro Rios foi conquistado.*
*Todos sabem que ele concebeu grandes projetos.*
*Percorria o país com seus discursos,*
*como se os trovões de guerra*
*ecoassem por seus lábios.*
*Palavras de seu coração*
*comoviam as profundezas mais profundas.*
*Dragões se contorciam,*
*tigres se ofuscavam.*
*E assim a paz voltou ao país.*

*Que sua fama*
*nunca pereça ao longo de todas as épocas!*

## Sobre o organizador e tradutor alemão

Stefan Kappstein nasceu em 1947 em Berlim. Estudou sinologia e etnologia. De 1972 a 1974, viveu em Cingapura e no Laos. Formou-se em 1975 pela Universidade Livre de Berlim. Aprofundou seus conhecimentos de medicina chinesa tradicional (MCT) e xamanismo.

De 1976 a 1989, atuou como médico naturalista na Espanha. Publicou vários livros e artigos sobre o tema MCT. Participou ativamente de congressos nacionais e internacionais na Alemanha, na Espanha e na França.

De 1989 a 1992, residiu por três anos no leste da Ásia. Ensinou na Universidade do Leste Asiático em Macau e na Universidade Yunnan em Kunming, China. Fez pesquisas por conta própria sobre arqueologia do sudoeste da China.

Depois disso, esteve ocupado com a tradução e comentário do texto e a conclusão da obra aqui presente. Atualmente vive como escritor em Freiburg.

# Bibliografia


**Livros chineses:**

Gujin Tushu Jizhang, *Coletânea de inscrições e livros antigos e recentes*, uma enciclopédia da literatura chinesa. Pequim, dinastia Tsing, aprox. 1760.

Dao Zang, *O tesouro do Tao*, coletânea de todos os textos taoístas conhecidos. Pequim, dinastia Tsing, aprox. 1700.

Han Shu, *Anais da dinastia Han*. Pequim, Editora do Povo, 1962 (com pontuação).

Hou Han Shu, *Anais do período tardio da dinastia Han*. Pequim, Editora do Povo, 1965 (com pontuação).

Sanguozhi Yanyi, *Epopéia dos Três Impérios*, do autor Lo Guan-shi. Pequim, início do século XIII.

*Yi Jing (I Ching)*, edição clássica integral do I Ching. Hong Kong, 1984. [Publicado pela Editora Pensamento, São Paulo, 1983.]

Zhongguo Lishi Ditu Ji, *Coletânea de atlas históricos chineses*. Taipé, 1965.

**Livros em idiomas ocidentais:**

Bauer, W., *China und die Hoffnung auf Glück* [A *China e a esperança de felicidade*]. Munique, 1971.

Blofeld, John, *I-Ging, das grosse Weisheits- und Orakelbuch der alten Chinesen* [*I Ching, o grande livro de sabedoria e oráculo dos antigos chineses*]. Munique, 1989.

Buber, M., *Chinesische Geister- und liebesgeschichten* [*Contos chineses de amor e mistério*]. Frankfurt, 1911.

Chang Tsung-tung, *Der kult der Shang-Dynastie im Spiegel der Orakelinschriften, eine paläographische Studie zur Religion im archaischen China* [*O culto da dinastia Chang à luz dos textos do oráculo, um estudo paleográfico sobre a religião na China arcaica*]. Wiesbaden, 1970.

Day, Clearence B., *Chinese Peasant Cults* [*Cultos dos camponeses na China*]. Xangai, 1940.

Eberhard, W., *Lexikon chinesischer Symbole* [*Enciclopédia dos símbolos chineses*]. Munique, 1983.

Granet, M., *La Pensée chinoise* [*O pensamento chinês*]. Paris, 1934.

Hundhausen, v., *Die Rückkehr der Seele* [*O retorno da alma*], drama medieval em três volumes. Leipzig e Zurique, 1937.

Kuhn, F., *Der Traum der Roten Kammer* [*O sonho da Câmara Vermelha*]. Leipzig, 1930.

Lin Yutang, *Laotse* [*Lao-tsé*]. Frankfurt, 1955.

Lin Yutang, *Konfuzius* [*Confúcio*]. Frankfurt, 1957.

Steininger, H., *Hauch und Körperseele und der Dämon bei Kuan Yin-tze* [*Exalação e alma corporal e o demônio em Kuan Yin-Tseu*]. Leipzig, 1953.

Sung, S. T., *The Text of Yi Ching* [*O texto do I Ching*], edição comentada. Nanquim, 1934.

Sun-Tseu Bingfa, *Über Kriegskunst* [*A arte da guerra*], uma obra do estrategista militar Sun-Tseu (por volta de 500 a.C.) sobre a arte de conduzir ou evitar a guerra. A melhor tradução em língua inglesa é a de Lionel Giles, *Sunze Bingfa on War* [*Sun-tsé Bingfa sobre a guerra*]. Londres, 1916. [*A Arte da Guerra*, publicado pela Editora Pensamento, São Paulo, 1984.]

Wilhelm, Richard, *I-Ging, Das Buch des Wandlungen* [*I Ching, o Livro das Mutações*], em dois volumes. Iena, 1921. [*I Ching, O Livro das Mutações*], publicado em um volume pela Editora Pensamento, São Paulo, 1983.]

**Obras de referência:**

Ci Hai, *Oceano dos conceitos*. Hong Kong, 1970.

*Diccionario Español de la lengua China*, autoria coletiva da Ordem dos Jesuítas. Editora Espasa-Calpe, Madri, 1977.